Esto es muy incómodo

Cara Natterson
Vanessa Kroll Bennett

Esto es muy incómodo

Pubertad moderna explicada

OCEANO

Este libro no pretende sustituir la experiencia ni el diagnóstico de un profesional de la salud. Consulta a un médico, terapeuta, enfermera u otro experto de la salud antes de tomar decisiones que puedan afectar la salud y el bienestar de tus hijos, sobre todo si tienen padecimientos previos o presentan síntomas que requieran atención médica.

ESTO ES MUY INCÓMODO
Pubertad moderna explicada

Título original: THIS IS SO AWKWARD. Modern Puberty Explained

© 2023, Vanessa Kroll Bennett y Cara Natterson, MD

Publicado según acuerdo con Rodale Books, un sello de Random House, una división de Penguin Random House LLC

Traducción: Aridela Trejo

Diseño de portada: Ivonne Murillo

D. R. © 2024, Editorial Océano de México, S.A. de C.V.
Guillermo Barroso 17-5, Col. Industrial Las Armas
Tlalnepantla de Baz, 54080, Estado de México
info@oceano.com.mx

Primera edición: 2024

ISBN: 978-607-557-880-4

Impreso en México / Printed in Mexico

A nuestros hijos, los mejores maestros que hemos tenido.
Sin ustedes, la pubertad no nos haría reír tanto... ni la vida en general.

A nuestros invaluables becarios, ¡felicidades, ya son autores publicados!

Samson Bennett
Ber Bennett
Amanda Bortner
Teddy Cavanaugh
Peggy Helman
Isabella Huang
Talia Natterson
Ry Natterson
Cadence Sommers
Rebecca Sugerman

Índice

DIEZ DATOS INCREÍBLES SOBRE
LA PUBERTAD MODERNA

1. Los adolescentes promedio inician la pubertad más de dos años antes que la generación previa, y la pubertad es más larga; ahora dura casi una década.

2. El cerebro no termina de madurar hasta los primeros años de la adultez, por lo que hay un vacío enorme entre la maduración corporal (que empieza en torno a los 8 o 9 años) y la toma de decisiones sensatas (bien implementada entre los 25 y 30 años).

3. Los problemas de imagen corporal, intensificados por las redes sociales, se han disparado: más de la mitad de todos los preadolescentes y adolescentes reportan tenerlos; los chicos los padecen igual que las chicas.

4. Veinte por ciento de todas las personas en Estados Unidos que se identifican como transgénero oscila entre los 13 y los 17 años.

5. El índice de relaciones sexuales vaginales durante la preparatoria disminuyó, pero el sexo anal aumentó.

6. Cincuenta por ciento de todos los hombres desarrolla botones mamarios durante la pubertad, pero la mayoría desaparece luego de un rato.

7. Adiós toallas y tampones: los productos favoritos para el periodo incluyen copas y calzones menstruales.

8. Es mucho más probable que los *millennials* y la generación Z de todos los géneros, a diferencia de los *boomers* y la generación X, se retoquen el vello púbico: se rasuran, se depilan con cera o se hacen depilación permanente con láser, a veces, completa.

9. La edad promedio del descubrimiento de la pornografía es a los 12 años en el caso de los niños y no mucho después en el caso de las niñas.

10. Datos de 2021 muestran que 40 por ciento de todos los alumnos de preparatoria reportó sentirse constantemente triste o desesperado; el porcentaje es más alto entre las niñas (60 por ciento) y las adolescencias LGBTQ+ (79 por ciento).

Introducción

Todos los adultos son supervivientes de la pubertad. Es raro, pero para la mayoría las cicatrices de nuestros recuerdos se sienten muy frescas incluso décadas después: a Vanessa se le sigue revolviendo el estómago al recordar cuando le bajó por primera vez, traía puestas unas mallas color rosa de ballet prestadas (y no, no las regresó a su dueña), y a Cara todavía le da vergüenza recordar cómo se burlaba de ella su hermano: "¡Estás tan plana que las paredes te tienen envidia!". Para quienes experimentamos la pubertad antes de 1990, más o menos, la mayoría lo hicimos en torno a los 11 años y nos duró entre tres y cuatro años, aunque se sintiera interminable.

La pubertad del pasado se parece poco a lo que las adolescencias experimentan hoy en día. Esta transformación inicia antes, dura más y ahora involucra las redes sociales y los celulares. Lo que antes era un periodo transitorio durante la secundaria, a veces doloroso, otras risible, pero sobre todo incómodo, ahora se ha convertido en una labor ardua que dura muchos años. *Muchos.* Casi el doble.

En especial cuando la pubertad se define en su sentido más amplio. En términos estrictos, la pubertad es el camino hacia la madurez sexual, lo que en última instancia le permite a una persona reproducirse. En las mujeres biológicas esto abarca todo, desde el crecimiento de los senos hasta el ciclo menstrual; en los hombres biológicos el pene y los testículos se convierten en máquinas de producción y liberación de esperma. Pero en realidad la pubertad va mucho más allá de las ingles y los senos, en parte porque las hormonas al mando también alteran órganos más lejanos como la piel y los huesos, y en parte porque esas mismas hormonas circulan en el cerebro, afectando profundamente la existencia emocional y social de un individuo. Esto explica por qué a la pubertad se le atribuye (o se le culpa de) todo, desde el crecimiento de pelo en todo el cuerpo, el debut de los olores fuertes, la pésima toma de decisiones hasta reacciones como poner los ojos en blanco tanto tiempo que parece que las pupilas no van a regresar a la normalidad. Una persona no tiene competencia reproductiva en virtud de sus altibajos emocionales, tampoco de sus granos ni estirones ni ninguno de los otros síntomas. Sin embargo, éstos son el resultado de cambios hormonales y resultan ser participantes importantes en la experiencia vital de las adolescencias de esta edad.

Por eso definimos la pubertad en términos tan amplios, incluida la maduración sexual, por supuesto, pero también los otros cambios que suceden en el cuerpo debido a las sobrecargas hormonales que se prestan para la maduración sexual. En esta definición más amplia de la pubertad moderna, la equiparamos con la adolescencia, lo que parece que hace todo el mundo de todas formas. Este lío está tardando más: cambios corporales, cambios emocionales y dramas con los amigos.

También por eso escribimos un libro con información y asesoría para ayudarlos a entender esta montaña rusa tan rara y, al parecer, infinita. La pubertad tiene mala reputación por muchos motivos, pero uno de los más importantes es que un niño en la pubertad deja de ser un tierno bebé. Cuando empiezan a apestar y quejarse, a tomar decisiones que nos dejan atónitos, también dejan de ser dependientes y adorables. ¡No se dejen engañar! Los preadolescentes y los adolescentes necesitan el amor y el apoyo de los adultos, quizá más que nunca. Experimentar la pubertad puede ser confuso, incómodo y atemorizante. Las adolescencias necesitan información y consuelo, amor y afecto, incluso los callados quieren un espacio seguro para hacer preguntas. El objetivo de este libro es definir la nueva normalidad y brindar las palabras para algunos de los cientos de pequeñas charlas que han sustituido La Conversación de nuestros tiempos.

A partir del capítulo 3, cada capítulo cuenta con cuatro partes: la ciencia de la pubertad y lo que sucede en el cuerpo; los cambios que se han suscitado en estas generaciones; cómo hablar de todo esto y qué opinan las chicas y los chicos mayores. Estas jóvenes voces de sabiduría nos permiten escuchar cómo piensan las adolescencias hoy, qué viven y qué necesitan: historias de los chicos que recién salieron al otro lado para evitar momentos incómodos y dolorosos.

En caso de que crean que dominamos todo alrededor de los cuidados de las adolescencias durante la pubertad, una noticia: sí, Cara es pediatra y Vanessa es educadora sobre la pubertad, pero también somos madres y nos hemos equivocado muchas veces. El fruto de nuestra experiencia proviene no sólo de dos décadas de trabajo con adolescentes y sus tutores, también de estar en las trincheras con nuestras propias familias. Vivir las dos caras de la moneda nos ha convertido en verdaderas "expertas". La lección más importante es ésta: guiar a las adolescencias es más fácil cuando nos damos permiso de no saberlo todo, equivocarnos de vez en cuando y entender el mundo de hoy. Funciona mejor cuando separamos lo que están viviendo de nuestros sentimientos e historias personales.

Olvida (casi) todo lo que creías saber de la pubertad, porque la pubertad moderna es mucho más compleja, más fascinante y exige más conocimiento de nuestra parte que la versión que vivimos.

Capítulo 1

El panorama completo: empieza antes, dura más

El factor más asombroso sobre desarrollarse hoy es lo pronto que inicia. En promedio, las infancias de hoy entran a la pubertad dos años antes de que lo hicieron sus papás. De hecho, no es raro que tengan su primera oleada hormonal tres, cuatro y hasta cinco años antes que quienes los crían.

Lo segundo más impresionante es lo mucho que dura este proceso. Debido a los altibajos emocionales y los cambios físicos muy incómodos, los papás le temen a la pubertad como etapa vital y les intimida en igual medida. Parecería lógico que, si empieza *antes*, debe transcurrir *más rápido*, acelerando esta fase para todos los involucrados. ¿No? Pues no. En vez de ir más rápido, la línea del tiempo de la pubertad se ha estirado como un chicle. Un ejemplo sencillo se puede encontrar en la edad promedio del primer periodo menstrual: si bien la pubertad está empezando un par de años antes, desde la década de 1940 apenas se ha modificado la edad del primer periodo menstrual.

Así que hoy por hoy muchas chicas y chicos comienzan su desarrollo físico mucho antes de llegar a los 10 años y la mayoría experimenta cambios provocados por las hormonas —desde el acné hasta la mala cara— años antes que la generación previa. De principio a fin, el proceso puede durar casi una década. Como resultado, aunque la pubertad del pasado no fue más fácil, sin duda llegaba después y duraba mucho menos.

La medición de la línea del tiempo de la pubertad es una ciencia relativamente nueva. Las investigaciones en torno a la pubertad "normal" comenzaron, con seriedad, en la década de 1940, cuando el doctor James Tanner, endocrinólogo pediatra (es decir, especialista en hormonas infantiles), arrancó un estudio que abarcaría tres décadas. A partir de

1948, Tanner documentó los cambios físicos de los niños que vivían en un orfanato de la posguerra en Harpenden, a las afueras de Londres. Hay varios motivos por los que este estudio no se podría hacer hoy, empezando porque Tanner no realizó exámenes físicos presenciales, sino que estudió fotografías de cada niño y niña que se tomaron varias veces al año para estudiar su desarrollo pubescente en el transcurso de los años. El crecimiento que registró se limitaba al tamaño de los senos, penes y testículos, de acuerdo con el género, así como la aparición de vello púbico en todos los casos. Después, Tanner creó una escala numérica para clasificar el progreso: la etapa 1 marcaba la fase prepuberal sin maduración sexual visible; la etapa 5 señalaba a un adulto completamente desarrollado; y las etapas 2, 3 y 4 eran intermedias, con algunos rasgos puntuales.

Como la presentación de Tanner fue tan sencilla y visual, se popularizó. ¡Y se nos quedó! Esto explica por qué hoy en día, setenta y cinco años después del inicio de su estudio, los médicos de todo el mundo siguen utilizando la presentación de Tanner para describir la progresión de la maduración física.

La escala de Tanner fue particularmente útil como una especie de criterio para medir las hormonas cambiantes dentro del cuerpo. Pasar de la etapa 1 —completamente prepuberal— a la 2 confirmaba la presencia de las hormonas sexuales que gobernaban estos cambios corporales particulares. Esto, a su vez, implicaba que, en una época en la que aún no se podían estudiar ciertas hormonas en un laboratorio, y décadas antes de que incluso se descubrieran otras, los médicos tenían cómo confirmar que la maduración sexual estaba en proceso.

Además de representar *cómo* maduraban las chicas y los chicos, Tanner escribió normas sobre *cuándo* lo hacían. Su información que documentó la adolescencia de los *baby boomers* demostró que la chica promedio empezaba la pubertad poco antes de cumplir 11 años, mientras que el chico promedio, 11.5 años. Debido a las etapas que trazó Tanner, la gente se sorprende con lo pronto que arranca la pubertad en nuestros días: si no hubiera una expectativa de tiempo no sabríamos si es "pronto" o "tarde".

Desde luego, la pubertad siempre ha tenido un rango de tiempo; nadie espera que estos cambios sean precisos como un reloj. Dicho esto, hay una edad promedio para el inicio de la pubertad, que contempla una fluctuación, por lo que, si empieza mucho antes o después, se nota. No es difícil recordar a ese niño en quinto de primaria que parecía un adulto o al que, en tercero de secundaria, no se había desarrollado. En sentido estricto, los niños que se desarrollan primero son retoños prematuros y los que llegan visiblemente tarde a la fiesta, retoños tardíos. Durante años —antes e incluso mucho después que se publicara la información de Tanner— no había consenso en torno a qué implicaba que alguien fuera prematuro o tardío, por lo menos no fuera de los círculos médicos. En cambio, era el tipo de concepto que niños y padres acuñaron, y, en general, sin mucha empatía.

Tanner estudió imágenes de niños desnudos, pero en la vida diaria las marcas más visibles de la pubertad se pueden observar con ropa porque la señal más precoz para las niñas son los botones mamarios que parecen asomarse de cualquier camiseta, suéter y, por supuesto, leotardo. En cambio, para los niños los cambios de la pubertad son evidentes más adelante, cuando dan el estirón, la voz se hace grave y les sale un bigote ralo. Tanner sabía que, en este caso, el crecimiento del pene y los testículos eran medidas mucho más certeras, pero para la sociedad pasa desapercibido y son incluso más sutiles porque las adolescencias empiezan a exigir privacidad al mismo tiempo que se disparan las hormonas. Así que cuando cierran la puerta y no se quieren quitar la ropa, los papás no se dan cuenta de que se están desarrollando. Por todo esto, incluso con estudios sólidos que documentan el camino por la pubertad, siempre ha sido confuso si alguien la está experimentando, sobre todo entre las adolescencias.

Un indicador potencialmente confuso: el pelo. Pregunten a cualquiera y les dirá que el vello púbico es parte de la maduración sexual de la pubertad. Pero pregúntenle a un endocrinólogo o científico que estudia esta etapa de la vida y les dirá algo muy distinto: el pelo da la *apariencia* de madurez sexual, pero esto no quiere decir que sean capaces de reproducirse. Las hormonas que secretan las glándulas suprarrenales, ubicadas en la parte superior de los riñones, rigen el crecimiento del vello púbico. Estas hormonas, denominadas andrógenos suprarrenales, empiezan a circular al mismo tiempo que el estrógeno y la testosterona producen los cambios de la pubertad, pero no se dejen engañar, los andrógenos suprarrenales siguen un camino autónomo. Pueden aparecer al mismo tiempo que las hormonas que rigen la pubertad, mucho antes o después.

Los andrógenos suprarrenales estimulan los folículos capilares y también les dicen a los poros de la piel que secreten sudor y grasa, lo cual explica por qué el vello púbico suele aparecer al mismo tiempo que el acné o las oleadas de olor corporal acre. Pero ninguno de estos efectos posteriores equivale a la maduración sexual. Incluso Tanner no percibió esta distinción, lo cual explica por qué incluyó el vello púbico como marca de la pubertad. Es confuso que las secuencias hormonales del organismo no siempre funcionen al unísono, incluso cuando eso parece desde fuera.

Tras la investigación pionera de Tanner, se acabaron los estudios sobre la pubertad "normal". Tiene sentido, porque en cuanto se establece que un fenómeno es "normal" no es atractivo para la ciencia volver a documentarlo. Pero a principios de los años noventa, una enfermera de nombre Marcia Herman-Giddens quiso reexaminar las teorías de Tanner cuando, una y otra vez, sus pacientes desafiaban las expectativas que había impuesto: todas las niñas parecían llegar a la etapa 2 de Tanner mucho antes de los 11 años. Herman-Giddens contemplaba las variantes normales, de las prematuras a las tardías, pero la tendencia que observó en su consultorio la motivó a solicitar recursos para realizar un estudio numeroso, que terminó incluyendo a 17,000 niñas. En 1997 publicó los resultados que mostraron que, en efecto, entre las niñas biológicas la pubertad estaba empezando antes: según la etnia, entre un año y año y medio antes de lo esperado. Herman-Giddens documentó un cambio enorme en la pubertad y atrajo la atención del mundo entero.

PUBERTAD PRECOZ

Muchos se preguntan cuál es la diferencia entre la pubertad temprana y la pubertad precoz. La pubertad precoz es un diagnóstico para las niñas y los niños cuyos cuerpos empiezan a desarrollarse antes de lo que se considera "normal".

La edad que se estima precoz ha cambiado a medida que ha disminuido la edad promedio para el inicio de la pubertad. Hoy, la mayoría de la bibliografía médica la define como el desarrollo sexual de una mujer biológica antes de los 8 años y el desarrollo sexual de un hombre biológico antes de los 9. No obstante, debido a las diferencias raciales y étnicas en la edad del inicio de la pubertad, esos parámetros están cambiando, lo que ha obligado a muchos expertos a disminuir la edad en algunas de esas subpoblaciones hasta los 7 años en las niñas y 8 en los niños.

En 2005 un grupo de investigadores, entre ellos la endocrinóloga pediatra Louise Greenspan, se dispusieron a replicar los descubrimientos de Herman-Giddens. ¿Por qué? Porque Tanner había definido la "normalidad" y Herman-Giddens había puesto en duda dicha definición. Es rutinario que los científicos confirmen (o disputen) descubrimientos recientes. A Greenspan y sus colegas les llevó tan sólo cinco años respaldar los resultados de Herman-Giddens y añadir una contribución propia: la pubertad estaba iniciando *incluso antes* de lo que ella había sugerido. De acuerdo con información de Greenspan, más de la mitad de todas las niñas de 9 años habían empezado a desarrollar los senos. Greenspan también confirmó las conclusiones de Herman-Giddens en torno a las diferencias raciales: en el estudio de Greenspan, las niñas negras entraban antes a la pubertad: casi un cuarto de ellas mostraba señales a los 7 y la mitad, a los 8.

Si bien la información sorprende —quizás es completamente nueva—, estos descubrimientos no son novedosos. Greenspan publicó su estudio en 2010.

Hasta 2012 se planteaba que la pubertad temprana era un fenómeno entre las niñas. Esto motivado por el hecho de que los cambios de la primera etapa, dependientes del estrógeno (crecimiento de los senos, curvas y estados anímicos turbulentos y visibles), son más evidentes que los cambios dependientes de la testosterona (es decir, crecimiento del pene y los testículos). Pero al fin, alguien —Marcia Herman-Giddens para ser exactas— decidió estudiar a los niños. Herman-Giddens salió de su jubilación y en un estudio que publicó en 2012 demostró que la pubertad anticipada no estaba limitada a las mujeres biológicas. Los chicos también estaban madurando sexualmente hasta dos años antes de lo que Tanner había predicho, entre los 9 y los 10 años. Y como en todos los otros estudios recientes, surgió una clara excepción racial: los chicos negros se desarrollan antes: un asombroso 72 por ciento ya tenía marcas de la pubertad a los 9 años.

De modo que cuando decimos que la pubertad ha cambiado, una de las primeras señales, y la más evidente, es el tiempo: la pubertad empieza mucho antes que nunca. Desde luego, no para todos, pero el rango de edad "normal" de Tanner ha disminuido considerablemente desde que los padres y abuelos de hoy la vivieron. En estos días, los médicos no se sorprenden cuando ven a niñas de 7 años o a niños de 8 años y medio con cambios hormonales. Para ponerlo en perspectiva, estamos hablando de tres o cuatro años antes de lo que predijo Tanner. En otras palabras, la mayoría de los niños cumple 7 años en primero de primaria. En estos días, el inicio de la pubertad normal sucede antes, *mucho* antes.

La pregunta evidente es ¡¿por qué?! La respuesta es decepcionante: nadie sabe. Abundan las teorías que sugieren que se debe a todos los químicos que le metemos al cuerpo (en particular los llamados disruptores endócrinos), los alimentos, los líquidos que bebemos, los cosméticos que nos aplicamos, el aire que respiramos. Está surgiendo información sólida que indica que también contribuyen el consumo excesivo de antibióticos, sobre todo en el ganado, y el estrés crónico. El sobrepeso que afecta a tantos individuos en todo el mundo —un fenómeno que la comunidad médica denomina pandemia de obesidad— influye cuando las células grasas o adiposas cambian la forma de determinadas hormonas, entre ellas las sexuales. En este libro no nos adentramos en el *porqué* porque no existe una respuesta contundente. Distintos científicos están realizando investigaciones para resolver esta pregunta, y algunos han publicado libros fenomenales sobre el tema (sí, ustedes, Louise Greenspan y Julianna Deardorff, y su libro: *The New Puberty*).

Estamos igual de frustradas por no poder explicar el fenómeno subyacente. Sin embargo, el hecho de que no haya una respuesta clara al *porqué* no quiere decir que sea menos apremiante saber *¿cómo diablos sortearlo?* ¿Cómo cuidar a nuestras hijas e hijos en la pubertad moderna, sobre todo ahora que la experimentan tan jóvenes?

Ahora que las adolescencias entran a la pubertad años antes que hace algunas décadas, hay una brecha cada vez mayor entre el aspecto *real* de un chico o una chica de 8, 10 o 12 años y las *expectativas* que tienen los adultos de su vida sobre su aspecto. Esta incongruencia entre las características externas y la edad cronológica pueden crear incomodidad y confusión, tanto para las infancias como para los adultos. Es difícil tratarlos como si tuvieran 10 años cuando parecen de 14.

Con este fin, es fundamental recordar un consejo en el que insistiremos en el curso de este libro: trátalos de acuerdo con su edad, no con la que aparentan. La mayoría de las niñas y los niños piensan conforme a su edad cronológica, no la que aparentan: un niño de 10 años puede seguir jugando con muñecos o acurrucarse en el regazo de su mamá o jugar con Legos. Cuando los niños aparentan más edad y se comportan con más madurez, la suposición tiene consecuencias desastrosas. Sin importar lo desesperante que sea ver la impulsividad social de los niños con sus amigos, pues *parece* tener la madurez de controlarse, recuerda su edad real; no importa lo exasperante que resulte que tu hija olvide sus zapatos o espinilleras, recuerda su edad. Sólo porque parecen maduros —e incluso si a veces se comportan con madurez—, sus funciones ejecutivas no han madurado, tampoco su capacidad de tomar decisiones sensatas, relevantes y a largo plazo.

Otro punto importante: que las y los adolescentes parezcan tener madurez sexual no quiere decir que quieran tener sexo. Nuestra sociedad ha equiparado la aparición de la pubertad con volverse un ser sexual. Tiene sentido porque el camino hacia la madurez sexual incluye, ciertamente, la emergencia de los deseos y las necesidades sexuales. Sin embargo, con el inicio anticipado de la pubertad, para muchos niños en torno a cuarto de primaria el comienzo de la pubertad y el de la actividad sexual no están sincronizados. En el fondo nunca lo estuvieron: la sexualización tiene un rango, como todo lo demás que ocurre durante la adolescencia, y evoluciona no sólo porque se desarrollen las partes del cuerpo, también debido al cerebro, que está madurando y está inundado de hormonas que controlan la pubertad. Sí, los cambios físicos de la pubertad están empezando antes, pero la maduración cerebral, no.

De modo que los adultos no deberían asumir que porque una chica en sexto de primaria o primero de secundaria parece preparatoriana, ésta tiene las mismas necesidades que una adolescente mayor. Para la mirada adulta, una niña de 11 años que tiene senos, caderas amplias y vello púbico podría parecer que está lista para ser sexualmente activa, pero sigue teniendo 11 años. Con la esperanza de que las infancias tendrán sexo cuando estén listas para gestionar las responsabilidades emocionales y físicas, todos los adultos —padres, tutores, familiares, profesores, entrenadores y mentores— deben enseñarles cómo se trata a un niño o una niña de su edad, pues esto minimizará la presión que sienten estos niños de comportarse como si fueran mayores.

Dicho esto, esta historia tiene un lado oscuro: investigaciones demuestran con claridad que las niñas que se desarrollan a edad temprana corren el riesgo de empezar su actividad sexual con anticipación. Queremos dejar muy claro el tema de las causas. Esto no es porque, debido a su pubertad precoz, estén buscando experiencias sexuales antes, sino porque los niños que se desarrollan de forma prematura reciben un trato como si fueran mayores y se espera que se comporten igual. Esto los puede poner en riesgo de la depredación sexual. Las niñas jóvenes con cuerpos que muestran desarrollo enfrentan un riesgo muy alto de ser víctimas de acoso sexual. También de padecer ansiedad, depresión, trastornos alimentarios y actitudes de riesgo como experimentar con drogas y alcohol de forma precoz. Vale la pena repetirlo: el desarrollo prematuro no es la *causa*. Hay varios pasos previos.

Por otra parte, están las adolescencias que llegan tarde a la fiesta de la pubertad, el problema opuesto. Los retoños tardíos siempre existirán porque es un concepto relativo, se refiere al último 2.5 por ciento de las adolescencias que se suben a esta montaña rusa hormonal. Ser un "retoño tardío" puede suponer no mostrar señales de la pubertad hasta los 13, 14 años o después. Para entonces, la mayoría de las infancias ya llevará años en la pubertad, ¡algunos la mitad de su vida! Las temibles señales de maduración física en la primaria son medallas de honor para la secundaria. Si un chico no las presenta para la preparatoria, pueden surgir dificultades sociales y emocionales. Al igual que dar el estirón como un chicle les ha dificultado la vida a las y los adolescentes que se ven mayores, también es muy complicado para quienes se ven menores.

Es muy importante que los adultos hablen con franqueza sobre *no* entrar a la pubertad. Conversar sobre lo que no está pasando puede aliviar la válvula de presión y tranquilizar a las chicas y los chicos. Puede ser muy útil consultar a un pediatra, sobre todo para quienes no se sienten capacitados para reconfortarlos. De cualquier manera, hablar es siempre la mejor estrategia, incluso cuando no sucede nada o, en el caso de los retoños tardíos, particularmente cuando no sucede nada.

Sí, hablar. A menudo es la parte que incomoda a la gente. Los adultos necesitan conocer la explicación científica, el *qué* del cuidado de las infancias durante la pubertad, así como el *cómo* de la labor intimidante de entablar esa conversación. Con el telón de fondo de la línea del tiempo en expansión de la pubertad, antes de entrar en especificidades necesitamos esbozar una guía honesta y realista para las muchas (¡muchas!) conversaciones que tendremos con las chicas y los chicos que adoramos.

Capítulo 2

El otro panorama completo: cómo hablar de todo esto

La primera vez que Vanessa conversó con su hijo mayor sobre sexo salió más o menos así: estaba frenética intentando darles de desayunar a sus cuatro hijos un domingo en la mañana antes de llevar a uno de ellos a un partido de futbol. Mientras servía leche en los tazones de cereal y sacaba panes del tostador, al tiempo que repasaba la letanía de actividades para ese día, su hijo de 10 años levantó la vista de la sección de deportes del periódico y gritó: "¡Ma!, ¿qué es violación?".

Sin parpadear, Vanessa gritó en respuesta: "Es cuando un hombre obliga a una mujer a tener sexo con él", y siguió sirviendo el desayuno.

Varias horas después estaba manejando con el mismo niño de 10 años cuando de pronto tomó conciencia de que se había equivocado. Para empezar, se había equivocado con la definición de violación. También se le ocurrió que era probable que su hijo ni siquiera supiera qué significaba la palabra *sexo* y que ella ni siquiera la había definido. Tampoco le había preguntado si tenía más dudas sobre un tema tan complejo y aterrador. Así que Vanessa respiró profundo, miró por el retrovisor y preguntó: "Cariño, ¿sabes qué significa la palabra *sexo*? Me acabo de dar cuenta de que la usé en la mañana, pero nunca te pregunté si sabías qué significaba".

"Mmm, no, la verdad no", respondió.

Estas conversaciones pueden salir muy mal, por diversos motivos, y Vanessa se había encontrado con una tormenta perfecta. Ese domingo en la mañana, corriendo como pollo sin cabeza, estaba distraída, no presente; respondió sin pensar por qué la había planteado; se le olvidó quién sabía qué cosa y no definió conceptos; y le dio un enfoque de género a un tema que no lo exigía.

Sin embargo, su segundo intento terminó siendo una conversación que duró todo el camino de regreso a casa, abarcó definiciones de conceptos y exploró recovecos más profundos, como si una mujer puede violar a un hombre (en aras de la claridad: desde luego). Esa conversación fallida fue la primera de muchas, muchas exitosas —en torno al sexo— que entablaría con su hijo en el curso de los años. También se volvió la norma de lo que implica hablar con niños de esa edad: más todavía, para siempre definir los términos que utilizas. Nunca asumas que saben.

Puede parecer agobiante darle tantas vueltas al acto de platicar, sobre todo al inicio de un libro que señalará los miles de millones de pequeñas conversaciones que exige la pubertad. Es como tener una lista de pendientes eterna y querrías evitar casi cada punto de la lista. Pornografía, periodos menstruales, masturbación, sueños húmedos, vapeo, tomar alcohol, imagen corporal, sexo, consenso, desamor y un largo etcétera: son los fundamentos del siglo XXI antes siquiera de considerar las tonterías que hacen los niños, como hacer trampa, mentir, robar en una tienda, mandar fotos de desnudos o *nudes*, chocar el auto. Dado el tsunami de posibilidades que tienen las adolescencias, sorprende que nos queramos parar de la cama en las mañanas.

Podemos subcontratar a terceros para tener algunas de estas conversaciones, como profesores, entrenadores, orientadores o familiares, y otras pueden resolverse con un libro o artículo colocado estratégicamente. Pero en última instancia, nuestra tarea es mantener a nuestros hijos seguros y sanos, transmitir nuestros valores y amor para que sorteen estos años. La sorpresa es que si estas conversaciones salen bien, no hay nada, *nada* más satisfactorio o importante que saber que les brindaste conocimiento clave que utilizarán toda su vida. Nada de esto es fácil. Para ser honestas, la mayoría es aterrador, estresante y confuso. Pero todo saldrá bien si recuerdas un par de verdades fundamentales: no se trata de tener una conversación, sino muchas, y a veces te vas a equivocar. Las charlas breves son más efectivas que los sermones interminables. Esto quiere decir que vas a tener *muchas* en el curso de una o dos décadas. Y si una (o muchas) salen mal, tendrás muchas más oportunidades. Es sorprendente que el momento en el que rectificamos nuestros errores solidificamos la relación con nuestras hijas e hijos.

Cada capítulo de este libro tiene una sección titulada "Cómo hablar de esto", porque la pregunta que más nos hacen los adultos es *¿Cómo diablos hablo de esto?* Tema por tema, ofrecemos sugerencias muy puntuales. Habrá veces en las que sepas con exactitud qué información quieres transmitir, pero no tienes el guion para ir de la A a la B. Y habrá otras en las que la conducta de los chicos o un tema en general te dejará pasmado, sin tener idea de por dónde empezar. La intención de este capítulo es resumir todo lo que abarca el libro, como un papel calca, para superar los retos individuales en tu hogar. Al aprender las herramientas necesarias en el arte de conversar, podrás escribir encima de ese papel calca y reutilizarlo, poniendo en práctica las tácticas en distintos escenarios que vayan surgiendo.

Aquí no existe un enfoque único que sirva para todos. Pero hay algunas verdades sorprendentes que funcionan para casi todo el mundo, casi todo el tiempo. Son nuestras SparkNotes de cómo hablar con preadolescentes y adolescentes.

Escucha (no sólo hables)

La tentación de sermonear a los chicos es intensa, sobre todo cuando estamos estresados, enojados o nos sentimos incapaces. Hay razones muy válidas para sermonear en vez de escuchar, como cuando un niño se equivoca en serio, cuando su seguridad está en juego o cuando necesita información crítica con urgencia. Si alguna vez has sermoneado a un niño sin detenerte a escuchar lo que tiene que decir, eres igual que *toda* la población adulta. Dicho esto, los chicos nos han compartido que cuando los adultos los escuchan, en vez de sermonearlos, la diferencia es inmensa.

Es un poco raro empezar un capítulo sobre cómo hablar de ciertas cosas resaltando la importancia de *no* hablar, pero resulta que es la clave para tener conversaciones memorables. Dicho esto, pocas personas nacieron con el superpoder de callarse y escuchar, la mayoría hemos tenido que desarrollarlo. Si la sola idea de intentarlo te agotó, te decimos por qué escuchar es clave.

Las adolescencias se sienten valoradas cuando escuchamos: al escucharlos les transmitimos que sus ideas y preguntas son importantes; valida sus sentimientos y les recuerda que los adultos son fuentes disponibles. Suena trillado, pero es muy importante. Escuchar convierte un monólogo unilateral en una conversación bilateral. También les enseña a los niños y las niñas a poner atención a otra persona, reconocer los sentimientos de los demás y valorar sus ideas. Tal vez lo más importante es que crea una ruta para seguir platicando cuando te calles la boca y los dejes hablar.

Escuchar puede llevar la conversación a la dirección correcta: ¿alguna vez has respondido la pregunta de un niño y te das cuenta de que respondiste algo que no preguntó? Una respuesta es mucho más efectiva cuando entiendes la pregunta antes de contestar; si escuchas, responderás mejor. Si no estás seguro sobre qué necesitan saber, intenta con esta estrategia práctica: responde con una pregunta: *Qué interesante, ¿por qué lo preguntas?*

Escuchar nos enseña sobre la realidad de las infancias: a muchos adultos les encanta ser expertos, pero las y los adolescentes siempre han tenido su propio lenguaje y ecosistema y la intención es que los adultos *no* lo entiendan. Hoy en día están en miles de plataformas sociales y acaban de vivir una pandemia global, y es imposible que sepamos qué se siente ser adolescente. Las adolescencias a quienes intentamos ayudar terminan siendo nuestras mejores guías porque son expertas de su propia realidad.

Escuchar te da tiempo para aclarar tus ideas: mientras escuchas, respira profundo, no entres en pánico y piensa un momento en todas estas cosas fundamentales cuando el tema es difícil. Por favor, no confundas esto con guardar silencio —¡los adolescentes necesitan que hablemos!—, pero hacer una pausa suele ayudar a que respondamos de forma más efectiva.

Procede despacio en las conversaciones delicadas
Si bien escuchar es fundamental, hablar sigue siendo muy importante. Si consideramos la cantidad demencial de información que los adolescentes

necesitan absorber en el curso de una década de maduración, los adultos que los aman suelen ser sus mejores fuentes. Pero *qué* dices es igual de importante que *cómo* lo dices. El objetivo es darles lo que necesitan sin obligarlos a salir corriendo. Por cierto, también pasará. Muchas veces.

En nuestros talleres sobre pubertad recurrimos a una estrategia que hemos perfeccionado para entablar conversaciones delicadas. No importa si estas charlas surgen a partir de una pregunta (*¿Qué es la violación?*) o de la necesidad de impartir información importantísima que no nos pidieron (*Necesito que platiquemos del fentanilo*) o porque un niño se equivocó en serio (*Llegaste dos horas tarde*), el primer paso siempre será entrar. Este enfoque puede parecer un poco forzado, pero con la práctica se vuelve hábito y crea un mapa para abordar toda clase temas complicados.

Respira: sin importar el origen de la conversación empieza por respirar profundo (una o varias veces) para tranquilizar el sistema nervioso y tener tiempo para pensar.

Indaga con cuidado: si la conversación empieza cuando una niña te hace una pregunta difícil o sorprendente, es buen momento para decirle: *Qué interesante, ¿por qué lo preguntas?* Si tú fomentaste la charla puedes empezar más o menos así: *Estaba pensando qué sabes de...*

No mientas: nunca pero nunca mientas. Mentir podría resolver una incomodidad a corto plazo, pero te garantizamos que más adelante te saldrá el tiro por la culata. Por cierto, puedes elegir no responder una pregunta o actuar ante una acusación —las opciones no se limitan a una revelación total o a una mentira descarada—, pero en cuanto una persona en una relación miente, pierde toda la credibilidad cuando espera que la otra persona sea honesta y directa. No importa si la otra persona es décadas más joven.

Reconoce tu nerviosismo: a todos les gusta cuando alguien reconoce que se siente incómodo porque es una prueba de que la conversación es lo suficientemente importante para sobrellevar sentimientos difíciles. Reconocer la incomodidad también enseña que la gente puede superarla. Puedes decir: *Esto me pone nervioso pero es muy importante, así que vamos a empezar.* Consejo de profesional: no hagas contacto visual si te ayuda a disipar la incomodidad, por eso todos los expertos en crianza del mundo recomiendan tener conversaciones incómodas en el coche.

Admite cuando no sabes: *no sé* son dos de las palabras más importantes. Decirlas les enseña a las adolescencias cómo admitirlo también. Aceptar que no sabes evita que inventes una respuesta equivocada e improvisada o que los mandes a investigarlo en internet (cuanto más pequeños sean, peor es esa idea). En cambio, búsquenlo juntos, consulta a un experto en el tema o ponle pausa y retómalo cuando tengas la respuesta. Sólo no olvides retomarlo.

No des sermones: vuelve a leer los millones de razones por las que escuchar, no sermonear, es la mejor opción.

Sintetiza la información: de todas formas no van a absorberlo todo. Y las conversaciones pueden ser breves, porque tendrán muchas.

Pregunta: hazlo aunque estés agotado y completamente aliviado por haber sobrevivido a una conversación difícil, porque esto demuestra que siempre estás interesado y disponible.

Dales la oportunidad de procesarlo: algunos adolescentes necesitan un par de días o más para procesar información seria. Puede parecer que no escuchan o que no hagan preguntas de seguimiento. No te enojes ni entres en pánico, todos manejan estos temas a su manera. Es muy posible que tengas un hijo o una hija que una semana después, mientras pasean al perro, te hará una pregunta de seguimiento que hará que se te doblen las piernas.

Olvídate de tu carga psicológica

Muchos llevamos grabados nuestros recuerdos de la adolescencia; éstos han marcado conductas de toda la vida que se remontan a nuestros años formativos. Estos recuerdos están neurológicamente programados de una manera intensa, algo así como la historia del origen de un superhéroe si estuviera protagonizada por el acné y las erecciones.

En los años de la pubertad también el cerebro está construyendo autopistas de redes neuronales a toda velocidad. Es el equivalente neuronal de renovar caminos de terracería, llenos de baches, y terminar con una red de autopistas de cinco carriles. No es coincidencia que, décadas después, los adultos se aferran (¡incluso reviven!) recuerdos de esos años con tanta insistencia.

Estas experiencias adolescentes se quedan grabadas en el cerebro; sin embargo, para guiar mejor a nuestros hijos debemos ignorarlas. Si bien es tentador compartir las heridas profundas o éxitos emocionantes de nuestra adolescencia con nuestros hijos, la mayoría de las veces es lo contrario a lo que necesitan. Omitirlas puede exigir una fuerza hercúlea, pero el objetivo es preparar a las adolescencias para que emprendan su *propio* viaje, no revivir el nuestro con detalles extremos. Tendrás que olvidarte de tu carga psicológica en el curso muchas charlas durante la pubertad, así que empieza practicando.

En sentido literal, tírala: recuerda una experiencia trascendental de la pubertad —no importa si es graciosa o difícil— y anótala en un papel. Comparte esa "carga psicológica" con otro adulto, alguien en quien confíes, y después retira la nota simbólicamente de tu vida cotidiana doblándola y guardándola o haciéndola bola y tirándola a la basura. El objetivo no es eliminar ese recuerdo formativo de tu narrativa personal, sino de las conversaciones que tengas con tus hijos.

Si tienes dudas, omítela: cuando los adultos ven que sus hijos sufren o se les dificulta algo, tienen la necesidad de contarles su propia experiencia dolorosa: *Entiendo perfecto cómo te sientes.* Este intento de empatizar sólo cambia el enfoque: de ellos a nosotros. Con frecuencia las adolescencias sólo quieren que los adultos las escuchen y apoyen. Algo así: *Qué mal, me imagino que te sientes muy mal*.

Conversa con otro adulto: a veces hay temas —como imagen corporal o acné— particularmente difíciles de superar para un adulto, incluso treinta o cuarenta años después. Es el momento de buscar a otro adulto y reconocer que se te dificulta. Desahógate con ellos, no te proyectes con tu hija o hijo.

Comparte con pocos detalles y mucho humor: hay momentos en que tiene sentido compartir recuerdos de la pubertad, sobre todo cuando te humaniza y les permite tener el protagonismo. El sentido del humor es lo más importante, como esta anécdota que se volvió un clásico instantáneo en nuestra familia: *Entiendo que el viaje te pone nervioso. A tu edad estaba tan nervioso que no hablé las primeras veinticuatro horas del programa, al grado de que creyeron que hablaba otro idioma. Cuando por fin abrí la boca, les encantó escucharme*.

Se vale repetir

Cuando nos equivocamos, y todos lo hacemos, es crucial reconocerlo. Repetirlo nos permite superarlo y enmendarlo. El ejemplo es la segunda conversación sobre sexo que Vanessa tuvo con su hijo. A veces se nos olvida aprovechar las conversaciones de seguimiento.

Cuando te equivoques, enmiéndalo: esto les enseña que está bien equivocarse, un mantra que todos usan en estos días pero que las y los adolescentes no necesariamente creen en él (¿y cómo culparlos?). Demuéstrales que es normal equivocarse, reconocerlo y superarlo. Esto será muy pertinente para muchas charlas incómodas durante la pubertad porque algunas seguramente irán mal y tendrás que subsanarlas.

Recuerda que nada es definitivo: las segundas oportunidades no siempre tienen que rectificar errores o desaciertos monumentales. En ocasiones repensamos una estrategia de crianza. Cuando les damos regalos a los niños —aparatos, privilegios o regalos— es fácil pensar que son *suyos*. Pero de vez en cuando todos pecamos de consentirlos o tomamos decisiones de las que nos arrepentimos enseguida. Aprovecha la segunda oportunidad y retíraselos. Sólo explica por qué y promete reconsiderarlo en el futuro.

No olvides explicar por qué: si repites sin explicar las razones, acabas de desperdiciar una oportunidad. Sobre todo cuando les retiras algo, ya sea un celular o decides incumplir una promesa. Si quieres que entiendan por qué, tendrás que explicar, pero sin disculparte.

La segunda oportunidad no tiene fecha de caducidad: no tiene que suceder en ese preciso momento, pueden pasar días, semanas, incluso años después del suceso original. Pero en cuanto te des cuenta de que le debes a alguien una segunda oportunidad, nunca es demasiado tarde para reconocerlo: *Me porté muy mal y lo siento* o *Malinterpreté las cosas y quiero aclararlas.*

Permite que se burlen de ti por equivocarte: sí, es brutal que te recuerden *esa vez que…* pero no hay nada más poderoso que bajarte del pedestal y ver a un niño cara a cara. Prepárate, porque cuando aproveches segundas oportunidades te lo van a restregar en la cara… ríete.

La lista es larga, pero cada uno de estos consejos acerca de hablar surge en el libro en el contexto de temas puntuales. Algunos te funcionarán, otros no. En resumidas cuentas, una cosa es entender cómo y por qué la pubertad ha cambiado de forma tan radical en el curso de pocos años, pero es igual de importante tener las herramientas para hablar con las adolescencias que la están viviendo.

Capítulo 3

Senos, bubis y botones mamarios

Los senos —más conocidos como *bubis* en determinada edad— parecen salir de la nada: empiezan como botones y se transforman en senos bien desarrollados. Este proceso sensible (en sentido literal y figurado) ocurre en el curso de varios años.

 ## EMPECEMOS CON LA CIENCIA

Resulta que el tejido mamario está presente desde el nacimiento, pero en general se mantiene dormido hasta que los ovarios empiezan a producir y liberar estrógeno y progesterona, las olas hormonales que marcan el comienzo de la pubertad en las mujeres. Decimos "en general" porque muchos bebés tienen pezones hinchados las primeras semanas de vida, un efecto secundario del estrógeno materno que fluye en el cuerpo durante el embarazo y se filtra al flujo sanguíneo del bebé a través de la placenta. Al nacer, esas hormonas maternas van disminuyendo con el tiempo. Dato curioso: a medida que las hormonas maternas retroceden, a muchos bebés también les sale acné, una versión infantil de los granos que volverán a salir una década después por los cambios hormonales.

De vuelta a la pubertad: cuando los ovarios de las preadolescentes empiezan a producir estrógeno y progesterona, estas hormonas viajan al tejido mamario dormido y lo estimulan para que crezca. En las mujeres biológicas, los senos en desarrollo acumulan grasa gradualmente y crean un complejo sistema de ductos y glándulas que, con el tiempo, llevarán leche al pezón en caso de un embarazo. Este sistema de producción y distribución de leche se termina de formar después del inicio de los periodos menstruales; de hecho, no concluye del todo hasta que haya un nacimiento y lactancia, un recordatorio de que los periodos no marcan el fin de la maduración física, son sólo la mitad. Y como sabe cualquiera que tiene senos, siguen cambiando con el tiempo, incluso después de que "se terminan de formar".

Los médicos denominan *telarquia* al momento en el que aparece el tejido mamario; sin embargo, para el resto del mundo son botones mamarios: un montículo pequeño, firme, muy sensible, más o menos del tamaño de una pequeña pila de monedas debajo del pezón. Casi siempre sale primero un botón, no los dos, lo cual siembra el pánico entre las niñas y sus padres, dada nuestra hiperconsciencia cultural del cáncer de mama. ¡No entren en pánico! Es completamente normal que salga primero un botón.

En algunos casos el nacimiento de un botón y el crecimiento del seno al grado de que ya cabe en un brasier es cuestión de meses; en otros, de años. Como todo lo demás en la línea del tiempo de la pubertad, el crecimiento de los senos es distinto para todas. Dicho esto, hay algunos denominadores comunes que experimenta la mayoría, y uno de los principales es sensibilidad: los senos pueden doler o irritar; pueden dar comezón en la piel o hipersensibilidad al roce con la ropa; y si un codo o una mochila vuela en dirección del seno en crecimiento, ¡olvídalo!

La asimetría es parte del proceso. Para empezar, así como primero sale un botón y luego el otro, los senos más desarrollados no siempre son del mismo tamaño, bien sabido pero poco debatido entre quienes tienen senos. Como dice Cara: "no se hablan". Súmale que cuando empieza el periodo menstrual, el tamaño de los senos cambia durante el mes, por eso la discrepancia de dimensión entre los senos puede aumentar drásticamente en los días en los que están más inflamados. En general, los dos están equilibrados como para no causar problemas logísticos (como el tamaño del brasier) ni de autoestima, pero hay algunas niñas —o adultas— que tienen senos considerablemente disparejos en ocasiones o siempre.

A propósito del crecimiento de los senos en todos los géneros: en algún punto durante la pubertad, en una cifra considerable de hombres biológicos —hay estudios que sugieren que hasta 50 por ciento— el desarrollo de los senos será notable, desde botones hasta senos bien formados. La mayoría de las veces el tejido mamario crece y después revierte su crecimiento, un fenómeno denominado involución; sin embargo, en ocasiones el tejido crece y así se queda. Esto puede suceder en uno o en ambos, entre las infancias de todos los tamaños y estaturas. El término médico para este fenómeno es *ginecomastia*, una palabra que debería ser bien conocida dado lo común del padecimiento. Pero muchos adultos no la conocen (incluso si la padecen) y, como suele pasar, no nombrar algo puede causar vergüenza.

¿Cómo es posible que a los hombres se les desarrollen los senos si no tienen ovarios que produzcan el estrógeno y la progesterona que se requieren en el proceso? La respuesta radica en el hecho de que todos, sin importar el sexo, tienen un poco de ambas hormonas de la pubertad, estrógeno y testosterona, porque, de hecho, los testículos producen estrógeno y los ovarios testosterona. También existe un fenómeno denominado conversión de la grasa periférica, mediante el cual las células grasas del organismo convierten las hormonas —por ejemplo, androstenediona en testosterona—, lo cual explica por qué los cuerpos tienen distintas cantidades de hormonas según cuánta grasa tengan. La ginecomastia ocurre sin importar el peso corporal: es el *equilibrio* hormonal, no sólo las cantidades absolutas, lo que afecta partes distantes del cuerpo, como los senos.

🕐 QUÉ HA CAMBIADO EN LOS ÚLTIMOS 20, 30, 40 AÑOS

El encabezado aquí es éste: los botones mamarios aparecen antes. Hace dos generaciones la edad promedio para que a una mujer biológica le salieran los botones mamarios eran los 11 años; ahora es entre los 8 y 9, según la raza y el origen étnico. La siguiente pregunta natural es por qué, y por desgracia todavía no existe una respuesta satisfactoria. Como mencionamos en el capítulo 1, lo que sí sabemos es que nuestro mundo está repleto de químicos que alteran el funcionamiento de las hormonas dentro del cuerpo. Estos químicos están en todas partes, por eso se cuelan en el organismo. Lo que no sabemos con exactitud es cuáles de estos químicos o qué familia de ellos son los culpables; si hubiera un común denominador (o dos o tres), el consejo sería evitar determinado componente, pero no hay evidencia que nos lo indique.

Otro gran cambio que afecta el desarrollo de los senos es la comercialización masiva de los tops deportivos. La ventaja es que el acceso cada vez mayor a esos tops incrementa la probabilidad de que más mujeres, sobre todo las de senos grandes, hagan ejercicio. Todos conocemos los beneficios del ejercicio (otro cambio en las últimas décadas), así que sentir una mayor comodidad aumenta la probabilidad de ejercitarse, lo que a su vez mejora la salud. El lado negativo es que con la popularización de los tops deportivos, chicas cada vez más jóvenes los usan todo el día. En especial durante los primeros años del crecimiento de los senos, porque los botones mamarios duelen menos o limitan la sensibilidad si ellas se ponen uno ajustado. No obstante, hay poca información sobre el efecto de restringir el crecimiento del tejido todo el día todos los días. ¿Acaso esto causará que quienes los usan desarrollen senos cada vez más densos o quísticos porque éstos intentan crecer y se encuentran con esta resistencia? No queda claro. Lo que sí es claro es que los materiales sintéticos que componen la mayoría de las prendas atléticas pueden irritar la piel y atrapar los olores. Así las cosas.

El cambio en las tasas de obesidad también influye en el crecimiento de los senos, pero la información que lo explica es contradictoria. La ciencia ha documentado muy bien el incremento de peso corporal entre niños y adultos estadunidenses. Tan sólo en los últimos veinte años la obesidad se ha disparado en ese país en todos los grupos de edad, aumentó de una prevalencia promedio de 30.5 por ciento en 2000 a 41.9 por ciento en 2020. Aunque las infancias la padecen menos, las tasas rondan el 20 por ciento, lo que representa unos 15 millones de niños y niñas en Estados Unidos. Cuando se desglosa por grupos de edad, la prevalencia de la obesidad se incrementa a 12.7 en niños de entre uno y tres años, 20.7 por ciento en las infancias en la primaria y 22.2 por ciento en las adolescencias en secundaria y preparatoria; estas cifras cambian según el estatus racial y socioeconómico. En el capítulo 9 estudiamos a fondo estas cifras.

Debido a la conversión hormonal de la grasa periférica, cuanta más grasa acumule una persona, mayor será el punto de referencia de ciertas hormonas. Se cree que esta bioquímica es en parte responsable de la pubertad. Sin embargo, investigadores se han preguntado en años recientes si las hormonas extra que se generan en el tejido graso se traducen puntualmente en el crecimiento y el desarrollo de los senos. La teoría más actualizada —a partir de estudios que se realizaron a niños que están experimentando la pubertad, calculando su peso corporal, niveles hormonales, etapas de Tanner y tamaño ovárico y utilizando ultrasonidos para documentar la progresión real del desarrollo de los senos— indica que es probable que la apariencia del desarrollo acelerado de los senos entre los chicos más obesos sea justo eso: apariencia. Dentro y en torno a los senos se acumula tejido graso, lo cual es engañoso, pero no se trata de crecimiento ni de desarrollo de tejido mamario genuino. La apariencia del pecho e incluso la etapa de Tanner en la que estén pueden discrepar del desarrollo real del tejido mamario debajo de la superficie. Hay más investigaciones en curso y, quién sabe, tal vez información futura podría arrojar una conclusión opuesta.

En todo caso, para el mundo —y para el niño o la niña en cuestión— la acumulación de grasa alrededor del pezón y el crecimiento del tejido mamario parecen senos. Y entran en juego las mismas implicaciones emocionales y sociales, sin importar el origen de esos cambios. Estos chicos quieren ponerse brasieres u otra ropa interior para minimizar la prominencia del pecho.

Queremos hacer un paréntesis importante que seguramente surgirá en futuros estudios: algunos científicos han utilizado los descubrimientos del aumento de la grasa mamaria, no del tejido mamario, para argumentar que, a fin de cuentas, la pubertad no está empezando con tanta anticipación. Aseguran que a estos chicos se les está categorizando en la etapa de Tanner incorrecta, y se les denomina "pubescentes" cuando en realidad tienen depósitos de grasa mamaria. No obstante, esto no explica las otras señales de la pubertad que cada vez se presentan a menor edad: altibajos emocionales, crecimiento del pene y testículos, y, sí, botones mamarios. Como afirma Louise Greenspan, la primera señal de la pubertad en la mayoría de las y los adolescentes es cuando empiezan a azotar la puerta. En estos días, muchos profesores, médicos, entrenadores y padres reportan altibajos emocionales prematuros. Estos cambios de humor no son una función de los depósitos de grasa en los senos, sino una consecuencia de la sobrecarga hormonal en el cerebro. Con frecuencia, el crecimiento del pene y los testículos pasan desapercibidos debido a la nueva exigencia de privacidad, un tema en el que nos adentraremos en el capítulo 4. Si el crecimiento de los senos fuera la única señal de que las adolescentes están empezando antes la pubertad, les daríamos más credibilidad a los detractores. Como no es el caso, estamos en total desacuerdo con sus conclusiones. Mantente actualizado sobre el debate público y la investigación discrepante al respecto.

CÓMO HABLAR DE ESTO

No sorprende que los senos se hayan vuelto el imán para las preocupaciones de los padres, sobre todo debido a su aparición prematura. Cuando nos damos cuenta de que a una niña de 8 años se le notan los botones mamarios a través de la camiseta, entramos en shock; es inevitable, porque lo esperaríamos hasta dentro de dos o tres años. Puede sorprender, pero no debe causar pánico. De hecho, es completamente posible —y muy importante— que los adultos gestionen sus reacciones ante los cambios corporales, para que las adolescencias también se sientan cómodas.

Comencemos con nuestras reacciones y expectativas. Con frecuencia, los padres asumen que sus hijos tendrán la misma edad que ellos cuando les crecieron los senos, el vello púbico, cuando tuvieron sus periodos, les salió acné, todo. Si bien la genética entra en juego, queda claro que las cosas han cambiado, sobre todo cuando se trata de los factores determinantes de la pubertad. Si una niña tiene senos años antes de que tú te desarrollaras, es normal que te sorprenda o te preocupes, y no estás sola.

El desarrollo cada vez más prematuro de los senos incomoda mucho a algunos adultos por lo que los senos representan. Madurez sexual. Capacidad reproductiva. Cosificación. Son enormes temas inminentes. El pezón inflado y elevado de un botón mamario puede ser pequeño, pero supone una carga enorme para muchos. A los adultos que tuvieron un desarrollo prematuro les gustaría que los senos de sus hijos crezcan después que ellos; los que se desarrollaron tardíamente suelen querer lo contrario. Algunos adultos se dicen avergonzados cuando la madurez física de su hija es patente, como si la única explicación fuera que hicieron algo mal: como darles alimentos nocivos o atiborrados de químicos. A otros les preocupa que con los senos desarrollados su hija recibirá miradas y comentarios no deseados. Y después están los adultos a quienes directamente les confunden los botones mamarios de sus hijos varones.

Todas estas reacciones son monólogos internos legítimos y válidos en respuesta a la pubertad de los niños, con énfasis en lo *interno*, porque la autorreflexión puede ser contraproducente cuando se deja escapar sin censura en conversaciones con tus hijos.

Digamos que el monólogo interior va más o menos así: *Ay, qué bajón que a mi hija ya le salieron senos.* Lo primero que hay que hacer es gestionar esa reacción. *¿Qué siento?* Podría ser tristeza porque está creciendo o preocupación porque su experiencia vital como mujer será más difícil que como niña. Quizá tu propia transición a la adolescencia fue particularmente difícil y no quieres que viva las mismas experiencias negativas que tuviste.

Lo siguiente es encontrar apoyo en otros adultos. Es una alternativa para no desahogarte con tus hijos. Recurre a una red de adultos o uno solo con quien puedas compartir tus pensamientos más duros y oscuros: tu pareja, amiga cercana, terapeuta.

Mientras tanto recuerda que los niños y las niñas son eso: niños y niñas; y hay que tratarlos de acuerdo con su edad cronológica, no con la edad que aparentan. Es completamente normal que te invada una sensación de pérdida durante su desarrollo físico, que sientas nostalgia por su infancia. Pero dicho esto, los botones mamarios no implican que la infancia quedó atrás. De hecho, es una de las primeras oportunidades para ayudarlos a sentirse cómodos en torno a los cambios en su cuerpo, que no es tarea fácil.

¿Qué tácticas recomendamos? ¿Cómo podemos hablar con distintos tipos de niños y niñas sin transmitirles vergüenza ni nuestra carga emocional? Éstos son algunos consejos puntuales.

Para la niña que "necesita" un brasier pero no lo quiere

Un dilema clásico de la pubertad: el cuerpo de un niño cambia pero no se da cuenta o no quiere darse cuenta. Es el mismo enigma que cuando debe empezar a ponerse desodorante, rasurarse, usar medicamentos para el acné; hay una lista muy larga de cosas por las que no preguntan y, en algunos casos, se resisten por completo. No podemos obligarlos a hacer nada que no quieran; tampoco ese enfoque contribuye a enseñarles lecciones subyacentes sobre la importancia de hacerlo. Sin embargo, sí podemos darles los objetos o las habilidades. Los brasieres nunca son una necesidad absoluta, hay culturas que no los usan y mucha gente en Estados Unidos que tampoco. Pero algunas niñas no van a participar en actividades si están incómodas por no llevar brasier o empiezan a ponerse ropa holgada para ocultar sus curvas. Haz lo mejor posible por preguntar cómo se sienten —en sentido físico y emocional— en su cuerpo cambiante. O intenta con esto: *Te compré algunos bras cómodos si decides usar. Avísame si los sientes bien.*

Para la niña que quiere un brasier pero no lo "necesita"

Aquí la *necesidad* es un término muy subjetivo. Cuando no hay necesidad física, considera las circunstancias sociales o emocionales, como querer pertenecer. La buena noticia es que hay muchas variedades de brasieres, hay tops sin varillas ni costuras, sin ninguna función más allá de ponerse ropa interior, como una camiseta corta. A muchos niños más pequeños y con el pecho más plano les encantan. También son una maravilla para los retoños tardíos, rodeados de amigas que usan brasier por necesidad; en general, los niños mayores quieren pertenecer. Compra varios brasieres o tops baratos para aliviar las dificultades sociales.

Para la niña cuya ropa no siempre es apta para los botones

Mucha ropa para niños se transparenta, ya sean las camisetas que absorben la humedad que parecen acentuar los botones o las camisas y suéteres blancos y transparentes de los uniformes escolares. Sin avergonzar a los niños sobre sus cuerpos en desarrollo, tenemos la obligación de ayudarlos a mantener sus cuerpos privados si no siempre se dan cuenta de lo que es visible para los demás. Éste no es un tema sobre el físico, es más sobre seguridad y autoestima, y a veces exige mayor claridad: *Si quieres (o necesitas) ponerte esa blusa, usa una capa debajo. Mira, te compré este bra.*

Para la niña que no tiene intención de ponerse un brasier

Decidir no usar brasier es supercomún entre la generación Z, así que acostúmbrate. El cambio cultural que los ha llevado a no usar brasier, ya sea por moda o declaración política, puede ser inverosímil para quienes crecieron con los catálogos de Victoria's Secret. Cada generación toma distintas decisiones sobre cómo se presentan, no es nada nuevo. Lo importante es que si no se lastiman a sí mismos ni a nadie más, tenemos que dejarlo pasar, incluso si la falta de brasier nos incomoda.

 **QUÉ OPINAN QUIENES YA ESTÁN DEL OTRO LADO**

J. S., ella, edad 20

Sobre los primeros brasieres

En el verano de mis 9 años, durante un campamento, el día de visitas mi mamá me compró un bra entrenador. Estaba furiosa. No estaba dispuesta a ponerme otra capa de tela debajo de la camiseta pesada y caliente que me habían dado en el campamento. Además, ¡ni siquiera tenía bubis! Aunque no recuerdo por completo, estoy segura de que le dije a mi mamá que me lo pondría y después lo escondí debajo de la cama y ahí se quedó todo el verano. Estoy segura de que el calor del verano tuvo que ver con mi aversión, pero también tenía muchas ganas de escoger mis propis bras y medírmelos, sobre todo la primera vez. Cuando regresé, le pedí que me llevara de compras para escoger brasieres, y las dos elegimos unos.

Mi consejo: no obligues a tu hija a ponerse un bra si no quiere y ayúdala a sentirse en control de un cuerpo que está cambiando a capricho.

Temores sobre el cáncer de mama

Recuerdo que en la secundaria recibí un mensaje de una amiga que decía: "me está matando la bubi derecha, creo que tengo cáncer de mama".

Sobra decir que entré en pánico. ¿Cómo era posible que mi amiga de 13 años hubiera desarrollado cáncer de mama de repente? Al día siguiente recibí otro mensaje: ya no le dolía, así que seguramente estaba bien, suspiré aliviada, pero volvió a pasar lo mismo un mes después. Luego de una llamada breve con su médico, mi amiga (y yo) nos dimos cuenta de que, de hecho, no tenía cáncer de mama. Tenía su periodo y padecía la inflamación normal previa.

Mi consejo: ¡expliquen cómo los periodos pueden afectar los senos y que esto es normal!

Capítulo 4

Penes y testículos

Toda conversación entre adultos y niños —para ser honestas, entre dos personas de cualquier edad— es mejor cuando hay claridad. Aplica incluso para las partes del cuerpo más externas (y objeto de chistes), como el pene. Que todos parezcan hablar al respecto no quiere decir que entiendan cómo funciona y cambia.

 ## EMPECEMOS CON LA CIENCIA

El pene es el órgano genital masculino de todos los tetrápodos. Su función es transportar esperma y orina (en momentos distintos) del cuerpo. La parte más larga del pene, de la pelvis casi a la punta, se llama *cuerpo*. Dentro del cuerpo hay tejido eréctil que puede llenarse de sangre, lo que lo endurece. También dentro del cuerpo hay un tubo llamado *uretra* que transporta esperma y orina (¡en momentos distintos!) del interior al exterior del cuerpo. La punta del pene tiene un segmento redondo y grueso llamado *cabeza*, cubierto con un pedazo de piel o prepucio.

Un pene circuncidado no tiene prepucio, lo que revela la cabeza. La circuncisión se suele hacer los primeros días de vida, aunque puede practicarse más adelante en virtud de varios padecimientos médicos poco comunes, como balanitis recurrente (inflamación de la cabeza del pene), fimosis (cuando el prepucio es demasiado estrecho para dejar salir el glande), parafimosis (una emergencia médica en la que el prepucio se atasca en la posición replegada, lo que provoca que la cabeza del pene se hinche), cánceres de pene (en ocasiones causados por el VPH o virus de papiloma humano) o decisiones personales (algunos hombres a quienes no circuncidaron al nacer deciden hacerlo en la adultez).

Ahora, vamos con los testículos. Este par de pelotas —sí, por eso su apodo pegadizo— se encuentra en una bolsa de piel llamada escroto, ligeramente detrás del pene. Los dos testículos tienen más o menos el mismo tamaño y cuelgan al mismo nivel, aunque no siempre. Los testículos son responsables de producir testosterona y, en un hombre biológico en edad reproductiva, esperma. La testosterona es microscópica y cuando la segregan los testículos la absorbe el flujo sanguíneo. En comparación, el esperma es enorme. Sale de los testículos por una pequeña estructura en forma de espiral llamada *epidídimo*, después viaja por un tubo llamado *conducto deferente*, enseguida pasa por la vesícula seminal, encargada de secretar líquido; y después esta mezcla acuosa llega a la próstata que añade más líquido a la mezcla para crear el líquido llamado *semen*. Durante la eyaculación, el semen sale por la uretra y la punta del pene.

La primera señal física de la pubertad en un hombre biológico es el crecimiento del pene y los testículos. De hecho, en los primeros años después de que la testosterona comienza a aumentar, en muchos casos es la *única* señal de la pubertad para algunos hombres. Dado que muchos niños exigen privacidad a la misma edad en la que empiezan a experimentan cambios hormonales, estos cambios podrían ser invisibles para todos menos para el niño, asumiendo que se dé cuenta.

El pene duplica su longitud, elongada, de 5-8 cm a 13-15 cm. Sí, se trata de su longitud elongada, que es justo eso: el pene se estira ligeramente y luego se mide de la base del hueso púbico hasta la punta. Una nota muy relevante: no es lo mismo que la longitud erecta. A diferencia del peso y la estatura estándar, la longitud elongada del pene casi nunca se mide en el consultorio del pediatra, en gran parte porque no predice nada, no se relaciona con la salud ni con la fase de la pubertad. (Además, a juzgar por los años de Cara como médica practicante, intentar esta medición no saldría bien con 99 por ciento de los preadolescentes y adolescentes).

Por otra parte, el tamaño de los testículos es una variable bastante buena para determinar la etapa de la pubertad. Para medir los testículos con precisión, los médicos emplean una herramienta llamada *orquidó-metro*, que parece un collar con una docena de cuentas secuencialmente más grandes. Las cuentas más pequeñas representan los testículos preadolescentes, que miden de uno a tres milímetros o entre un cuarto y media cucharadita; sí, los testículos se miden por volumen. La cuenta más grande del orquidómetro representa el tamaño de un "adulto desarrollado", una pieza de 15-25 milímetros (3 a 5 cucharaditas). Sin embargo, al igual que los penes, la forma y el tamaño de los testículos también varían de acuerdo al individuo. Aunque parezca obvio, vamos a mencionarlo por si hay dudas: no, no deberías medir el volumen testicular de tu hijo para ver en qué etapa de la pubertad se encuentra. Incluso Cara no lo hizo y es pediatra.

Los penes y los testículos cambian su función durante la pubertad más que cualquier otro órgano en el cuerpo, razón por la que no podemos hablar de ellos sin mencionar las erecciones y sueños húmedos. Si bien estos temas son incómodos para muchos de los niños que los experimentan, como lo demuestra la cantidad de chistes absurdos que evocan, los adultos parecen aún más incómodos al hablar del tema.

Las erecciones no son un fenómeno nuevo en la pubertad —los niños las tienen todo el tiempo—, sólo que suceden con más frecuencia. Ocurren cuando la sangre llena el tejido eréctil esponjoso del cuerpo del pene; por cierto, esa sangre debe drenarse para que el pene regrese a su punto de partida flácido y, normalmente, más pequeño. A veces ciertos pensamientos causan las erecciones (algunos profesores de educación sexual los llaman "pensamientos sexys", una descripción vergonzosa pero acertada). Pero resulta que a medida que se llega al punto más alto de la pubertad, las erecciones suceden sin una razón en particular. De hecho, hay estudios que demuestran que incluso ocurren en su propia versión del ritmo circadiano, hasta cada 60 y 90 minutos.

Los sueños húmedos (o emisiones nocturnas) describen el fenómeno del semen que sale del pene al dormir. Porque suceden en un estado inconsciente y no brindan placer, no son orgasmos. Si la pubertad tuviera un lema sería "rango de normalidad", que aplica a la perfección en estos casos porque no todos los adolescentes los tienen, y otros, con mucha más frecuencia. La enseñanza clásica sobre los sueños húmedos es que en la mañana dejan una marca húmeda en la cama. Dicho esto, algunas personas duermen con ropa interior muy apretada, no necesariamente ideal para ventilar la ingle en la noche, pero sí una forma de atrapar el semen antes de manchar las sábanas. Tampoco es infrecuente que, al despertar después de un sueño húmedo, los chicos crean que se trata de orina, pero así se puede diferenciar: la orina deja una mancha más grande y tiene un olor distintivo. Si te estás preguntando si los sueños húmedos tienen que ver con sueños sexuales, la respuesta es tal vez. Nadie sabe.

QUÉ HA CAMBIADO EN LOS ÚLTIMOS 20, 30, 40 AÑOS

De acuerdo con muchos especialistas —entre ellos la endocrinóloga pediatra Louise Greenspan y muchos padres—, una de las primeras señales conductuales de la pubertad en cualquier niño, sin importar el género, suele ser azotar la puerta. Pero una de las primeras señales físicas de la pubertad en un hombre biológico es el crecimiento del pene y los testículos. Y porque hoy en día la pubertad comienza antes para la mayoría de las adolescencias, esto quiere decir que el crecimiento del pene y los testículos también empieza antes. De acuerdo con un estudio que publicó Marcia Herman-Giddens en 2012, el inicio promedio oscila entre los 9 y los 10 años. Toma en cuenta que esta información tiene más de una década de antigüedad, por lo que muchos se preguntan si hoy en día la pubertad empieza antes.

Antes de que entres en pánico, tenemos varios comentarios. Primero, sólo porque los penes y los testículos empiezan a crecer antes no quiere decir que el crecimiento suceda rápido. De hecho, suele ser tan lento y gradual que las adolescencias que lo viven ni se dan cuenta. La maduración genital puede tardar años. En segundo lugar, la mayoría de los adultos que viven con niños que experimentan estos cambios no tienen idea de lo que están pasando. Esto se debe a que coincide con la edad en la que muchos adolescentes —sobre todo los niños— empiezan a exigir privacidad. ¿No has visto desnudo a tu hijo en varios meses (o años)? No eres el único. Por último, si bien el pene y los testículos van creciendo despacio, a menudo no sucede otra cosa más. *Nada*. Cero. Ninguna. No crecen los músculos, no cambia la voz, no dan el estirón. Por eso,

50

cuando impartimos talleres y les decimos a los papás que es probable que su hijo de 10 años ya esté en la pubertad, muchos creen que no tenemos idea de lo que estamos hablando.

Pero es cierto que, para los 10 años, por lo menos la mitad de las infancias ya está experimentando un subidón de testosterona y cambios en su fisiología. Y es distinto de cuando tuviste la pubertad: hay casi dos años de diferencia. Para algunos es innecesario saber qué está sucediendo y cuándo: dicen que cuando surjan los cambios más obvios, como los estirones y el cambio de voz, entonces hablarán con sus hijos. Pero aquí va un contraargumento importante: las hormonas no sólo circulan debajo del cuello, también rodean e infiltran el cerebro, lo que afecta cómo las y los adolescentes toman decisiones y sus respuestas emocionales. Tenemos un capítulo dedicado a los altibajos emocionales (capítulo 12), pero vale la pena notar que azotar las puertas y las respuestas monosilábicas pueden surgir al mismo tiempo que el crecimiento del pene y los testículos. Saber que dentro de las infancias de cuarto y quinto de primaria hay un subidón de hormonas puede ayudar a los adultos a apoyarlas, amarlas, guiarlas y entenderlas. El hecho de que los cambios hormonales de la pubertad comiencen antes *es* importante en este contexto.

Es igual de relevante reconocer que algunos adolescentes no tienen hormonas de la pubertad a los 9 o a los 10, ni siquiera a los 12 o a los 13. Los "retoños tardíos" experimentarán todas estas transformaciones mucho después que la mayoría de sus amigos. Saber que tu hijo *no* está en la pubertad puede ser igual de importante que saber que lo está. ¿Por qué? Porque llegar tarde a la pubertad puede presentar dificultades físicas, emocionales o sociales. Si todos la están viviendo antes, pero tu hijo está "a tiempo", a juzgar por la historia de tu familia, entonces en sentido relativo, va tarde.

¿QUÉ CONSTITUYE UN RETOÑO TARDÍO?

Así como los retoños prematuros están fuera del rango de edad estadístico para el inicio de la pubertad, también los retoños tardíos, sólo que en sentido opuesto. Hay dos diferencias clave:

primera, si bien la pubertad empieza antes, la pubertad tardía casi no ha cambiado. Segunda, debido a que las primeras señales de la pubertad masculina son el crecimiento del pene y los testículos, muchos niños que parecen desarrollarse tarde no se dan cuenta de que ya están en proceso. Por muchas buenas razones, tampoco los adultos.

La definición de un hombre biológico de desarrollo tardío es aquel que para los 14 años no ha registrado crecimiento testicular. Recuerda, puede pasar un par de años entre el inicio del crecimiento testicular y otras señales externas de la pubertad, así que determinar si un chico es un retoño tardío requiere un examen médico. Si tienes dudas, consulta con tu médico, incluso si tu hijo no ha cumplido 14 años.

 ## CÓMO HABLAR DE ESTO

Nuestra cultura ha creado una mitología injusta en torno a los preadolescentes y adolescentes: una especie de equivalente cómico de maniacos cargados de hormonas y acné que tienen erecciones rabiosas y se masturban ante la menor provocación. Y sí, hay algo de verdad en esta caricatura, lo cual exploraremos a detalle a lo largo de este libro. Sin embargo, estas generalizaciones tan amplias ignoran los matices de la pubertad masculina, el mayor de ellos es que los adolescentes que tienen pene están llenos de preguntas, preocupaciones y sentimientos a propósito de sus cuerpos en constante cambio. La imagen de un chico de 12 años callado viendo la tele con las manos dentro de sus pantalones es un tropo clásico (y justo también), pero es injusto no asumir que también están confundidos y preocupados.

Considera lo siguiente: en un grupo determinado de adolescentes, a algunos les empezarán a crecer el pene y los testículos en la primaria, a la mayoría en la secundaria y preparatoria, pocos seguirán desarrollándose hasta la universidad. El camino no dista mucho del desarrollo de los senos con sus etapas medibles (gracias, doctor Tanner), pero nadie habla acerca de este tema. Como resultado, los niños aprenden a no preguntar sobre el crecimiento del pene y los testículos, sólo a bromear o fingir que no es para tanto.

Pareciera que las adolescencias no tienen dudas, y nada más alejado de la realidad. Y es precisamente el tema de este capítulo: las apariencias engañan. La mayoría quiere entender cómo crecerá y cambiará. A ver, algunos quieren saber exactamente qué tan grandes serán sus penes y la respuesta en ese caso es *ni idea*. Pero la inmensa mayoría busca normalizar un proceso largo, interminable, desconcertante. Si no hablamos al respecto, algunos creerán que un buen día despertarán con un pene de tamaño adulto y testículos rodeados de vello. La conversación reconforta, reduce la vergüenza y gestiona las expectativas.

Aunque con frecuencia los hombres biológicos son callados durante la pubertad, podemos —y debemos— hablar con ellos de qué está pasando. Su reticencia no es pretexto para eludir las conversaciones; al contrario, exige que seamos más creativos y, sí, persistentes. Aquí cómo hacerlo.

Habla sobre los tiempos

Si bien las niñas y los niños se comparan constantemente entre sí en todos los sentidos, las comparaciones del pene son infames. Por eso es importante aclarar lo obvio, que no siempre lo es para ellos: a todos les crece el pene, pero no necesariamente al mismo tiempo y, al final, terminan con distintos tamaños... y formas. Los retoños prematuros desarrollan genitales de tamaño adulto años antes que los retoños tardíos; el tiempo puede parecer complicado, sobre todo para los que están en medio.

No olvides los testículos

Se asume que los testículos son perfectamente redondos y que tienen el mismo tamaño, pero *no* y *no*. Todos los testículos tienen un bultito en la parte superior donde se ubica el epidídimo, y no es infrecuente confundirlo con una masa preocupante cuando lo descubren. También, la mayoría de los testículos no son simétricos: casi siempre uno es un poco más pequeño que el otro, y otro está un poco más elevado en el escroto. Todo esto es normal, pero si te preocupa algo, consulta con tu médico. Al igual que con los senos y las vulvas, los testículos no son simétricos y saberlo puede suponer un alivio enorme.

Usa su jerga

Somos fieles creyentes en utilizar los nombres anatómicos para minimizar la confusión en una conversación y fomentar la seguridad personal, así que refiérete al pene como pene. Dicho esto, por algún motivo, la palabra *testículo* suena muy formal y muchos adultos los llaman *bolas*. Sólo asegúrate de que tengas claro a qué te están refiriendo desde el principio, después usa palabras que fomenten el diálogo, no que lo cierren. Si estás dispuesto a intentarlo, es probable que termines teniendo una conversación increíble: pídeles a tus hijos que compartan apodos y jerga para las distintas partes del cuerpo. Seguramente te reirás, tendrás la oportunidad de vetar las que están prohibidas y aprenderás varias, como *paquete*, que se refiere a todo el conjunto.

El tamaño no importa

Siempre ha sido importante hablar de esto con los adolescentes, pero sobre todo hoy en día, cuando la edad promedio de la primera exposición de las infancias al porno es en torno a los 12 años. En este contexto, el tamaño del pene —siempre un tema mayúsculo (lo sentimos por el chiste)— adquiere dimensiones desproporcionadas (lo sentimos; bueno, no). Debe quedar claro, de muchas maneras y en diferentes ocasiones, que los penes tienen distintas formas y tamaños: algunos son curvos y otros rectos; otros están circuncidados y otros tienen prepucio; y la mayoría de las veces no se parecen nada a los penes de los actores porno. Los actores de las películas para adultos tienen penes más grandes que el promedio, a veces es natural y otra debido a cirugías cosméticas. Tienes muchos años para cubrir este tema.

Las erecciones ocurren siempre

A diferencia de nuestros días, la mayoría de los preadolescentes y adolescentes tienen muchas más erecciones, algunas son espontáneas y otras debido a pensamientos imaginativos o a las manos dentro de los pantalones. ¡Normaliza todo! Ayúdalos a idear estrategias para manejar las erecciones espontáneas, sobre todo las que pasan en los momentos más inoportunos (exposición en clase, por ejemplo) para evitar la vergüenza y humillación. Conciban técnicas para manejar las erecciones inconvenientes, como la más popular que conocemos: acomodarlo hacia arriba. Un cambio de ropa interior puede marcar la diferencia porque los *boxers* de licra ocultan más que los *boxers* sueltos. Intenta evitar ese momento incómodo y frecuente cuando entras a su cuarto en la mañana para despertarlo y ahí está. Una solución muy fácil: ¡una alarma! O toca y espera a que te dé permiso de abrir la puerta antes de entrar.

Privacidad para tocarse

Las infancias merecen saber qué partes del cuerpo se sienten bien para que, a medida que crecen y maduran, puedan apreciar el placer que ofrecen sus cuerpos. Pero ¿en el sillón mientras toda la familia está viendo una película? No, gracias. Habla sobre el autoplacer, pero también de hacerlo en privado, en una habitación o en el baño con la puerta cerrada.

Sin vergüenza... tampoco los sueños húmedos

Los chicos más grandes nos han descrito con muchos detalles la vergüenza que les producen los sueños húmedos; no sólo los adolescentes, se trata de hombres adultos que recuerdan su adolescencia. Es un ejemplo perfecto de los inconvenientes de las suposiciones: cuando no hablan con apertura sobre estos temas ni hacen preguntas, no sienten las cosas con profundidad. Muy pocos adolescentes quieren sacar a relucir este tema, pero a todos les alivia saber que los sueños húmedos son completamente normales, sin mencionar lo fácil que es quitar la mancha de una sábana o echarla a la lavadora. De pronto, una conversación incómoda se convierte en un momento de aprendizaje doble.

 QUÉ OPINAN QUIENES YA
ESTÁN DEL OTRO LADO

S. H., él, 19 años

En secundaria era confuso cuando tenía erecciones de la nada. Por suerte, muchos de mis amigos pasaron por lo mismo. Ideamos cómo combatirlo en clase. Con el tiempo descubrimos el término erección sin razón aparente (NARB, por sus siglas en inglés). Cuando alguien tenía una NARB, la tapábamos con el resorte de la ropa interior. Cualquier ropa interior funcionaba. Yo usaba atlética, entonces ocultaba bien mis erecciones.

Pero había que hacerlo con discreción. Si una niña te veía, revelaba que tenías una erección y era vergonzoso. Cuando sorprendían a alguien tapándose con el resorte, era difícil. Todos en el salón se enteraban. Recuerdo que uno de mis amigos estaba llorando en el baño porque una niña difundió el rumor de su erección en clase. Mi peor pesadilla era que una niña viera mi erección a través de mis pantalones.

Lo peor de que alguien te viera el bulto era que las niñas les contaban a sus amigas lo pequeño que era. El tamaño del pene suele relacionarse con la masculinidad. Si una niña decía que tenías el pene chico, era uno de los insultos más humillantes. Cuando empezamos a salir con chicas, me tapaba el pene con el resorte del calzón para que ella no comentara nada sobre el tamaño de mi pene.

Lo más difícil de las erecciones en la secundaria era cuando una niña te abrazaba. A todos mis amigos nos abrazaron niñas ya desarrolladas, y enloquecíamos. Recuerdo la primera vez que tuve una erección por una niña, entré en pánico después. Por suerte, era madura y entendía que era una reacción natural. Entonces no entendía por qué tenía erecciones. Creo que el hecho de no entender partes de mi cuerpo fue confuso.

Capítulo 5

Periodos

¡Oh, el ciclo menstrual! Para aquellas que no han reflexionado sobre la mecánica de los periodos (recientemente o nunca), prepárense para ser transportadas de regreso a la biología de la escuela secundaria, porque los conceptos básicos no han cambiado.

 EMPECEMOS CON LA CIENCIA

Primero, vocabulario: la *menstruación* es el flujo periódico de sangre mezclada con agua, moco y tejido del útero. Para algunas personas es "regla" o "ciclo menstrual" y "tener el periodo" para la mayoría. Las palabras tienen sentido: *mensis* es mes en griego; *periodo* es una abreviatura de periódico y *ciclo* se refiere a algo que ocurre en intervalos regulares, justo lo que hace el ciclo menstrual cada tres a cinco semanas. Por fortuna, la palabra en inglés antiguo —*monadblot*— "sangre mensual", no funcionó.

Menarquia es el término médico para referirse a la primera menstruación. También tiene sentido porque *arche* quiere decir "original" o "desde el principio". Si bien la menarquia marca el primer ciclo menstrual, también es útil saber que, al principio, el ciclo no tiene un ritmo particular ni regularidad. Esto quiere decir que identificar el periodo inaugural es sólo eso: ponerle nombre al primer sangrado sin la promesa de cuándo llegará el siguiente. La mayoría de las primeras menstruantes reportan periodos con mayor frecuencia de la anticipada (a veces cada par de semanas), con menos frecuencia de la anticipada (cada ciertos meses) o el patrón más común: no hay patrón. Los periodos se regularizan —con un ciclo predecible— tras uno o dos años de menarquia.

Ese primer periodo, por cierto, no necesariamente se parece al sangrado. La mayoría descubre una sustancia viscosa café oscura en la ropa interior o en el papel de baño al limpiarse. El color y la textura distan tanto de lo que esperan que no es infrecuente que una nueva menstruante crea que es popó, no periodo. Esta sustancia semilíquida se ve café porque lleva un rato en el útero, expuesta al oxígeno, que la oxida, y convierte el color en óxido. Para cada ciclo subsecuente —o la mayoría—, si bien el tejido inicial parece rojo, en el curso de los próximos días el oxígeno sube al revestimiento que se desprende, y así se pone café.

Ahora, las partes del cuerpo que están implicadas. El *útero* o la matriz es un órgano muscular en forma de pera, más o menos del tamaño de un puño cerrado, que está en el abdomen, entre el ombligo y la apertura vaginal. La parte más baja y estrecha del útero se llama *cuello uterino* (o cérvix). Durante el embarazo, el cuello uterino funciona como una especie de tapa, se mantiene estrecho y apretado para mantener el feto en la matriz. Debajo del cuello uterino está la vagina, un tubo muscular cilíndrico largo (de 15 a 18 cm en la mayoría de las adultas) que sale al exterior del cuerpo. Se cree por error que la palabra *vagina* sólo se refiere a la porción externa visible desde fuera, pero ésa es la apertura vaginal. El órgano ocupa mucho más espacio por dentro. En cada lado de la apertura vaginal está la *labia* o labios. El par más pequeño y delgado más cercano a la apertura vaginal son *labia minora*; los más gruesos y alejados de la apertura vaginal son *labia majora*. En conjunto, la constelación de ambos labios más la apertura vaginal, el clítoris y la apertura hacia la uretra son la *vulva*.

Viajando en la otra dirección desde el útero, más profundamente dentro del cuerpo, las *trompas de Falopio* se extienden desde la parte superior del útero como largas antenas a cada lado. Debajo de cada trompa hay un *ovario*, una glándula del tamaño y forma de una almendra. Los ovarios son máquinas productoras de hormonas, estrógeno y progesterona (incluso un poquito de testosterona). También son hogar de huevos inmaduros (nombre médico: óvulo). Cada ciclo, los ovarios se turnan para madurar y liberar un óvulo, que explica la procedencia de la *ovulación*. Ese huevo ovulado viaja desde el ovario —a través de la trompa de Falopio correspondiente— hasta el útero. Si no es fecundado, pasa por el útero y continúa su viaje por el cuello uterino, después la vagina y luego por la apertura vaginal. Con la ausencia del óvulo, se alteran los niveles hormonales y se desprende el revestimiento del útero: ¡el periodo! Por otra parte, un óvulo fecundado permanece en el útero e intentará implantarse en el revestimiento del útero. Si lo consigue, el revestimiento no se desprende; en cambio, empezará a crecer el óvulo fecundado. *Voilà!* El embarazo.

Ahora vayamos a la parte más compleja del rompecabezas: el ciclo hormonal. Incluso las personas con formación médica pierden la pista de qué hormonas aumentan o disminuyen en los distintos puntos del ciclo menstrual. La forma más fácil de entenderlo es recordar que se comunican tres partes del cuerpo: el cerebro, los ovarios y el útero. Dentro del cerebro —muy, muy dentro, si dibujaras una línea a partir del espacio entre las cejas hacia atrás— se encuentra el hipotálamo. Es una glándula, esto quiere decir que secreta hormonas, y es parte del cerebro al mismo tiempo. El hipotálamo desempeña un papel fundamental en toda clase de funciones corporales, desde el apetito, la temperatura corporal hasta el deseo sexual. En términos del ciclo menstrual, el hipotálamo segrega una hormona denominada *hormona liberadora de gonadotropina* (GnRH, por sus siglas en inglés). La GnRH viaja a otra glándula en el cerebro, que está mucho más cercana a la frente: la glándula pituitaria. Cuando se incrementan los niveles de la GnRH, la pituitaria secreta otras dos hormonas: hormona luteinizante (HL) y hormona foliculoestimulante (FSH, por sus siglas en inglés). Estas dos hormonas salen del cerebro y descienden a los ovarios.

En cuanto llegan, los niveles más altos de HL y FSH informan a los ovarios que deben producir sus hormonas nativas, estrógeno y progesterona. A esto se le denomina *retroalimentación positiva*: la presencia de una o más hormonas detona la segregación de otra. Sin embargo, a medida que aumentan los niveles de estrógeno y progesterona, hacen lo contrario: envían señales tanto al hipotálamo como a la glándula pituitaria para que se detengan. La retroalimentación positiva y negativa trabajan en sintonía: la HL y la FSH indican a los ovarios que aumenten el volumen (retroalimentación positiva), mientras que el estrógeno y la progesterona le dicen al cerebro que se detenga (retroalimentación negativa). Cuando en el cuerpo fluye suficiente estrógeno y progesterona, el hipotálamo no necesita producir GnRH, por lo que la pituitaria no fabrica más HL ni FSH, de modo que los ovarios dejan de producir más estrógeno y progesterona. Pero en cuanto se registra escasez de estrógeno y progesterona, el hipotálamo vuelve a producir GnRH, y la pituitaria HL y FSH, y el ciclo comienza de nuevo. Una nota al pie, como si tu cerebro pudiera registrar otro dato sobre las hormonas: de hecho, los óvulos fabrican su pequeña hormona —progesterona—, que ayuda a afinar los altibajos hormonales generales del cuerpo.

Este ciclo hormonal se traduce así en las fases del ciclo menstrual. Después prometemos que se acaba la clase de biología de preparatoria.

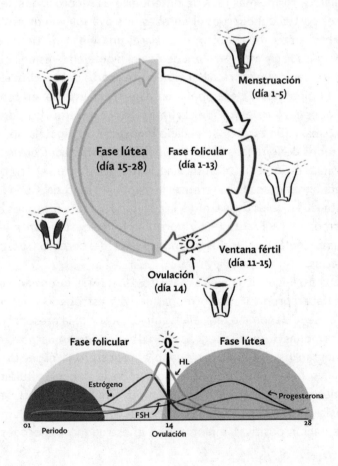

La primera parte del ciclo es la fase folicular. Comienza tras el inicio del periodo y dura hasta la ovulación, en general, dos semanas. Durante esta parte del ciclo, un folículo (óvulo) madura dentro de uno de los ovarios mientras simultáneamente el revestimiento del útero (término médico: endometrio) se prepara para la posible llegada de un óvulo fecundado. Este proceso coincide con niveles mayores de estrógeno, FSH y HL, seguido de un desplome de estrógeno.

La ovulación es el momento a medio camino de un ciclo menstrual cuando el ovario segrega su óvulo maduro. Hay quienes sienten la ovulación: una sensación aguda, punzante que dura un par de segundos y que tiene un nombre superdivertido: *Mittelschmerz*.

La fase lútea ocupa la segunda mitad del ciclo menstrual. La glándula pituitaria apaga la producción de HL y FSH. El estrógeno tiene un segundo incremento, aunque menor, y luego una caída, mientras que la progesterona —que segrega el huevo ovulado (ahora llamado *corpus luteum*)— fluye varios días más. La presencia de progesterona mantiene la sangre y el revestimiento del tejido dentro del útero hasta que el *corpus luteum* que no está fecundado empieza a desintegrarse un par de días después. No más *corpus luteum*, no más progesterona. Ahora, los niveles de estrógeno y progesterona empiezan a decaer.

Cuando el estrógeno y la progesterona se desploman, el útero se desprende de su revestimiento. Ésta es la fase menstrual, que puede durar entre tres y siete días, a veces más.

Un dato divertido sobre la fase menstrual: se le considera el inicio de un ciclo, no el fin. Esta costumbre quizá comenzó porque es una señal física muy evidente que no exige una revisión médica ni un estudio de laboratorio: si estás sangrando, probablemente estás en la fase menstrual. Lo prometido es deuda: ¡fin!

🕐 QUÉ HA CAMBIADO EN LOS ÚLTIMOS 20, 30, 40 AÑOS

Lo creas o no, en lo referente a los periodos físicos ha cambiado muy poco. Con tanto que hemos dicho sobre la pubertad cada vez más anticipada, muchos asumen que la menarquia —el primer periodo— también está empezando antes. No. Por lo menos no recientemente.

Si retrocedemos la máquina del tiempo en serio, información de restos óseos de la era paleolítica (entre 2.5 millones de años y 10 000 a. C.) sugiere que la menarquia comenzaba entre los 7 y los 13 años. Es un rango muy amplio, pero también el espacio de tiempo: se trata de datos antropológicos que se remontan a más de dos millones de años. Avancemos a la Edad Media (500 d. C. a 1 500 d. C.): existe evidencia de que la menarquia se había retrasado, ocurría entre los 12 y los 15 años. Incluso se retrasó más tras la Revolución Industrial; antes de la Guerra Civil de Estados Unidos llegó a los 16 años. El arranque tardío de los primeros periodos no se atribuye a un fenómeno positivo; al contrario, a condiciones de vida miserables y a acceso inconsistente a alimentación nutritiva; una nota importante, pues muchos interpretan que los periodos que inician antes son "malos" y, por lo tanto, los tardíos son "buenos". Es una falacia. Al principio del siglo XX, en lugares donde mejoraron continuamente las condiciones de vida, la menarquia llegó cada vez con más antelación. De modo que para 1995 en Estados Unidos la edad promedio para un primer periodo era antes de cumplir 13 años, mucho más joven que las infancias que nacieron cien años antes (las generaciones de los bisabuelos y abuelos), pero no tan diferente, de hecho, de sus madres, que empezaron a menstruar en las décadas de 1960 y 1970.

De hecho, la llegada de los primeros periodos se ha mantenido invariable en las últimas cinco, seis décadas. Son datos difíciles de comprender porque hay variaciones entre los estudios, y algunos notan disminuciones ligeramente mayores; dependiendo de la investigación que estés consultando, la edad promedio actual de la menarquia se sitúa entre los 12 y 12.5 años. Es difícil determinar la relevancia de esta variación o proyectar las cifras dentro de veinte años. Lo que queda claro es que todas las otras manifestaciones físicas de la pubertad se han acelerado mucho más que el inicio del periodo: el desarrollo de los senos, el crecimiento del pene y los testículos y los altibajos emocionales se están presentando dos años antes. En comparación, la llegada del primer periodo está retrocediendo gradualmente.

¿Y los ciclos? ¿Son más largos en estos días? ¿Cortos? ¿Menos predecibles? *No, no* y *no*. Esta comparación entre distintas generaciones no es tan sencilla, porque, a diferencia de los datos sobre los primeros periodos, este tipo de información no se ha recopilado con ningún tipo de consistencia a lo largo de varias décadas. Durante un tiempo se creyó que con las apps que rastrean el periodo vendría una avalancha de información. Por desgracia, el auge se apagó enseguida cuando quedó claro que estas apps pueden explotarse para obtener información y con ella imponer restricciones legales en torno al aborto. Como resultado, millones de personas cancelaron sus suscripciones: no quieren que nadie tenga acceso a la información de su ciclo si algún día puede ser usada en su contra. (¡Bien hecho!)

Mientras tanto, se ha visto un cambio colosal en las conversaciones culturales en torno a los periodos: conllevan mucha menos vergüenza y mucho más empoderamiento que antes. Incluso hace una década ayudábamos a nuestras hijas a concebir estrategias para manipular con discreción sus productos para el periodo. En ese entonces, entre los consejos clásicos figuraban esconder una toalla o tampón debajo de la manga. Haciendo memoria, ese consejo da vergüenza. ¿Por qué participamos en el convencionalismo social que estigmatizaba los periodos? Muchas chicas todavía querrán mantener el periodo privado —y estamos a favor de eso—, pero las cosas han cambiado mucho. El otro día una de nuestras hijas abrió una caja de paquetería con las toallas que había pedido en línea. Enfrente de su novio sacó el producto, comentó por encima lo aliviada que estaba de reabastecerse y le pidió a su novio que llevara la caja a su baño. Su papá casi se desmaya ante la escena.

Otro cambio monumental: los productos para el periodo. El cambio en la variedad de productos ha sido tan radical que esta sección podría ser material de un libro por sí sola. Pero mantendremos breves las descripciones. En estos días, las chicas pueden usar cualquiera de estos productos, o todos:

Toallas: de todos tamaños y formas, pero, milagrosamente, incluso las toallas nocturnas de uso más rudo ahora son delgadísimas, a diferencia de las que había antes.

Tampones: también los hay de diferentes tamaños, con distintos aplicadores (o sin) y ahora muchos están elaborados con algodón orgánico (las toallas también).

Calzones menstruales: es quizás el producto que ha cambiado las reglas del juego en lo que se refiere al estilo de vida de una persona menstruante. Adiós a los días en los que se compartían historias de cómo manchábamos nuestros pantalones blancos, ahora que los calzones menstruales —que en algunos casos absorben lo que hasta dos toallas— están en todas partes. Y, espera, ¡también hay trajes de baño menstruales!

Copas menstruales: no son para todas, pero estas copas de silicón insertables reúnen la sangre menstrual durante ocho o diez horas; la retiras, enjuagas y reinsertas. Mientras tengas acceso a agua limpia, estos sustitutos amigables con el ambiente duran años.

Un cambio más —el más reciente y en cierto sentido el más importante— merece una mención: hacer que el lenguaje en torno al periodo cambie e incluya todos los géneros. Por ejemplo, se ha sugerido sustituir sustantivos como *chica* o *mujer* con palabras de género neutro como *persona con vagina* o *persona que sangra*. Este cambio no ha sido fácil, sobre todo porque las conversaciones en torno al lenguaje inclusivo suelen causar polémica, rápidamente. Hay quien no está de acuerdo con neutralizar conceptos relativos al periodo, hay quienes creen que no son lo suficientemente neutrales. Para algunos, la nueva terminología es confusa, mientras que las activistas trans señalan las imprecisiones en el lenguaje anacrónico. Sin duda, estamos en un punto de inflexión, cuando las conversaciones en torno a la pubertad han cambiado drásticamente, pero no lo suficiente. Y si reina la claridad, entonces todos debemos ser muy cuidadosos de elegir nuestras palabras porque, en el esfuerzo por ser inclusivos, inevitablemente alguien se siente excluido. Aprendimos esa lección gracias a una chica cisgénero que nació sin útero, por lo que no era una persona que sangra ni lo opuesto. Las palabras son importantes y, en este sentido, seguimos evolucionando.

CÓMO HABLAR DE ESTO

En nuestra cultura las historias sobre el primer periodo suelen ser sinónimo de vergüenza, humillación y desconcierto. Es imposible no tirar una piedra sin pegarle a alguien que ha vivido con la vergüenza absoluta de haber tenido su primer periodo en las situaciones más incómodas. La serie animada de culto *Big Mouth*, de Netflix, dedicó todo un capítulo a la historia del primer periodo de la protagonista; tal vez podrías verlo en vez de leer esta sección y aprenderías lo mismo.

Es una locura que la mitad de la población de la Tierra menstrua y, sin embargo, el tema sigue siendo tabú; incluso en muchos lugares, la regla es ocultar el periodo, no hablar de él. La generación Z ha dado pasos gigantes hacia ya no estigmatizar la menstruación, pero sigue faltando mucho para sustituir la vergüenza por conversaciones informativas, empoderadoras y directas.

El primer punto de esa lista es hablar del estrés de no saber bien a bien cuándo sangrarás: qué día, a qué hora del día y cuántos días. El misterio puede ser frustrante. Es sobre todo el caso del primer periodo: los padres y las adolescentes desconocen cuándo sucederá. La respuesta molesta es: nadie lo sabe, *sobre todo* cuando se trata del primer periodo. Sí, hay señales. El desarrollo de los senos, el crecimiento del vello púbico (quizá mucho) y si aparece flujo vaginal transparente en los calzones casi todos los días durante varias semanas o meses, son indicadores de que pasará *pronto*. Más allá de eso, es un misterio.

Para las niñas que aún no tienen su periodo, los consejos son muy específicos. Para las mayores son más vagos. Tenemos ambos, porque las conversaciones no se detienen con la llegada del primer periodo.

¡Normalízalo!

Incluso si tienes tu propia historia mortificante sobre el periodo, no te centres en esa narrativa, sino en tu hija. Los periodos son normales.

Todas las personas tuvieron uno por primera vez. Algunas personas se sienten normales durante su periodo, mientras que otras se sienten inflamadas, de mal humor o cansadas. Normalízalo todo y habla de ello. ¿Cómo? Menciónalo de forma casual: *Tengo que correr al baño a cambiarme el tampón antes de que escurra*. Muéstrales a las infancias de todos los géneros de tu casa cómo funcionan los productos menstruales, son fascinantes (sobre todo al demostrar la ciencia insertando un tampón en una botella de agua con boca estrecha). E indícales en dónde pueden tirar los productos desechables para evitarles la vergüenza de tapar el inodoro con un objeto que no es apto para tirarlo ahí.

Describe cómo pueden ser los periodos: ¡sobre todo el primero! Vamos a repetirlo porque vale la pena: muchas personas confunden el primer periodo con popó en la ropa interior.

Habla del final falso: los periodos tienen la costumbre de casi desaparecer y, de repente, ¡pum!, la sangre regresa. Las adolescencias que no lo saben lo aprenden a la mala; es mejor prevenirlas.

Enséñales a limpiar la sangre de la ropa interior o las sábanas: empodéralas para ser parte de la limpieza porque esto reduce la vergüenza. Además, lavar la ropa es lo más normal del mundo. Y sorprendentemente la sangre se quita con jabón en barra, agua y tallado.

Enséñales a envolver una toalla o tampón: si ellas no limpian el baño —ya sea en casa, la escuela o en cualquier otra parte— deben tener en cuenta a quien lo hace. ¿Cómo ser respetuosas para tirar una toalla o tampón usados? Les lleva dos segundos envolverlos en un poco de papel de baño y asegurarse de que entre en el bote de basura. Si tienen perros en casa, asegúrense de tener botes de basura con tapa para que los productos menstruales sangrientos no se conviertan en los juguetes favoritos de Bruno.

Habla del flujo vaginal

¿Por qué al escuchar el término *flujo vaginal* la gente se quiere esconder debajo de una mesa o retirarse de una habitación? ¡Es normal y sano! El flujo brinda un mecanismo increíble de autolimpieza para la vagina y también puede ser un indicador de lo que está ocurriendo dentro del cuerpo. Debe ser un moco transparente, casi como una clara de huevo cruda. Aparece cada par de días o semanas al inicio de la pubertad, pero suele incrementarse y hacerlo diario las semanas o meses previos al primer periodo. Si se torna amarillento, verde o blanco y cuajado, como queso cottage, consulta con tu médico para asegurarte de que no se trate de una infección.

Logística, logística y más logística

A menudo, las chicas que no han tenido su periodo quieren anticipar cada paso del día cuando empiecen a sangrar, solucionar sus calendarios deportivos o rutinas extracurriculares. Son peticiones razonables, así que trabajen en conjunto en la logística. Creen un kit para el periodo que incluya lo siguiente (asegúrate de que sepan usar cada producto): un par de calzones limpios, toallas de distintos tamaños y absorbencias, un par de tampones (si quieren) y un par de leggings o shorts.

Cómo gestionar los periodos en la escuela

Éste es un problema importante, porque algunas escuelas no tienen baños de fácil acceso, o los baños son accesibles pero no privados, o son privados pero asquerosos. Algunos profesores no permiten a los chicos salir al baño durante la clase, para otras chicas es incómodo pedirle permiso a un profesor que sea hombre. Muchas escuelas tienen dispensadores de tampones y toallas en el baño, pero los alumnos reportan que siempre están vacíos. Existe el estrés relacionado con el periodo (*¿qué pasa si me baja cuando estoy nadando?*) y preocupaciones sobre manchas (*¿quién me va a decir?*). Es el inicio de una interminable lista de preocupaciones sobre el periodo en la escuela y un recordatorio de que fomentar esta conversación —*¿te preocupa algo en particular cuando se trata del periodo en la escuela?*— fomentará cien charlas importantes con el tiempo.

 QUÉ OPINAN QUIENES YA ESTÁN DEL OTRO LADO

J. S., ella, 20 años

Cuando a mi amiga le bajó no tenía idea de qué le estaba pasando. De hecho, se desmayó en el baño de un restaurante de sushi cuando vio su ropa interior. En sus palabras, hubiera querido tener acceso a información sobre la pubertad desde niña para no haberse asustado tanto por algo tan normal. Por fortuna, mi mamá me contó tooodooo sobre el periodo y qué esperar. Mi escritorio estaba repleto de libros de la pubertad, desde quinto de primaria, y mi baño lleno de toallas en el botiquín mucho antes de que me bajara. Incluso mi mamá mandó a hacer un collar para dármelo en mi primer periodo y hacerme sentir festejada por llegar a este hito biológico y cultural, y siempre me sentí cómoda de preguntarle todas mis dudas sobre el periodo.

Mi primer periodo llegó uno o dos meses antes de cumplir 13. Recuerdo ir al baño en mi casa y ver sangre en mi ropa interior y llamarle a mi mamá, que bajó corriendo con una toalla en la mano. Tuve un buen comienzo, pero tal vez demasiado fuerte.

Enseguida, dentro de los primeros seis meses de menstruar, noté que mis periodos eran abundantes y duraban más de siete días. Le conté a mi mejor amiga, a quien le acababa de bajar, que los míos eran muy abundantes y me sorprendió enterarme de que los suyos sólo duraban tres o cuatro días y que su flujo era casi rosado, a diferencia del mío, que era rojo intenso y café, y que no tenía que cambiarse el tampón con tanta frecuencia, mientras yo estaba usando extragrandes. Cuando le conté a mi mamá de este descubrimiento, me explicó que los periodos eran diferentes, que ella también tenía periodos abundantes y extensos, que seguro era genético. Recuerdo preguntarle a mi pediatra una vez, quien respondió igual. Entonces no era una señal de alarma, sino algo completamente normal, pero como todos en mi entorno lo habían normalizado, más adelante se volvió un problema que ni siquiera se me ocurrió abordar.

Para cuando cumplí 17, mis periodos cada vez eran más abundantes y largos, más de lo que ya eran. Era recurrente tener que cambiarme la toalla o el tampón cada dos o tres horas o correr el riesgo de mancharme.

Además, los cólicos que me daban —que siempre había aliviado con Advil y chocolate— se estaban volviendo debilitantes; incluso después de tomarme la dosis recomendada de ibuprofeno, seguía hecha ovillo en la cama con una manta eléctrica, sintiéndome miserable. Aunque ninguna de mis amigas pasaba por esto en sus periodos, una vez más volví a concluir que los míos eran más abundantes dentro del espectro "normal". A fin de cuentas, desde el inicio me habían enseñado que no existe lo "normal" en los periodos y la pubertad en general, ¿por qué esto sería distinto?

Estos periodos abundantes, largos y dolorosos duraron un año hasta que empecé a tener nuevos síntomas durante la primera oleada de la pandemia de covid-19 en marzo de 2020. Estaba letárgica y deprimida, se me estaba cayendo el pelo, sentía los músculos como gelatina, aunque no estaba haciendo ejercicio y no tenía por qué sentirme adolorida. Sin embargo, dadas las circunstancias globales, culpé al encierro por mis síntomas. Por supuesto que estaba deprimida y tenía poca energía: ¡estábamos en una pandemia! Y, por supuesto, mi pelo se adelgazaba: ¡estaba estresada por la pandemia!

Cuando fui al pediatra para mi revisión anual y le mencioné estos síntomas, me mandó al endocrinólogo, me diagnosticó hipotiroidismo o tiroides inactiva. Me recetó medicamento para combatir la incapacidad de mi cuerpo de producir suficiente hormona de la tiroides, que controla y regula el metabolismo del organismo, o la manera en que usamos la energía. Al tomarla, de inmediato mis síntomas empezaron a desaparecer. Pero el efecto más mágico del medicamento lo viví en mi próximo ciclo. A esas alturas mi periodo duraba entre 8 y 9 días: se redujo a cinco y mi flujo era mucho más ligero. Por primera vez en la vida podía esperar más de dos horas para cambiarme la toalla o el tampón sin temor a mancharme y pude controlar los cólicos con un poquito de ibuprofeno. Por fin me di cuenta de que *éste* era un periodo "normal".

Me hubiera gustado saber desde antes que no era necesario padecer periodos tan dolorosos y abundantes. Aunque los periodos no son siempre superdivertidos y pueden causar cólicos y altibajos emocionales, no deberían impedirte hacer tu vida acostumbrada, como en mi caso. Es importante normalizar la amplia gama de aspectos de un periodo normal, pero también lo es comprender cuándo se puede y se debe buscar ayuda. Aunque ya había pedido ayuda a mis médicos, tuve que pedirla una y otra vez, y tardaron años para abordar este problema. Gracias a esta experiencia aprendí que si algo no se siente bien, debes defenderte.

Hoy hay muchos inventos modernos para facilitarte la vida cuando estás en tu periodo. Tener una app que rastrea mi periodo me cambió la vida. Sí, es útil recibir una notificación para avisarme que me bajará dentro de tres días con el fin de tener tampones y toallas suficientes. En mi caso, me ayudó sobre todo con mi síndrome premenstrual (SPM) y altibajos emocionales.

No soy una persona excesivamente emocional. Me enfrento a la vida a través de una lente de practicidad y realismo optimista. Sin embargo, una vez al mes lloro por todo. Incluso tras *años* de tener mi periodo, los dos o tres días antes de empezar a sangrar, cuando me siento muy emocional, siempre me toma desprevenida. Sólo hasta que me baja entiendo por qué me sentía tan volátil.

Pero con la ayuda de una sencilla notificación automática pude anticipar cuándo podría empezar a sentirme rara. Saber con antelación que se acercaba mi ventana de SPM me permitió nombrar mis sentimientos, lo que a su vez me ayudó a gestionarlos. Poco a poco mi estado de ánimo vulnerable durante el SPM empezó a mejorar y se lo atribuyo a poder prepararme para lo que venía. En vez de sentirme triste o enojada sin razón aparente, sabía que era porque se avecinaba mi periodo y me podía apartar de esos sentimientos.

Capítulo 6

Pelo

El pelo es parte de la mayoría de los cuerpos humanos desde el nacimiento hasta el final, aunque cambie de color y textura, crezca y se caiga en el curso de una vida. Puede ser abundante en ciertas partes, ralo en otras; una mezcla de rubios y rojos, cafés y negros para algunos, mas no para todos. El pelo crece en la corona de la cabeza, junto con las cejas y las pestañas, y también es una capa fina —a veces no tanto— que cubre los brazos y las piernas. De cerca, la mayoría tiene pelitos diminutos en la piel que de lejos parece limpia; sale en todas partes menos en las palmas, las plantas de los pies, los dientes, los globos oculares, los labios y las uñas.

EMPECEMOS CON LA CIENCIA

El pelo nuevo, más grueso, en general más oscuro y rizado, es uno de los sellos de la pubertad, más o menos. Aunque sale al mismo tiempo que la pubertad, en sentido estricto no es parte del proceso de madurez sexual. Lo repetimos mucho en el libro, lo hacemos para que quede clara su importancia. Recuerda que la pubertad es, en su definición más reducida, el camino hacia la capacidad reproductiva, gobernada por el estrógeno que se produce (sobre todo) en los ovarios y la testosterona que se produce (también, sobre todo) en los testículos, con una serie de actores hormonales que también hacen lo suyo. El crecimiento del pelo sigue una senda hormonal distinta con otro nombre: adrenarquia. Crece gracias a unas hormonas denominadas *andrógenos suprarrenales*, que son producidas y segregadas por las glándulas suprarrenales, ubicadas en la parte superior de los riñones. Los andrógenos suprarrenales no sólo son responsables del pelo: sus hormonas también incrementan la producción de sudor y grasa, precursores de piel más grasa y olorosa, lo que culmina en barros y olor corporal.

El principal motivo por el cual insistimos tanto en que la adrenarquia no es igual a la pubertad es que algunos comienzan la adrenarquia mucho antes de siquiera acercarse a la pubertad, lo cual genera mucha confusión. ¿Vello púbico en un niño de 5 años? Es alarmante. Pero si entendemos que el pelo crece no a causa de la madurez sexual, sino porque las glándulas suprarrenales secretan una hormona específica que le dice a ese vello púbico que crezca, la situación se siente menos agobiante (aunque sigue sin ser ideal, o pregúntales a los papás de un niño de 5 años).

Dicho esto, aunque las hormonas de la pubertad no detonan la adrenarquia directamente, hay estudios que se concentran en lo opuesto: si la adrenarquia puede conducir a la pubertad. Es un concepto confuso —para ser honestas, las glándulas suprarrenales pueden ser tan complejas como pequeñas—, pero trataremos de simplificarlo. Las glándulas suprarrenales tienen múltiples capas llamadas *zonas*; cada zona produce muchas hormonas distintas con nombres extensos y complejos, por lo que a menudo se utilizan abreviaturas. Los andrógenos suprarrenales responsables del pelo se llaman DHEA y su versión sulfatada, DHEAS. Éstas se producen en la capa de la glándula denominada *zona reticular*. El motivo por el cual la pubertad y la adrenarquia son procesos separados es que la hormona ACTH es activada por la producción de la DHEA, *no* por ninguna de las hormonas primarias de la pubertad (GnRH, HL, FSH, estrógeno o testosterona).

Sin embargo, resulta que la DHEA tiene el potencial de alterar directamente el circuito de retroalimentación de la pubertad, en particular el estrógeno y la testosterona, porque puede transformarse en esas hormonas. En esencia, el estrógeno, la testosterona y la DHEA son primos: son hormonas de estructuras muy similares que pueden adoptar distintas formas con la enzima apropiada.

¡Paciencia! Por eso la pubertad no causa la adrenarquia, pero ésta puede elevar los niveles de estrógeno y testosterona, lo que, a su vez, puede encender el motor de la pubertad. Ahora, súmale que las glándulas suprarrenales también producen una pequeña cantidad de estrógeno y progesterona, no la suficiente para iniciar la maduración sexual, pero sí la suficiente para explicar por qué las mujeres biológicas tienen testosterona aunque no cuentan con testículos y los hombres biológicos tienen estrógeno, incluso sin ovarios. (Recordatorio importante: los testículos producen un poco de estrógeno y los ovarios un poco de testosterona.)

Resulta que cuando la DHEA sale de las glándulas suprarrenales y circula por el organismo puede convertirse en una hormona activa o iniciar una reacción en cadena en la que otras hormonas hacen lo mismo. A esto se le conoce como conversión periférica: un proceso en el que las hormonas cambian su estructura molecular ligeramente en una parte del cuerpo alejada de donde suelen producirse. Es notorio cuando una hormona débil se convierte en una más activa o de mayor impacto mediante la conversión periférica. Un ejemplo de la conversión periférica ocurre en las células grasas en la periferia del cuerpo, como la grasa debajo de la piel. Esto explica por qué las personas con mayor peso corporal pueden tener concentraciones más altas de andrógenos potentes (como testosterona) y estrógeno. También es una de las teorías dominantes para explicar por qué las infancias con adrenarquia "prematura"—como un niño de 6 años con olor corporal perceptible y vello axilar— tienen más estrógeno o testosterona y DHEA en el flujo sanguíneo, incluso sin otras marcas de la pubertad.

Una segunda teoría sobre el incremento prematuro de la DHEA implica un recorrido muy distinto por el cuerpo. De acuerdo con esta idea, la DHEA (más bien, la variante, DHEAS) funciona en el cerebro como neuroesteroide. Dentro del cerebro, la DHEA puede modificar directamente cómo se secreta la GnRH. Como ya hay muchas abreviaturas en este capítulo, un recordatorio: la GnRH proviene de una glándula en el cerebro llamada hipotálamo, y le indica a otra glándula en el cerebro, la pituitaria, que secrete HL y FSH que, a su vez, les informan a los ovarios o testículos que produzcan estrógeno y progesterona o testosterona, respectivamente. La GnRH es el primer detonante neuroquímico de la pubertad, el primer dominó que se cae. ¿Qué pasaría si, más bien, la DHEA fuera responsable de iniciar este circuito de retroalimentación? Entonces, la DHEA, no la GnRH, sería el detonante de la pubertad. Algunos científicos creen que es el caso para algunos niños.

Terminamos con las abreviaturas hormonales y la biorretroalimentación, ¡sí! Ahora vamos a concentrarnos en la manifestación física de toda esa bioquímica: ¿cuánto pelo crecerá?, ¿en qué orden?, y ¿hasta qué grado? Es frustrante pero no hay manera de predecirlo, incluso cuando la DHEA empieza a fluir. A algunos adolescentes les sale vello púbico antes que el axilar; a otros les pasa lo opuesto. Algunos notarán que el pelo de las piernas se pone más grueso en primaria o secundaria; otros, en preparatoria, y algunos siguen esperándolo en la universidad. A algunos adolescentes les sale pelo grueso y rizado, a otros más claro y lacio. A veces el pelo es visible en todos los brazos, a veces sólo a partir de los codos. Quienes poseen cejas más pobladas tienen las piernas más velludas, ¡pero no siempre! Tal vez lo peor del tema del pelo es que nadie puede predecir lo velludo —o lampiño— que terminará siendo, y esta impredecibilidad al final es quizá lo más estresante de todo.

Una nota más sobre la biología del pelo nuevo: como es más grueso que su predecesor, se puede enterrar. Los pelos encarnados son aquellos que no pudieron salir por la piel, así que se enrollan. Pero siguen creciendo y, con el tiempo, cuando el poro que tiene el folículo capilar se obstruye con una espiral de pelo cada vez más larga, se activa el sistema inmunitario que envía células inflamatorias al lugar. El poro se inflama con un bucle de pelo (como un ovillo de hilo en miniatura) y una colección de glóbulos blancos, todo agrupado en un espacio compacto. Esto puede salir a la superficie en forma de grano o puede permanecer debajo, visible como una inflamación y un grano quístico (que no se puede tronar). A veces el folículo se infecta, por lo que la piel en torno a este folículo puede enrojecerse, provocar sensibilidad o dar comezón, o, adivinaste, las tres. Esto suele exigir una visita al doctor mejor que tronártelo, por tentador que sea.

🕐 QUÉ HA CAMBIADO EN LOS ÚLTIMOS 20, 30, 40 AÑOS

La adrenarquia se ha mantenido estable durante varias generaciones, o por lo menos no ha surgido mucha investigación que indique lo contrario. A diferencia de la pubertad, que claramente empieza antes, la adrenarquia parece seguir haciéndolo igual que siempre. A propósito de esto, la cantidad total de crecimiento del pelo, su distribución y apariencia en general tampoco han cambiado mucho.

Lo que *sí* ha cambiado son las normas sociales del arreglo y depilación, en particular para la generación Z en adelante. El choque de las normas culturales cambiantes y la ciencia ha resultado en avances espectaculares en la tecnología de depilación, como la electrólisis y la depilación con láser. Los dos son métodos a largo plazo, e incluso permanentes, y dañan los folículos capilares lo suficiente para interferir con el crecimiento del pelo: la electrólisis utiliza radiofrecuencias de onda corta para obtener un efecto más permanente, y el láser utiliza calor concentrado que daña pero no altera del todo el folículo (por eso, para que sea permanente, se deben hacer varias rondas de láser, más que de electrólisis). Estos procesos son costosos, exigen tiempo y son sumamente dolorosos. Pero a quienes el pelo corporal les produce vergüenza o inseguridad, la inversión parece valer la pena.

Los avances tecnológicos y la amplia disponibilidad de estas técnicas han impulsado el enfoque de la generación Z respecto del pelo corporal, incluida la popularidad cada vez mayor de retirar *todo* el vello púbico sin importar el género. Aunque los depilados brasileños para las mujeres ya eran parte del menú en los años noventa, la depilación masculina con sentido estético no lo era. Pero hoy muchas personas con penes y testículos se cuidan el vello púbico con la misma atención que las personas con vulvas, con rasuradoras eléctricas especiales, para mantener el pelo corto y en orden.

Otro motivo para estos cambios: la pornografía, en donde la ausencia de vello es la norma. Si las adolescencias están viendo actores porno con genitales sin pelo, podría influir en las decisiones en torno a su cuerpo. La responsabilidad (o culpa) de esta tendencia es de la industria porno, la omnipresencia de internet y la presencia de rituales ancestrales. El arreglo no es nada nuevo, pero la moda es pasajera. Sin duda, en otros treinta años habrá nuevas normas sociales en torno al pelo corporal, así como los productos y tecnología diseñados para lograrlo. ¿Quién sabe? A lo mejor el pelo grueso en todas partes será obligatorio, y quienes se hicieron depilados permanentes no van a estar de moda. Sin importar las tendencias dentro de unas décadas, está casi garantizado que las adolescencias de hoy dirán el clásico: *En mis tiempos, nadie...*

CÓMO HABLAR DE ESTO

En la jerarquía de temas difíciles de la pubertad, el pelo corporal no parece ser tan relevante. Si bien no es el tema más sexy, crece en *tantas* partes que pronto puede ser más visible. Todo ese pelo puede conllevar una serie de retos emocionales y logísticos si no es deseado, lo que exigirá tiempo, dinero y dolor. Es el caso cuando el ideal es un cuerpo sin pelo.

Éste es un desafío importante para muchos adultos: el pelo puede representar una parte fundamental de la expresión personal para las adolescencias que buscan su identidad a toda costa. De la cabeza a las axilas y las piernas, cada pelo puede ser un vehículo de distinción, un anuncio de una identidad naciente. Y cuando sumamos las normas culturales que varían según el origen étnico, raza y religión, repentinamente el pelo puede ser un campo de batalla con muchos frentes. Para algunos adolescentes esta batalla se centra en el pelo de la cabeza, se lo tiñen de colores extravagantes, se lo dejan crecer larguísimo, se lo rapan, se lo planchan. Otros se centran en el pelo de la cara: se dejan el bigote ralo, se dejan crecer las patillas, se depilan las cejas hasta que son casi inexistentes. Y después está el pelo en el resto del cuerpo: algunos deciden depilárselo *todo*, otros se lo dejan crecer *todo* y muchos mezclan axilas peludas y genitales sin pelo o viceversa.

Ya entiendes la esencia, por eso, cuando los adultos nos preguntan cómo lidiar con el pelo de sus hijos, es imposible dar una respuesta adecuada. Hay tantos factores en juego: el contexto cultural, tu propia relación con el pelo, tu comodidad con la autoexpresión de tus hijos. De todas formas, hay lineamientos generales para entablar una conversación sobre el cuidado del pelo.

Pelo corporal y autoestima
Empecemos con el pelo y la autoestima. No es raro escuchar a las y los adolescentes —sobre todo en los primeros días de la pubertad— quejarse:

¡Odio mi pelo! Me gustaría que fuera lacio (o chino o rubio o rojo o castaño). El pelo en mis piernas (o brazos o cara) me hace sentir inseguro. Si bien la mayoría de los padres haría casi cualquier cosa porque su hijo no se sintiera mal, todos somos muy conscientes (a partir de nuestras experiencias peliagudas) de que tenemos cosas de nuestra apariencia que no nos gustan, algunas no tienen remedio... o todavía no. Así que, cuando se trata de pelo, ¿deberíamos ayudarles a sentirse más cómodos con las molestias? La mejor respuesta radica en descubrir de dónde provienen sus comentarios. ¿Alguien en la escuela se burló de ellos? ¿Están en redes sociales viendo contenido que idealiza los cuerpos sin pelo? ¿Cómo son las quejas del pelo en casa? ¿Involucra palabras como *asco* o *feo*?

En el intento por determinar qué hacer o decir —un rompecabezas que podemos tardar mucho en resolver— ayuda a normalizar los cambios en el pelo corporal en el curso de la pubertad y más allá.

Higiene del pelo

Mientras tanto, no olvides la relación entre la higiene y el pelo. A algunos adolescentes no les importa para nada el pelo del cuerpo, al punto en que su indiferencia choca con la limpieza. ¿El pelo graso de la cabeza? No es necesario lavarlo. ¿Los bigotes? No les molestan. ¿Pelo en la axila lleno de olor corporal? Está bien. ¿El vello púbico que sobresale de un traje de baño? No importa.

Nuestro propio adoctrinamiento cultural nos dice (¡nos lo grita!) que debemos abordar estas cosas. A veces las opiniones en torno al pelo son sólo eso, opiniones, pero a veces pasan al territorio de la higiene. Al margen de esto, siempre es mejor hablarlo, empezar las conversaciones desde la curiosidad para saber qué están pensando y por qué. El pelo largo se puede ver hermoso, pero también atrapa aceites y caspa o las dos. Experimentar con distintos colores puede ser la forma de rebeldía más segura en el momento, pero ¿han pensado qué se están poniendo en el cuero cabelludo? Hablar sobre el pelo es una oportunidad para averiguar sobre el estilo e identidad en evolución de tu hija; también te da credibilidad en caso de que los juzguen. ¿Cómo caminar esta delgada línea? Intenta con esto:

Para quien no quiere bañarse: *Creo que nunca hemos hablado de esto (¡aunque lo hayan hablado cien veces!), pero uno de los cambios entre los chicos de tu edad es que el pelo y la piel se vuelven más grasosos, así que quizá debas cambiar tus rutinas de baño y lavado de pelo.*

Para quien no está seguro(a) de qué productos quiere: *¿Quieres ir a la tienda a comprar productos nuevos para que los pruebes? O podemos checar opciones en línea.*

Para quien necesita consejos más puntuales: *Nunca conversamos sobre cómo lavarte el pelo, en especial el cuero cabelludo, para que se vea y huela fresco. Me gustaría contarte.*

Depilación

La depilación puede ser un tema sumamente personal y muy sensible, en sentido literal y figurado. A veces las y los adolescentes se quieren depilar y no estamos listos; otras veces nos urge ayudarlos a que se depilen y no tienen la más mínima intención de hacerlo. Cuando a las infancias de tercero o cuarto de primaria les sale bigote, vello púbico o axilar, los adultos deben tener especial cuidado. Esta situación es delicada —peliaguda, en sentido estricto— para todos, pero no tiene por qué ser vergonzosa. Una forma es mostrarse curioso y receptivo al seguir estos pasos:

Empieza a hablar sobre la depilación, incluida la opción de *no* depilarlo. Reconoce que nuestra sociedad tiene un ideal corporal que es, en gran medida, sin pelo del cuello para abajo, y que ellos podrán decidir qué hacer con el pelo de su cuerpo.

Dales opciones para cuidarse el pelo corporal. Tal vez pregúntales qué hacen sus amigos o qué han visto en línea. Quizás haya métodos que no conoces.

Detalla, explica cómo se hace, si duele o no, cómo crece y cómo se siente o si es permanente; darles estos detalles es una forma ideal para ganarse su confianza (sobre todo si quitarse el pelo va a doler muchísimo).

Recuerda que no hay edad "correcta" para depilarse, algo importante tanto para ellos como para ti. Dicho esto, los menores de 18 años no pueden depilarse permanentemente sin el permiso de un adulto. Nos encantan estas leyes porque los adolescentes más jóvenes cambian de opinión con la misma frecuencia con la que se mudan de ropa y la depilación permanente es una decisión importante. Sin mencionar que, en la adolescencia, cuando el cuerpo está repleto de hormonas es probable que los métodos de depilación permanente no sean tan efectivos, así que ahorra dinero y tiempo y esperen.

QUÉ OPINAN QUIENES YA ESTÁN DEL OTRO LADO

A. C., ella, 20 años

Cuando salí del vientre, tenía la cabeza cubierta de pelo.

Con el paso de los años el pelo de bebé se transformó en rizos que enmarcaron mi cara y se volvieron parte de mi identidad. Mi papá dedicaba horas a desenredármelo con mucho cuidado después de bañarme; literalmente me separaba mechón por mechón para no trozar ninguno. Le dolía cuando me cepillaba deprisa y me quebraba mechones. También tenía "su rizo favorito" que siempre señalaba, uno que me caía del lado derecho de la cara y casi siempre estaba más definido y comprimido que los demás. Mi prima me preguntaba si podía llevarme a la peluquería para enseñarles que así lo quería. Sin embargo, a pesar de estos cumplidos y afirmaciones de la belleza y delicadeza de mi pelo natural, nunca lo respeté. De hecho, lo odiaba.

Siempre les decía a mis papás que prefería estar calva que tener el pelo rizado. Me la pasaba mordiéndome las puntas, me mordía tanto el "rizo favorito" de mi papá que se secaba y alisaba por la saliva. Mis papás tomaron la decisión de cortarme el pelo por arriba de los hombros antes de entrar al kínder para detener este hábito, pero en cuanto crecía, seguía haciéndolo. Cuando cursaba cuarto de primaria, aprovechaba cualquier ocasión especial para convencer a mi mamá de que me dejara alaciármelo, y cuando la convencía me lo dejaba lacio durante días; me encantaba la comodidad y el alaciado, a pesar de la grasa por no lavármelo tantos días.

En algún punto entre la primaria y ahora —a mis 20 años— me di cuenta de que, de hecho, me fascina mi pelo, incluso los vellos más oscuros que son muy visibles en mis pálidos brazos. Fue un giro de 180 grados de cómo me sentía hace quince años, pero no puedo imaginarme regresar a esa mentalidad. Me di cuenta de que la singularidad natural del pelo de cada quien nos distingue de los demás. He probado distintos productos para gobernar mi pelo encrespado y estilizarlo, respetando su naturalidad, no borrándola. En estos días reviso videos de peinados en TikTok para probar las tendencias más recientes, pero a veces no me sirven.

Mi consejo para los papás que quieren ayudar a sus hijos a lidiar con esto es que deben apoyarlos y saber que algún día van a cambiar de opinión, o no. Cuando expresen interés en cambiar su peinado, escúchenlos y piensen en cómo probar varios estilos o llegar a un acuerdo para demostrarles que les interesa lo que quieren, incluso si no están de acuerdo. Una razón por la que terminé adorando mi pelo fueron las afirmaciones constantes de mis papás, porque me hicieron sentir hermosa como soy. Más que eso, mis papás me enseñaron a ser feliz con mi pelo natural a partir del ejemplo, lo cual fue muy importante para mi identidad.

Capítulo 7

Acné facial, en la espalda, el pecho y el trasero

Los granos son el resultado de una tormenta perfecta: la piel adolescente segrega más sudor y grasa que nunca antes; las bacterias crecen y prosperan en este clima cambiante; y los obstáculos tapan los poros de la piel, como el pelo que está saliendo, las células muertas, el aumento de bacterias y los glóbulos blancos del sistema inmunitario que intentan matar esas bacterias. Resulta que esta tormenta ataca el cuerpo de casi todos los preadolescentes y adolescentes. En sentido literal, entre 85 y 90 por ciento de todos los jóvenes del mundo experimentan cierto grado de acné.

 EMPECEMOS CON LA CIENCIA

La universalidad del acné es una combinación de biología y física. Las unidades pilosebáceas (PSU, por sus siglas en inglés) —término médico para los poros— aparecen como hoyitos diminutos en toda la piel. Todos tenemos millones. Pero cada PSU se extiende verticalmente debajo de la superficie, son como un matraz clásico de química con base bulbosa y un cuello largo y estrecho. La base se asienta en la profundidad de la piel, mientras que la apertura superior del cuello se alinea al ras con la superficie de la piel.

Desde el nacimiento, cada PSU tiene una glándula sebácea, un folículo capilar y un músculo diminuto. A partir de esta combinación, la PSU recibe su nombre: *pilo* quiere decir pelo y *sebum* es grasa producida por los humanos. (¿Por qué el músculo diminuto? ¡Le ayuda al pelo a erguirse!) Cuando los niños y las niñas son pequeños, sus poros producen sebo acuoso en cantidades muy pequeñas, por eso la mayoría no suda mucho. Pero cuando llegan a la pubertad se empiezan a incrementar los andrógenos suprarrenales —hormonas como la DHEA y la DHEAS que secretan las glándulas suprarrenales—, lo que causa que el sebo se vuelva más graso y voluminoso. En otras palabras, los preadolescentes y adolescentes sudan más y distinto. Para información detallada sobre las glándulas suprarrenales y sus hormonas, regresa al capítulo 6.

Es normal que las bacterias crezcan en la piel, es parte de un microbioma saludable; si bien es desagradable reflexionar sobre este estado simbiótico (microorganismos que prosperan en la piel), es crucial para la salud de los humanos. Cuando el ambiente cambia, el equilibrio de la bacteria suele hacer lo mismo. Así que cuando los andrógenos suprarrenales les indican a las PSU que generen más grasa y sudor, este exceso de líquidos puede acumularse en la parte inferior de un poro. Cuando ciertas bacterias de la piel descienden al poro, prosperan en este entorno graso con poco oxígeno y se multiplican rápidamente. Una especie en particular, *Cutibacterium acnes*, suele hacer de las suyas.

Hay una noticia buena y otra mala: el sistema inmunitario del cuerpo está diseñado para identificar invasores y, cuando es necesario, intensificarse para acabar con ellos. Por eso la *C. acnes* puede habitar la piel en cifras pequeñas y no causar problemas, pero en cuanto la población cruza un umbral determinado, el sistema inmunitario redobla esfuerzos. El momento crítico es cuando se movilizan los glóbulos blancos y se dirigen al poro para destruir el ejército creciente de *C. acnes*.

Lo que pasa después sería menos notorio si los poros fueran semicírculos bien abiertos, pero recuerda que son como matraces con tubos largos y estrechos en uno de sus extremos. Es fácil que estos tubos se atasquen, congestionen o tapen, por lo que para el sebo es muy difícil salir de la base del poro. Cuando llegan los glóbulos blancos tapan el poro; cuando las células de la piel se desprenden —un proceso continuo— pueden bloquear esta estrecha apertura, o cuando crece un pelo dentro del poro, sobre todo una versión nueva y más gruesa del pelo que aparece en la pubertad, se puede enrollar dentro del poro y bloquearlo también. Si la piel no se lava con regularidad y está cubierta con maquillaje o protector solar o cualquier otro producto, esa acumulación también puede tapar el poro. Sin importar qué obstruya esa salida, se empieza a formar un pequeño charco de líquido graso en la base del poro, y después de una combinación de sebo, bacteria y glóbulos blancos. ¿Ya tienes náuseas?

Como un globo que se llena de aire, la base del poro se expande para intentar alojar a todos sus habitantes. Pero terminan pasando dos cosas: primero, el sistema inmunitario redobla esfuerzos: ataca el poro desde fuera y recluta células inflamatorias desde la profundidad de la superficie de la piel; esto explica los anillos rojos que se esparcen desde la base de los granos grumosos. Y después, el globo truena. La mayoría de las veces se revienta debajo de la piel, su contenido desciende aún más y detona todavía más células inmunes, inflamación e irritación en la zona; por eso, cuando el caso es más agudo, la piel se ve roja y manchada. A veces suelta la presión hacia fuera, un clásico grano blanco reventado.

Durante los años de la preadolescencia y la adolescencia, el acné sale en donde el sebo sea más graso y los poros se tapen con facilidad. Por ejemplo, la cara (en donde se llama acné, granos o espinillas), la parte superior del pecho y la espalda, aunque hay muchas personas que reportan esta condición en el trasero y en otras zonas del cuerpo. Todos hemos tenido el granito elusivo en el muslo o el dorso de la mano.

Una nota nota al pie sobre el vínculo entre la alimentación y los granos, porque hay muchos mitos urbanos: durante los años de la preadolescencia y la adolescencia los chicos suelen consumir comida chatarra, con exceso de azúcar, con más frecuencia que nunca. Ya sea en el *lunch* de la escuela o en casa de los amigos, toman decisiones cuando están solos y suelen comer cosas poco nutritivas. Si bien es un mito que te salen granos por comer una rebanada de pizza, lo que sí es cierto es que consumir alimentos con mucha azúcar y otros alimentos que incrementan la glucosa da como resultado una respuesta inflamatoria en el cuerpo. Ahora bien, si uno de los principales culpables del acné es la inflamación y si los alimentos que están consumiendo (hola, pizza) aumentan la inflamación —aunque sea poquita—, entonces se exacerban los brotes. En otras palabras, la alimentación es importante, pero no lo es todo.

Por cierto, aplica la misma lógica para otros causantes del acné. El estrés se relaciona con una respuesta inflamatoria. También con el incremento de niveles de ciertas hormonas. De hecho, la mayoría de los responsables de un brote de acné —de falta de sueño al exceso de productos nuevos— comparten el común denominador de la inflamación.

Como siempre nos preguntan, vamos a concentrarnos en la relación entre el estrés y el acné. Sin importar la edad, cuando el cuerpo siente estrés, segrega cortisol, una hormona cuyo objetivo original es ayudarnos a escapar de un animal salvaje. Este sistema no está diseñado para hacerse presente cada hora o incluso diario, sino de vez en cuando. Resulta que estas explosiones de cortisol tienen distintos efectos en el acné: primero, el cortisol estimula directamente la producción de grasa dentro de cada uno de los poros y aumenta aún más la oleosidad del sebo; segundo, el cortisol altera otras hormonas que afectan el sebo, por lo que se vuelve más denso e incrementa la probabilidad de que se tapen los poros; y tercero, el cortisol puede fomentar la inflamación y reclutar la participación de glóbulos blancos. Por lo tanto, ese grano —o varios— que te salió la última vez que te estresaste mucho ahora cobra más sentido.

Otro factor que influye en la presencia del acné es la higiene. Para la mayoría es lógico por qué cuando hay falta de higiene existen brotes de acné. Si los poros se tapan con suciedad o capas de maquillaje o residuos de protector solar, es fácil entender por qué. Pero resulta que la higiene agresiva es igual de mala que la falta de higiene. Si nos limpiamos la piel en exceso, la resecamos al dejarla sin sus aceites naturales, entonces el cuerpo les indica a las PSU que produzcan más sebo. Si los desmaquilladores irritan porque contienen químicos o perfumes agresivos, esta irritación puede desencadenar su propia respuesta inflamatoria. En todo caso, si nos lavamos la cara obsesivamente terminará igual de roja, irritada o con granos, como la piel sucia. Así que el consejo de toda la vida es el mejor: lávate la cara con un jabón o desmaquillador sin fragancia en la mañana y la noche. Más de eso no ayuda mucho... al contrario.

Otro consejo clásico que funciona muy bien: ¡la hidratación! Incluso con un desmaquillador suave, la cara limpia tiene menos aceite; un hidratante restablece los aceites para que las PSU debajo de la superficie cutánea no tengan que funcionar a toda marcha. Así que después de lavarte la cara ponte una capa ligera de crema hidratante y en el día incluye un protector solar para proteger la piel de los rayos del sol.

QUÉ HA CAMBIADO EN LOS ÚLTIMOS 20, 30, 40 AÑOS

El acné no ha cambiado mucho, los granos son eso y son iguales que hace una o dos generaciones. Pero sí hay diferencias notorias sobre cuándo, cómo y por qué aparece, comenzando por el hecho de que brota un poco antes de lo normal y que un número mayor de adolescentes tiene más.

Empecemos con el tiempo, porque si un chico tiene granos, la gente cree en automático que ya está en la pubertad. No podemos ser más claras (o más repetitivas): el acné no es una señal de la pubertad precoz, ni siquiera de la pubertad, punto. Explicamos los fundamentos hormonales del acné en el capítulo 6. Recapitulemos brevemente: resulta que el pelo corporal más grueso y oscuro, el acné y el olor corporal derivan de la estimulación de los andrógenos suprarrenales. Así que ninguno de ellos es, en sentido estricto, señal de la pubertad porque ninguno es resultado de las hormonas que hacen que una persona tenga madurez reproductiva. Dicho esto, sin duda las hormonas sexuales exacerban el acné, influyen en el aumento del estrógeno y la testosterona. Por eso, la pubertad precoz y los incrementos hormonales pueden contribuir con los brotes anticipados. (Traducción: granos en tercero y cuarto de primaria.) El acné también empeora con el estrés, que en esta época está por las nubes. Y la mala nutrición alimenta el fuego del acné cuando los alimentos que causan inflamación se convierten en parte fundamental de la dieta diaria. En estos días, muchas de nuestras fuentes nutritivas más accesibles provienen de alimentos calóricos ultraprocesados, los cuales, ya sabemos, provocan inflamación.

A pesar de que el acné está apareciendo antes, no desaparece más rápido (¡qué injusticia!), por dos motivos. El primero, la pubertad no dura menos, sólo empieza antes. El acné sigue esa misma tendencia, se estira como la liga elástica más resistente. El segundo, factores externos como el estrés y una alimentación con nutrientes insuficientes son más comunes que nunca y al parecer no van a mejorar. Esto quiere decir que incluso cuando termina la pubertad, los granos persisten.

Vamos a desmenuzar el componente alimenticio porque es un elemento crucial y más controlable que otros causantes de granos. Cuando los adultos piensan en qué comían de niños, la mayoría no recuerda una cantidad infinita de *snacks* prácticos y ultraprocesados, sino platos de comidas o galletas hechas en casa. Del mismo modo, la diferencia entre las listas de ingredientes es drástica: consumíamos alimentos que tenían mucha menos azúcar (o edulcorantes alternativos llamados de otra manera, pero que en el fondo son azúcar), sin aceites vegetales parcialmente hidrogenados ni otros ingredientes modernos propios de la producción en masa que disparan la inflamación del organismo. Hace una o dos generaciones, incluso los ingredientes que ahora llevan el mismo nombre, en los mismos paquetes —¡pan Wonder!, ¡Cheerios!, ¡mantequilla de cacahuate!—, eran completamente distintos. Todos estos cambios nutricionales han modificado el panorama del acné sin duda alguna, porque las consecuencias de nuestras decisiones alimentarias empiezan con lo que comemos desde un inicio.

Otro cambio notable en años recientes: el estrés. La salud mental nunca ha sido tan frágil, sobre todo entre adolescentes. La lista de motivos es extensa y variada: escuela, casa, covid, redes sociales, cambio climático, guerras, armas e inestabilidad económica, sólo para empezar. Debido a que estos factores están presentes todo el día, todos los días, en forma de noticias, mensajes de texto y publicaciones en las redes sociales, también lo hace la respuesta ante el estrés. Hay muchísima información al respecto. Algunos de los estudios más impresionantes han analizado las experiencias adversas en la infancia y documentan que casi 50 por ciento de todas las adolescencias en Estados Unidos viven por lo menos con una. Todo lo que entra en esta categoría tan amplia incrementa el estrés: experimentar violencia, abuso o negligencia; ser testigos de violencia en la casa o la comunidad y tener un familiar que intente suicidarse o lo haya hecho.

El tercer cambio es ambiental. En el caso del acné, se reduce al microbioma de la piel. Uno de nuestros microbiólogos favoritos, Yug Varma, lo describe así: "El microbioma es como una selva: cuando está sana, estás sano. Cuando te enfermas es porque está desequilibrado. Para recuperar la salud hay que restaurar el equilibrio y, en este caso en particular, el *C. acnes* causa el desequilibrio. En la piel vive una metrópolis diminuta, bulliciosa, y en un día cualquiera se puede desatar una guerra".

Así que el contexto para el acné —tanto las fluctuaciones hormonales como las fuentes de inflamación que lo exacerban— ha cambiado.

Quizás es por eso que una vez que llega el acné, hoy en día aparece con fuerza. No siempre y no en todos los casos, pero parece que, más que antes, un número mayor de adolescentes padece acné agudo. Por desgracia, no existe investigación contundente al respecto, aunque todo pediatra, médico general y dermatólogo con el que hemos hablado (y sí, también la mayoría de los papás) han identificado incrementos notorios en la intensidad del acné en estos años. Pero tiene sentido que si se han multiplicado los factores que causan brotes masivos en la piel, entonces también ha aumentado la intensidad de esos brotes.

Los tratamientos para combatir el acné no han evolucionado tanto desde que en los años setenta nos limpiábamos la piel con Noxema. Sí, los empaques han cambiado, pero la lista básica de ingredientes sigue siendo la misma en la inmensa mayoría de productos en el mercado: peróxido de benzoilo, ácido salicílico y alcohol. Existen numerosos estudios sobre los productos alternativos y naturales para la piel, pero en última instancia los que mejor funcionan incluyen uno o más de estos ingredientes clave. En términos generales, después de los desmaquilladores, tónicos y productos tópicos, los tratamientos contra el acné incluyen antibióticos, que a veces se aplican en la piel (tópicos) y otras se ingieren (orales). Éstos tampoco han evolucionado mucho en el curso de décadas, son los mismos medicamentos que requieren receta médica o cilindros de solución de clindamicina líquida con un aplicador de esponja (que se ensucia enseguida). El último recurso contra el acné, Accutane, también es un medicamento muy antiguo. Existe desde 1982 —¡felices 40, Accutane!— pero hoy en día se usa más y en distintas dosis.

Nos dan mucha curiosidad las empresas que están probando nuevos tratamientos contra el acné. Algunos limpian sin despojar a la piel de sus aceites superficiales, otros se enfocan en el microbioma de la piel; suman en vez de arrasar con los organismos buenos y malos por igual. Por asombrosas que resulten estas innovaciones, todavía no cuentan con la información suficiente que respalde su uso. Aunque por fin parece que empieza a haber cambios.

PREVENCIÓN Y CUIDADO DEL ACNÉ

El acné afecta a casi todas las adolescencias en algún punto de la pubertad. La mayoría de los casos se puede gestionar con algunas estrategias sencillas que mantienen la piel limpia, los poros abiertos y la secreción de la grasa bajo control. Casi siempre los dermatólogos recomiendan las siguientes estrategias para prevenirlo o tratar casos leves en casa:

1. Lavarse la cara con un limpiador facial suave dos veces al día, en la mañana al despertarse y en la noche antes de dormir. Elige uno sin colores ni fragancias y evita productos que contengan alcohol porque despoja a la piel de sus aceites naturales. ¡No sirve lavarse más! De hecho, lavarse la cara más de dos veces al día puede empeorar las cosas, porque la piel se seca y las glándulas sebáceas que están debajo de la superficie entran en acción, segregando más grasa.

2. El primer paso para tratar la aparición de granos es aplicar una crema tópica o pomada. La mayoría de los médicos recomiendan empezar con un retinoide, que disuelve las células muertas en la superficie de la piel, las mismas que pueden tapar los poros. Los retinoides destapan los poros, pero sólo se usan de noche porque hacen que la piel se vuelva particularmente sensible al sol y porque el sol reduce la efectividad del medicamento. Incluso si utilizas un retinoide en la noche, es importante ponerte protector solar en el día.

3. Algunos médicos sugieren el peróxido de benzoilo en vez del retinoide porque el primero es tóxico para las bacterias que causan el acné (*C. acnes*). También ayuda a fomentar la caída de las células muertas, lo cual destapa los poros (¿ya viste el hilo conductor?). La mayoría utiliza peróxido de benzoilo una vez al día para empezar, no importa si es de día o de noche.

4. Si estás usando algún retinoide y no ves mejoría tras un par de semanas, cambia a peróxido de benzoilo. Si estás utilizando peróxido de benzoilo y no ves mejoría tras un par de semanas,

cambia a algún retinoide. ¡Paciencia! Estos tratamientos tardan días —hasta semanas— en surtir efecto.

5. Si has probado ambos tratamientos tópicos uno a la vez y el acné persiste, es hora de combinarlos. En este caso, utiliza peróxido de benzoilo después de lavarte y secarte la cara en las mañanas, y retinoide después de lavarte y secarte la cara en las noches.

6. ¡No olvides humectarte! Estos tratamientos tópicos pueden secar la piel. En las mañanas huméctate con un producto con factor de protección solar (FPS) y en las noches usa una crema sin FPS. La piel con granos puede ser particularmente sensible, por eso elige cremas sin colores ni fragancias añadidas.

7. Para los casos en los que el acné no mejora y empeora pese a estos pasos, es momento de acudir a un especialista. Algunos casos de acné requieren tratamiento adicional con antibiótico o medicamentos, como Accutane.

CÓMO HABLAR DE ESTO

La gestión del acné es un ejemplo perfecto de que las ganas que tenemos de que nuestros hijos pasen la adolescencia ilesos —o protegerlos todo lo posible— nos puede llevar a hacer intentos desesperados por cambiar su conducta, lo cual casi garantiza convertir el problema en un campo de batalla. Lavarse la cara dos veces al día es parte crucial para mantener la piel limpia y no fomentar la reproducción del acné. Casi todos los adultos lo saben, pero no significa que las y los adolescentes lo entiendan (o sean consistentes). ¿¡Por qué no se lavan la cara?

Tras negociaciones persistentes de nuestra parte —o muchos granos en ellos— y en cuanto se empieza esta rutina, la piel suele desobstruirse un rato hasta que, de la nada, surge un brote masivo. Si la gestión del acné fuera tan sencilla como lavarse la cara dos veces al día, no hubiéramos escrito este capítulo.

No importa si intentaste ayudar a tu hija comprando toda clase de productos con y sin receta médica, si diste el siguiente paso e invertiste tiempo y dinero para consultar a un especialista, sabes lo que pasará: la frustración absoluta de que no se ponga lo que compraste. ¿Por qué tantos tratamientos se quedan en el botiquín o en el buró y nunca llegan a la piel? Sí, estas palabras nos sacan de quicio a todos.

Vamos a ver las cosas desde otra perspectiva para entender cómo llegamos aquí (como era de esperar). A los adultos les preocupa el acné porque no quieren que sus hijos se sientan mal sobre su aspecto, lo cual, a su vez, perjudica su autoestima, un frágil microbioma adolescente en sí mismo. A algunos nos preocupa que les queden cicatrices, recordatorios para toda la vida. Otros tuvimos acné agudo y haríamos casi cualquier cosa por evitárselo.

Pero no podemos salvarlos, no podemos proteger su imagen personal y sólo Dios sabe que no les podemos lavar la cara. Éstas son algunas cosas que *sí* podemos hacer.

Si dicen que no les importa el acné

Algunos adolescentes juran que no les importa tener la cara, el pecho o la espalda llenos de granos, y pocos son honestos. Pero la mayoría recurre a lo que sea para que los adultos dejen de molestarlos. Contempla la posibilidad de que se sienten bien con ellos mismos y que saben que otros adolescentes —incluida la mayoría en su vida cotidiana— también viven con granos. Si no les importa, tampoco debería importarte.

Dos notas al pie: primero, todos los adolescentes necesitan aprender sobre higiene básica, esto no es negociable y está por encima de lo que opinen sobre el acné. Segundo, en algunos casos, el acné que no se trata deja cicatrices que son para toda la vida. Nos referimos a casos de acné particularmente fulminante que brota en toda la cara o a acné quístico profundo, ambas versiones drásticas que exigen atención médica. Incluso si un chico jura que no le importa, tenemos la responsabilidad de saber cómo cuidar su piel y entender las posibles consecuencias a largo plazo del acné que no se trata.

Si parece que su piel les avergüenza

Avergonzar a las y los adolescentes para que hagan lo que quieren los adultos es una estrategia común pero ineficaz. Si notas un brote masivo de acné en la cara de tu hija tras una semana de practicar deportes o ponerse maquillaje sin lavarse la cara, es comprensible que quieras decirle: *Si te hubieras lavado la cara como te dije, esto no habría pasado. ¿Por qué nunca haces caso?* Sin embargo, la culpa sólo los hace sentir mal y no los invita a hacer lo que quieres que hagan. Únicamente acabarás sumándote a las críticas que de por sí cargan en los hombros. Es una oportunidad excelente para preguntarles cómo se sienten. ¡Pero sin juzgar!

Si expresan dramatismo

Es fácil, con tantas décadas de distancia entre la incomodidad de nuestra propia pubertad, minimizar cómo se sienten nuestros hijos. Nuestra experiencia nos recuerda que las cosas se ponen más fáciles, la agonía se disipa con el tiempo. Salvo que lo *último* que los adultos deberían decirles a los adolescentes es: *Será más fácil, así que supéralo.* Porque decirles que se sientan distintos no suscita que se sientan distintos, sólo los hace sentirse mal por su estado emocional. También les indica que no pueden compartir sus sentimientos con sus papás. Además, para algunos adolescentes —para muchos, de hecho— tener granos es un gran problema. Viven en una cultura que se basa en la imagen; las presiones que sentimos en nuestra juventud parecen triviales en comparación. Así que déjalos sentir.

Si no quieren hablar contigo

¡Bienvenido al club! Trabajamos en este campo todo el día, todos los días, y ya perdimos la cuenta del número de veces que nuestros hijos han descartado nuestro consejo "experto". En el tema del acné, como con muchos otros de la pubertad, a veces los mejores mensajeros son terceras personas. No hay nada más devastador que darnos cuenta de que nuestros hijos, a quienes adoramos, prefieren escuchar el consejo de casi cualquier otra persona en el planeta, menos el nuestro. Hola, desconocido que está dando folletos en la calle, ¿qué hago este verano? Hola, peluquero que conocí hace una hora: ¿debería cortar con mi novio? Su negación para escuchar nuestros consejos es completamente normal. Te ayudará repetir este mantra: *Corresponde a su desarrollo. Corresponde a su desarrollo.*

Cuando nuestros hijos se emancipan, una de sus primeras acciones para establecer su independencia es hacer caso omiso de los consejos de sus papás. El cuidado de la piel es uno de esos temas candentes sobre los que no podemos opinar. Para los papás es difícil procesarlo, pero el siguiente mejor paso es: encuentra a alguien a quien un chico *sí* escuche (sobre todas estas cosas de la pubertad): un primo mayor, una niñera, un consejero de campamento, un médico o buen amigo de la familia. No fuerces esta decisión, sugiere opciones. Por ejemplo: *A lo mejor no me quieres hacer preguntas y, obvio, no siempre escuchas mis consejos (ja, ja, ja). De ser necesario, ¿a quién escogerías consultar en vez de mí?*

Cómo dar información

Entonces, ¿qué *sí* podemos decir? Abordar el tema de la piel de nuestros hijos puede parecer un territorio minado, pero de todas formas podemos apoyarlos y aconsejarlos sin que el asunto termine en una pelea o, peor, en una guerra fría.

Dar información no siempre tiene que implicar una conversación profunda y seria. Puede simplemente ser: *Aquí está la información, ¿tienes dudas?* Y ya, fin de la historia. En el caso del cuidado de la piel y el acné podría ser algo así: *Durante la pubertad, la piel produce más grasa y sudor. Para ayudar a prevenir que te salgan granos, lávate la cara dos veces al día, siempre después de hacer ejercicio o ponerte maquillaje. Si quieres más información, con gusto te la doy.*

También es útil recordar que el hecho de que todos los adultos en el mundo pasamos por la pubertad no significa que seamos expertos en lo que todo adolescente siente en un momento dado. Ni de cerca. A veces funciona mejor preguntar y escuchar: *Me di cuenta de que se te ve la piel distinta, ¿cómo te sientes? ¿Necesitas algún producto para tu rutina? No hemos comprado nada nuevo desde hace tiempo.* (Nota al pie: el tono casual y curioso y no acusatorio requiere práctica, mucha.) Hay momentos en los que es clave compartir alguna anécdota personal, sobre todo si es graciosísima.

Y por último, si tu hija te tiene la confianza para compartirte que el acné la hace sentirse miserable: valídala, valídala y valídala. *Lamento mucho que te sientas así. Es horrible.* Esta respuesta indica que puede confiar en ti cuando se trata de compartir sentimientos difíciles. Otra alternativa (de la sabia doctora Aliza Pressman): *¿Quieres que te escuche o quieres que te ayude a resolver el problema?* Y si quieren saber cuándo se les va a quitar el acné, sé honesto: no sabes y no hay una varita mágica: *Vamos al dermatólogo para saber qué está pasando. Pero tal vez no tenga un remedio instantáneo, quiero que lo sepas.*

QUÉ OPINAN QUIENES YA ESTÁN DEL OTRO LADO

J. S. ella, 20 años

No me acuerdo de qué edad tenía cuando ocurrió, pero sí me acuerdo con mucha claridad de cuando me salió mi primer grano; más bien, cuando intenté deshacerme de él. Me salió una espinilla en la nariz, y recuerdo a mi papá poniéndome una compresa caliente en la calle para sacarla. Cuando no funcionó y, en cambio, se hizo más grande, mi papá me dijo que tenía "uno monumental", lo que estoy segura hizo llorar a mi sensible yo colegial. Fue el principio de una batalla de años contra el acné y una piel que siempre tenía brotes.

Durante años, el lavabo de mi baño estaba tapizado de todo tipo de productos para el acné, y no tenía idea de cómo usarlos, en qué orden y qué combinación de productos debería usar. Como seguro estaba usando mal estos tratamientos, mi padecimiento empeoró, por fin, mi mamá me llevó a un dermatólogo, quien me recetó una dosis pequeña de un antibiótico por un mes que me limpió la cara. Aunque me encantó tener menos acné, sabía que no podía tomar ese medicamento a largo plazo. Esta nueva piel limpia fue un botón de reinicio para tratar de aprender qué productos me funcionaban y crear una rutina personalizada para la piel. Sin embargo, seguía sin tener orientación para hacerlo, por eso le pedí a mi mamá que me volviera a llevar al dermatólogo y por fin aprendí a cuidarme la piel.

Cuando cumplí 17, por fin se me empezó a limpiar la piel, estaba respondiendo bien a los productos que me recomendó el dermatólogo. Poco a poco empecé a adoptar una rutina de cuidado de la piel más minimalista, que consiste en crema humectante, limpiador facial y tratamiento de granos en caso de ser necesario. Pero en cuanto terminó mi lucha contra el acné, surgió un nuevo problema: acné en la espalda. Sobre todo en los meses más calurosos o después de entrenar, se me llenaba la espalda de granos. Soy bailarina, así que tenía que ponerme leotardos con escote, y me sentía muy incómoda de que se me vieran los granos en la espalda. Aunque prefiero tener acné en la espalda que en la cara, me frustró la insistencia de mi acné y otra vez regresé al dermatólogo. Me recetó un limpiador fuerte para lavarme el pecho y la espalda en la regadera, pero incluso después de un par de semanas, no noté ninguna mejoría. De hecho, mi piel mejoró con la llegada del otoño porque dejé de sudar tanto.

Ahora, a mis 20, de repente me sale un grano y, sin falta, me aparece un grano quístico en la barbilla justo antes de mi periodo. Me sigue saliendo acné en la espalda en el verano, pero he aprendido que lo único que puedo hacer es dejar de preocuparme tanto. Yo sólo tuve acné en la cara y la espalda, pero muchos amigos tuvieron y siguen teniendo acné en el cuello, pecho y trasero. El acné se presenta en distintas zonas del cuerpo y afecta distintos aspectos de la vida; puede ayudar intercambiar información con los amigos sobre los productos que usan.

Si conoces a alguien que lo padece, sin importar que tenga mucho o poco, mi consejo es éste: aunque tus intenciones sean buenas, intenta no señalar el acné de tu preadolescente o adolescente de forma insensible. Ellos saben que tienen acné, créeme, y no les encanta. ¡También ofréceles una visita al dermatólogo! En mi caso fue superútil tener el diagnóstico de mi médico cuando los tratamientos de venta libre no estaban funcionando. Mi dermatólogo me ayudó a ver mi piel de forma realista y a entender que el cambio podía tardar. Por último, recuérdale a tu hija o hijo que su piel no estará así siempre. Aunque el acné es un padecimiento crónico, mejora con el tiempo y vas aprendiendo qué productos son adecuados para tu piel.

Capítulo 8

Olor corporal

Lo impresionante sobre el olor corporal (oc) es que, aunque huele ligeramente distinto en cada persona, se le reconoce universalmente. El oc es una de esas cosas que nos hace preguntarnos cuál es su fin más allá de apestar. Si bien la respuesta sigue siendo difícil de alcanzar, la información con respaldo científico ayuda a entender de dónde proviene, por qué puede ser una señal de un cuerpo cambiante y en crecimiento y cómo minimizarlo... si quieres, porque según las normas culturales, los olores naturales que emanan del cuerpo pueden no ser problemáticos.

 ## EMPECEMOS CON LA CIENCIA

La ciencia del olor corporal es muy directa e interesante y, una vez que se aprende, simplifica por completo un tema muy intenso.

El sudor es la estrategia del cuerpo para enfriarse. Cuando nos sobrecalentamos, las glándulas sudoríparas liberan agua aceitosa sobre la superficie de la piel, y cuando se evapora, la temperatura del cuerpo comienza a disminuir. Cuanto más calor tengamos, más sudamos. Las variantes individuales son muchas: hay personas que tienen glándulas sudoríparas más productivas, lo que explica por qué dos personas que entrenan juntas más o menos al mismo ritmo no sudan igual. El contenido del sudor —en particular su concentración grasa y el volumen de desechos metabólicos como urea, amoniaco, ácido láctico y cloruro de sodio— también es individual.

También una persona registra variantes en su sudor: algunas zonas del cuerpo sudan más que otras. Esto se debe a que esas zonas —como las axilas, los pies y las ingles— suelen estar cubiertas con ropa ajustada o sudan más porque el contacto de piel con piel reduce el flujo del aire en esa área. Esas partes también contienen concentraciones particularmente altas de glándulas sudoríparas apocrinas. A diferencia de las glándulas sudoríparas ecrinas —las más comunes—, que segregan sudor más acuoso en buena parte del cuerpo, las glándulas apocrinas producen sudor repleto de ácidos grasos, proteínas y productos derivados como amoniaco y urea. El sudor por sí mismo es inoloro: es la información crucial de esta historia. Pero las proteínas en el sudor apocrino son particularmente deliciosas para las bacterias que viven en la piel, y cuando las bacterias consumen estas proteínas (sí, comen sudor), las descomponen en ácidos que liberan un olor particular y acre. ¡Y ahí está!

Las bacterias que viven en la piel son fundamentales para conocer la historia del origen del olor corporal. El microbioma es un ecosistema de bacterias y otros organismos que viven en el cuerpo, en especial en el intestino y la piel. Muchos de estos organismos son clave para la salud cotidiana, nos mantienen en equilibrio. Otros son intrusos que viven de nosotros, pero no nos ocasionan problemas. Hay actores maliciosos en el microbioma, pero son contados, y la mayoría de las veces causan estragos no en la piel, sino que generan problemas cuando se meten en el flujo sanguíneo o en los órganos.

Otra pieza clave en la narrativa del olor corporal son los andrógenos suprarrenales. Estas hormonas —que cubrimos a detalle en el capítulo 6— se producen en las glándulas suprarrenales, ubicadas en la parte superior de los riñones. No son responsables de la madurez sexual al igual que la testosterona y el estrógeno, pero sí aparecen más o menos al mismo tiempo y están muy involucradas en los cambios en la piel: le dicen al vello púbico que crezca y a las glándulas sudoríparas apocrinas que fluyan. El aumento de los andrógenos suprarrenales durante la preadolescencia, más o menos en el inicio de la pubertad —un fenómeno denominado adrenarquia—, es responsable de toda clase de rasgos adolescentes, desde brotes de acné hasta oleadas de olor corporal.

Las glándulas sudoríparas apocrinas segregan sudor graso rico en proteínas y las bacterias en la piel consumen este delicioso festín. Cuando esas mismas bacterias secretan cada vez más derivados ácidos producen un aroma demasiado conocido para los profesores de secundaria y cualquiera que recoge a sus adolescentes en la escuela por la tarde o entra a un cuarto en donde se acaban de quitar los zapatos.

Resulta que la solución es igual de sencilla que su causa. Deshacerse del olor corporal exige dos cosas: ya sea menos sudor apocrino o menos consumo bacteriano de ese sudor. Los antitranspirantes reducen el sudor con el fin de que las bacterias no tengan mucho material que consumir. (En contraste, los desodorantes simplemente retiran los olores.) Mientras tanto, bañarse con jabón es suficiente para reducir el número de bacterias que se alimentan del sudor en la piel. Menos bacterias, menos OC. La clave es el jabón porque éste —no el agua— retira los organismos. Que quede claro que soluciones como bañarse y usar antitranspirante sólo duran en promedio un día (incluso menos en una ola de calor o en el gimnasio); después se reactivan las glándulas sudoríparas y las bacterias vuelven a poblar la piel. Esto explica por qué se empezaron a adoptar los baños diarios y ponerse desodorante todas las mañanas en algunas culturas, mas no en todas.

🕐 QUÉ HA CAMBIADO EN LOS ÚLTIMOS 20, 30, 40 AÑOS

No mucho. Como mencionamos en los capítulos sobre el acné y el pelo, a diferencia de la pubertad, la adrenarquia no se ha adelantado significativamente. Si bien el estrógeno y la testosterona están aumentando con antelación, no es el caso de los andrógenos suprarrenales. Si es así, nadie lo ha notado. Los profesores siguen suplicando a los adolescentes que se bañen con frecuencia y se pongan desodorante a partir de cuarto o quinto de primaria.

Dicho esto, hoy sí hablamos más sobre el sudor y los olores que antes. La buena noticia es que se hace con apertura e información, sin juicios ni burlas. Los preadolescentes y adolescentes de hoy parecen más preparados para hablar de estos temas que generaciones pasadas. Esto no quiere decir que las burlas hayan dejado de existir, pero en cuanto se expone un tema y se presenta como algo que le puede pasar a cualquiera, los adolescentes se muestran solidarios en vez de burlarse.

Los remedios también han mejorado. Los productos para combatir los olores se han transformado radicalmente en el curso de estas décadas. El pasillo del jabón en el supermercado es inmenso comparado con el que había cuando éramos niños, con toda clase de opciones con perfume, colores, orgánicas, naturales, sólidas y líquidas. De igual forma, este pasillo puede parecer interminable: algunos desodorantes siguen siendo genéricos, otros son invisibles y muchos dicen no tener químicos aterradores, incluso cuando la lista de ingredientes está poblada de palabras con mil sílabas que no pueden pronunciarse. La variedad inmensa de opciones puede complicar el objetivo sencillo de saber qué funciona, qué no irrita la piel y qué parece seguro como para ponerse en el cuerpo, a tal grado que ha surgido una industria paralela para ayudar a los consumidores a investigar sin sentirse completamente agobiados.

Una nota al pie sobre encubrir un olor con otro más fuerte: la solución de Axe al problema del olor corporal merece un párrafo aparte porque este enfoque —que depende de ocultar el hedor natural con una colonia muy fuerte— ha cobrado auge en las últimas décadas. Es raro quien no haya sido casi noqueado por el olor a Axe de un chico que está cerca. Si al chico le gusta la fragancia, genial, que la use. Pero los adultos tenemos la responsabilidad de explicarles a los adolescentes que el olor corporal ocasionado por el consumo bacteriano de proteínas en el sudor no desaparece, sin importar la cantidad de perfume o colonia que se pongan. Anímalos a volver a lo elemental: lavarse con agua y jabón antes de rociarse con fragancias.

CÓMO HABLAR DE ESTO

Quizá la pregunta más común que nos hacen los adultos cuyos hijos están entrando a la pubertad es: *¿Cómo saber si mi hijo apesta?* (En segundo lugar: *¿Cuándo le va a bajar a mi hija?* y *¿Cómo le hago para que mi hijo se saque las manos de los pantalones?*) Esta pregunta encabeza la lista porque casi todo el mundo tiene olor corporal y suele aparecer antes que otros cambios físicos. En estos días, la mayoría de los adultos reconoce que avergonzar a los adolescentes para que tengan mejor higiene (*Apestas horrible*) puede resolver el hedor a corto plazo, pero no es una receta para la salud a largo plazo de ninguna manera. Con demasiada frecuencia, a los papás les preocupa que se burlen de su hijo —o incluso padezca *bullying*— por tener OC y están desesperados por sortear la situación antes de que algún compañero lo haga. Muchos recordamos al niño en nuestro salón que era el blanco de esas burlas: a quienes *éramos* el blanco nos urge cortarlo desde la raíz.

Entonces, ¿cómo mencionarlo a nuestros hijos sin hacerlos sentir mal? Decirles: *Apestas, ponte desodorante* no es lo mejor, aunque quizás haya niños a quienes este enfoque les funcione. En general, explicarles las causas de los nuevos olores, aceites y escamas es una buena estrategia para alentarlos a hacer cambios en sus hábitos, sobre todo en lo que se refiere a la higiene. Éstos son algunos principios probados para hablar con un niño que huele mal sin avergonzarlo:

Empieza con la ciencia

Podrías probar un enfoque científico directo con un toque de sentido del humor, por ejemplo: *Tu cuerpo está creciendo y cambiando, así que produce más sudor y grasa. Para las bacterias que viven en tu piel el sudor y la grasa son un banquete riquísimo que después sacan como si fueran pedos, creando olor corporal. Para reducir el olor de este proceso hay que lavarse esas zonas sudorosas y apestosas con jabón (con pura agua no basta) y ponerse desodorante.*

Si a tu hijo le interesa la ciencia, podrías ser más específico y pueden leer la primera parte de este capítulo juntos. A los adolescentes les gusta entender el *porqué* de las instrucciones: *Lávate el cuerpo con jabón* es una instrucción menos atractiva que *Lávate el cuerpo con jabón porque las moléculas del jabón atrapan la mugre y les permiten a las moléculas del agua enjuagarlas.* Reconocer la inteligencia de las y los adolescentes es muy importante para establecer credibilidad. También proporciona una lógica de por qué deberían hacer algo o seguir tus reglas, incluso cuando no los estás regañando.

Cómo gestionar la oposición

Algunos adolescentes se oponen rotundamente a bañarse, lavarse con jabón o ponerse desodorante y punto. A los adultos les da la impresión de que ya lo intentaron todo, pero el olor sigue aumentando, lo que puede llevarlos a decir y hacer cosas desesperadas, no siempre así de extremas, pero más o menos así: *Eres un asco, nadie va a querer ser tu amigo con ese olor.* No ayuda en nada; al contrario, es perjudicial. Aunque quieras librarlos de la crueldad de sus compañeros, a veces son más receptivos a los consejos cuando otro chico les dice las cosas claras y honestas: *Amigo, apestas. Ponte desodorante.* Esta ruta funciona mejor (¡y más rápido!) que la intervención de un adulto. La mayoría de los adolescentes se sitúa en un punto entre el científico curioso y el antibaños.

Normaliza los cambios

Los cambios les dan miedo a todos. Cuando se trata de los olores de la pubertad, los adolescentes dejan de tener un aliento que huele a leche tibia y un olor axilar a pasto recién cortado, y de un día para otro les huele la boca a cadáver y las axilas a vestidores de la NFL. Es muy confuso y puede orillarlos a eludir el tema porque no saben qué hacer. Cuando normalizamos los cambios, nuestra influencia es mayor.

Para un niño de 9 años con olor corporal puedes probar esto: *Estás en una edad en la que tu cuerpo está cambiando y es normal, pero esto quiere decir que vas a verte y a oler distinto. Mi labor es ayudarte a gestionar estos cambios, mantenerte sano y cuidarte. Estoy aquí para ayudarte.*

Para un niño de 12 años con olor corporal funciona mejor algo así: *Tu cuerpo es como un caldo de grasa, sudor y olores durante la pubertad, y necesitas gestionarlo. Sé qué parece mucha responsabilidad junto con todo lo demás que te pido hacer, pero cuidar tu cuerpo es una labor de por vida. Con el tiempo se vuelve más fácil.*

Para un niño de 15 que de plano huele mal, el enfoque será distinto: *Sé que pasaste casi toda la pubertad sin olor corporal, pero te tengo noticias: ahora hueles. ¿Qué podemos hacer para ayudarte y* *que te sientas cómodo? ¿Has probado productos de tus amigos que te hayan gustado?*

Dales alternativas

Para que los pequeños se coman las verduras, la mayoría les dábamos opciones: chícharos o zanahorias, tal vez. La adolescencia no es tan distinta. Si quieres que tu hijo se ponga desodorante, dale alternativas en vez de presentarle un producto. Vayan juntos a la farmacia y recorran el pasillo de los desodorantes o siéntense en el sillón y busquen opciones en línea. Prueben varios. Ríanse del nombre de los desodorantes, de los empaques. Enséñales las marcas que tú has probado y que no te sirvieron para nada. Que sea algo divertido, no serio. Cuando eran bebés, tuvieron que comer algo nuevo varias veces antes de dejar de escupirlo. Que no se te olvide.

No asumas que saben cómo, sé muy específico

Los adultos llevamos décadas lavándonos el cuerpo, probando nuevos productos, cambiando de hábitos, viendo qué nos funciona y qué no. Las y los adolescentes son novatos en el tema, por lo que necesitan instrucciones muy específicas como: *Lávate el cuerpo con jabón* o incluso *Lávate las axilas, el pene, los pies y luego el trasero con jabón*. No asumas que saben cómo hacerlo, recuerda que estás hablando con el chico que hace popó, no se lava las manos y luego se mete a la cocina y agarra un puñado de totopos. Necesitan instrucciones detalladas, paso a paso, a veces hasta escritas en notas adhesivas colocadas en el baño. También necesitan verte lavarte las manos cada vez que vayas al baño. Mostrar con el ejemplo es mejor que con las palabras.

No dejes de hablar con ellos

Nos encanta la idea de quitar algo de nuestra lista de pendientes, pero se nos olvida darle seguimiento con nuestros hijos. Resulta que este seguimiento es más importante que el primer paso de que hicieran lo que les pediste. Si el uso de desodorante es nuevo, no saben qué es normal y qué no. No tienen idea de si se supone que arda, se sienta mojado, manche la ropa o les irrite. Incluso no saben si está funcionando. La mayoría (sin importar la edad) cree que huele perfectamente normal, incluso bien. ¿Alguna vez has visto a tus hijos oler felices sus propios pedos? La única forma de saber si huelen mal es poner la nariz en la axila, e incluso así tampoco funciona. Dale seguimiento más o menos así: *¿Te gusta cómo huele tu desodorante nuevo? ¿Cómo sientes la piel? ¿Te da comezón o irrita? ¿Está sirviendo?*

Una nota al pie: no todas la culturas o sociedades tienen la costumbre —o el lujo— de bañarse todos los días, y muchas personas deciden no ponerse desodorante. Cuando hables con tus hijos sobre higiene, menciónalo, porque salen al mundo y se pueden topar con gente que tiene distintos hábitos. Es difícil ser de mente abierta y aceptar otras normas culturales si les damos la impresión de que sólo hay una forma de cuidar el cuerpo.

 ## QUÉ OPINAN QUIENES YA ESTÁN DEL OTRO LADO

A. C., ella, 20 años

Una vez, en el último año de secundaria, mi papá me llevó en el coche a hacer las compras el fin de semana. Cuando nos metimos al coche me dijo: "Creo que no hueles tan bien". Le expliqué que no me había bañado después de entrenar un día antes, pero que esa tarde volvería a entrenar, así que para mí no tenía sentido bañarme en la mañana para pasar el día sentada en el coche haciendo encargos. Escuchó y respondió de forma que demostró que me entendía y aprobaba mi lógica sin recurrir a un tono juicioso ni a expresiones faciales. Se limitó a avisarme de mi OC y estuvo de acuerdo con mi perspectiva, lo que me hizo sentir cómoda con mi decisión; no me hizo sentir mal ni que hubiera hecho algo antihigiénico. Muchas veces, el OC no es antihigiénico, pero se puede percibir así.

En la prepa, tenía una camiseta azul con florecitas que me encantaba, me apretaba tanto los brazos y el pecho que cualquier gota de sudor se veía en ella. Me la puse una noche que salí porque me gustaba cómo se me veía, pero cuando observé manchas de sudor en el coche de camino a casa de mi amiga, me arrepentí enseguida de ponérmela, pero era demasiado tarde. Entré en pánico y me puse servilletas que teníamos en el coche debajo de las axilas para que absorbieran el sudor y no oliera. No funcionó muy bien, pero me daba pena que la gente en la fiesta se diera cuenta de que olía mal y creyera que no soy limpia. En cuanto llegué, observé que nadie se había percatado o no parecía importarle. Me sentía acomplejada pero después me di cuenta de que el sudor y el olor corporal son normales, y no necesariamente son indicadores de la higiene, así que intento aceptar las manchas de sudor y el olor corporal aunque me hagan sentir incómoda.

¿Cómo pueden los papás ayudar a sus hijos con el olor corporal? Primero, muchos papás quieren que sus hijos usen los ingredientes más limpios, pero no siempre funcionan para el OC. Sabemos que nuestros papás quieren lo mejor para nosotros, pero a veces se necesita un desodorante más fuerte para combatir el OC y sería genial que lo entendieran. Los adultos podrían intentar decirles a sus hijos que huelen mal pero con actitud positiva o reírse y, al mismo tiempo, darles soluciones y explicarles cómo combatirlo. Si a tu hijo no le importa el OC, entonces es importante respetar lo que quiere. Si se baña pero suda mucho, apóyalo para que sea seguro de sí mismo sin importar su decisión. Los niños y las niñas van a asimilar lo que los papás digan y demuestren con el ejemplo, aunque se rebelen en el momento. Los adolescentes sí los escuchan, aunque parezca que no.

Capítulo 9

Estirones, aumento de peso y curvas

La pubertad no tiene muchos momentos que esperemos con anticipación. ¿Maravillosos aunque accidentales? Seguro. Pero en gran medida es difícil expresar emoción por una etapa de la vida que se caracteriza por huracanes anímicos que se alimentan de un mar de incomodidad y grasa. La excepción —lo único que muchos ansían o por lo menos no quieren deshacerse de ella lo más rápido posible— es el crecimiento.

 EMPECEMOS CON LA CIENCIA

Hay muchas clases de crecimiento durante la pubertad y este capítulo las cubrirá todas: desde la estatura (el famoso "estirón") hasta el aumento de peso y el surgimiento de las curvas. A todos los adolescentes les emociona el estirón vertical, y también es muy valorado el aumento de peso que se traduce en masa muscular, masa en los glúteos o los senos. ¿Qué hay del peso que agrega curvas en otras partes del cuerpo o la estatura que no va al ritmo del crecimiento de los amigos? Tiene la respuesta contraria. También los vamos a abordar.

Vamos a comenzar con la estatura porque la mayoría de los adolescentes y los papás empiezan por aquí. ¿Qué altura tendrá?, nos preguntan constantemente en el consultorio médico desde los primeros días, por ejemplo, en la revisión semestral. No es broma.

Esto surge de la combinación del valor que nuestra cultura le ha dado a la estatura y de su naturaleza cuantificable. La estatura de los adultos es muy predecible, por eso muchos papás de niños pequeños preguntan al respecto. Si bien ningún médico puede prever con seguridad qué tan alto será un niño dentro de quince o veinte años, hay dos formas de hacer un cálculo aproximado, y ambas son muy confiables.

1. **Calcula el promedio de la estatura de los padres:** este cálculo se basa en la genética para predecir la estatura máxima que alcanzará un niño; tiene un rango de +/–5 centímetros. Ten en cuenta que el cálculo varía entre las chicas biológicas y los chicos biológicos.

   Para los hombres: [altura de la mamá biológica + 13 centímetros] + altura del papá biológico ÷ 2

   Para las mujeres: [altura del papá biológico + 13 centímetros] + altura de la mamá biológica ÷ 2

   Si bien este cálculo resulta muy exacto para la mayoría, no contempla a los parientes lejanos: tal vez en tu familia hay un bisabuelo de 1.50 m de estatura o una tía de 1.82 que no entra bien en la foto familiar. Sus genes pueden permear en el árbol genealógico y (a veces pasa) aparecen de manera inesperada cuando un chico resulta mucho más bajo o alto de lo esperado.

2. **Duplica la estatura a los dos años:** así es, otro buen indicador es duplicar la estatura de un niño a los dos años. Un par de advertencias importantes. Primero, en caso de que nunca te hayas percatado de cómo miden a un niño de dos años en el consultorio médico, no es precisamente exacto. La mayoría de los niños y las niñas de dos años se mueve mucho, así que buena suerte a quien le toque medirlo con la precisión suficiente como para multiplicar el resultado por dos y obtener una cifra creíble. Segundo, no hay estudios que respalden esta estrategia. Pero muchos centros médicos siguen promoviendo esta técnica en sus páginas web y los pediatras la usan en sus consultorios, para ello citan información anecdótica

y añaden que el margen de error es de 10 centímetros (es decir, el niño o la niña podría ser 10 centímetros más alto o más bajo que esta multiplicación; el rango es el doble que en el caso del promedio de la estatura de los padres). La mayoría también agrega que para las mujeres biológicas la ecuación podría ser más precisa si la altura se duplica para la medición a los 18 meses, lo que resulta en una diferencia bastante grande (un adulto mucho más bajo) en comparación con la medición tomada seis meses después.

Nos gustaría agregar que estos dos métodos asumen que las infancias no se enfrentan a ningún obstáculo para alcanzar su potencial. Sin embargo, abundan los obstáculos. La desnutrición causada por la falta de acceso a fuentes de alimento o una dieta desequilibrada puede alterar la estatura que tendrán al final. Al igual que las enfermedades serias, ya sean graves (como un cáncer que exige tratamiento agresivo como la quimioterapia o la radiación) o crónicas (como enfermedades cardiovasculares o pulmonares que disminuyen el suministro de oxígeno al resto del cuerpo). El sueño también altera la estatura —un tema que cubriremos en detalle en el capítulo 10—, al igual que los problemas óseos (como piernas severamente encorvadas o curvas de escoliosis en la columna), así como una deficiencia de vitaminas, minerales y hormonas (vitamina D, zinc y tiroides encabezan estas listas, respectivamente). Estas estimaciones no tienen en cuenta ninguno de estos u otros posibles impedimentos.

Además de los cálculos para la altura máxima de una chica o un chico, está la pregunta eterna de cuándo: *¿Cuándo crecerán?* En el primer año de vida los niños crecen 25 o más centímetros. Después de eso, el índice disminuye a cerca de 10 cm por año en la primera infancia, y luego se reduce a un promedio de 5 cm por año los próximos ocho, diez o doce años, cuando dan el estirón de la pubertad. Muchas características de la vida durante la pubertad son muy parecidas a la niñez y el crecimiento no es una excepción; durante el famoso estirón de la adolescencia, el aumento de estatura regresa a su índice preescolar. Tradicionalmente, las niñas crecen entre 6 y 10 centímetros al año durante ese estirón, un periodo que dura dos y a veces tres años; los niños crecen entre 7.5 y 10 centímetros al año en el lapso de dos, tres y hasta cuatro años seguidos. Después de esta rápida aceleración, baja radicalmente el ritmo del crecimiento pero tampoco se detiene: la mayoría de las infancias crece por lo menos otros 2.5 a 5 centímetros en el próximo par de años.

El estirón de la adolescencia representa cerca de 20 por ciento de la estatura final que alcanzarán cuando sean adultos, lo cual explica por qué los preadolescentes que ya lo tuvieron parecen gigantes comparados con los demás. Pero ese estirón es difícil de predecir. En la mayoría de los adolescentes empieza a acelerarse más o menos entre el inicio de secundaria y el último año de preparatoria. ¿No es confuso? Las mujeres biológicas dan el estirón antes que los hombres biológicos, por eso en una foto de niños de sexto de primaria sólo un puñado de los niños y la inmensa mayoría de las niñas son mucho más altos que el resto. La hormona de crecimiento fomenta estas diferencias de género y es la principal responsable, pero también el estrógeno, la testosterona y otros andrógenos como la androstenediona; todos ellos incrementan los niveles de hormona de crecimiento.

En conjunto, esto ayuda a explicar por qué, en promedio, los hombres biológicos suelen ser más altos que las mujeres biológicas. Los hombres dan el estirón después que las mujeres, pero siguen creciendo antes de esta aceleración, ganando un par de centímetros poco a poco durante uno o dos años (o tres o cuatro) mientras esperan con paciencia despuntar. Además, su estirón dura más. El efecto neto es una mayor estatura acumulada para las personas con el cromosoma X e Y.

Una nota al pie a propósito de *cómo* crecen los adolescentes, porque larguiruchos tienen un aspecto muy predecible. En especial, las y los adolescentes de secundaria con apariencia de cachorros parecen tener manos y pies gigantescos, a diferencia de sus torsos más pequeños (digámosles troncos truncos). Esto se debe a que primero crecen en la periferia, más alejada del centro de su cuerpo; después les crecen los brazos y las piernas (en el caso de ellas: *¡Qué piernas tan largas!*, la sentencia de las abuelas de todo el mundo); y luego, por último, se estiran la caja torácica y el abdomen.

Recuerda, aunque hoy en día la pubertad empieza antes para muchos adolescentes, a diferencia de los padres y abuelos, sigue habiendo un rango: hay chicos que empiezan antes (los retoños prematuros) y otros mucho después (los retoños tardíos). El hecho de que el tiempo promedio de inicio se haya adelantado no significa que no habrá adolescentes precoces y adolescentes rezagados. De hecho, ésa es la definición de un rango: incluye a los de los extremos. Los estirones tienen mucho que ver con la pubertad, para algunos es quizá la señal más visible. De modo que un chico prematuro que se desarrolla antes que otros adolescentes también puede crecer antes que ellos; y respecto del chico de desarrollo tardío, te imaginarás el resultado. Éstos son más detalles sobre cómo los casos atípicos —en cuanto al arranque de la pubertad— experimentan desafíos cuando se trata de la estatura:

Las niñas que se desarrollan mucho antes dan el estirón antes que la mayoría de sus contemporáneos. Lo primero que les crece es la cabeza y los hombros, después dejan de crecer porque el mismo aumento repentino de estrógeno que detona su desarrollo en la pubertad les indica a las placas de crecimiento —que se encuentran en los extremos de cada hueso— que se cierren. Las niñas terminan de crecer dos años después de tener periodos "regulares" que se repiten cada tres a cinco semanas. Mientras tanto, sus amigas tardías crecen poco a poco pero de forma constante, y para cuando dan el estirón y tienen su primer periodo, muchas de las que se desarrollan a tiempo y la mayoría de las tardías terminan siendo más altas que las chicas que empezaron a crecer primero. Desde luego que la genética y el estado de salud puede alterar todo esto, pero la tendencia es clara: aumento tardío de estrógeno → cierre posterior de las placas de crecimiento → adultos más altos.

Los chicos que se desarrollan antes pueden tener el mismo circuito que las niñas precoces —crecen mucho antes que otros niños pero también dejan de crecer antes—, aunque no siempre. Resulta que los niños precoces pueden —y con frecuencia así es— seguir creciendo un par de años después de que culmina su estirón, porque sus placas de crecimiento aún no se cierran: no tienen tanto estrógeno y sus cargas de andrógenos son más altas, una combinación que retrasa el cierre de las placas de crecimiento. Esto explica por qué la primera niña del salón que tiene su periodo suele terminar siendo la más bajita, pero el primer niño que pueda saltar y tocar el techo con el brazo extendido tiene las mismas probabilidades que cualquiera de terminar entre los más altos.

Las niñas de desarrollo tardío suelen ser adultas más altas que el resto por las explicaciones anteriores: crecen poco a poco pero de manera constante antes de que aumenten las hormonas de la pubertad, así que para cuando dan el estirón terminan siendo más altas que las niñas precoces, a veces varios centímetros. Y eso es antes de que den el estirón, cuando de pronto, ¡pum!, algunas juegan básquet. Por supuesto este escenario exige la intervención genética: si sus padres biológicos miden cerca de 1.55 metros, es probable que también ellas, incluso si son las últimas en tener la pubertad. También exige que su pubertad no se retrase por deficiencias nutricionales o problemas de salud, porque esas niñas no siempre crecen poco a poco antes de dar el estirón.

Por último, las infancias tardías. Este punto es delicado porque es fácil concluir que terminarán entre los más altos del grupo. Pero la estadística demuestra que, de hecho, muchos de ellos disminuyen la velocidad de su crecimiento antes de la pubertad, a tal grado de que casi no crecen en esos años cuando todos sus amigos sí. A raíz de esto, se pueden sentir más vulnerables por su desarrollo tardío, porque los preadolescentes e incluso los adolescentes tardíos no tienen rasgos adultos —masa muscular, voz grave, hombros amplios— como sus amigos. Para colmo, tampoco crecen. Cuando muchos de estos niños finalmente dan el estirón ya van muy a la zaga, tanto que, pese a crecer 30 o 70 centímetros en el curso de tres o cuatro años seguidos, terminan entre los bajitos.

Bien, con la altura explicada, podemos seguirnos con el peso. Y vamos a empezar con esto: las y los adolescentes suben de peso. *Deben* subir de peso. Incluso durante la adolescencia —en especial durante la adolescencia— subir de peso es saludable. Para muchos es duro, sobre todo cuando el peso llega antes que el crecimiento. Ya hablaremos acerca de esto.

La persona promedio sube cerca de 2.3 kilos por 2.5 centímetros de altura. Hay un rango de normalidad, desde luego: entre 1.8 y 3.1 kilos por 2.5 centímetros de altura se considera sano. Dicho esto, si un individuo está bajo de peso, es posible que tenga que subir a medida que vaya creciendo; si tiene sobrepeso para su altura, quizá su cuerpo no aumente tanto —o no debería—, o puede que no suba nada en unos 5 centímetros. Los detalles de qué es mejor para cada individuo dependen de la familia y su médico.

Ahora bien, para el orden del proceso: algunos niños crecen antes de subir de peso, otros lo hacen al revés: suben de peso antes de crecer. Los que crecen como vainas (dan el estirón antes de subir de peso) suelen ser delgados, pero algunos son tan delgados que se sienten incómodos. En los años ochenta estar delgado era la moda, pero ahora (e incluso entonces), el físico de brazos y piernas flacos de un cuerpo larguirucho orilla a algunos niños a ponerse ropa superholgada para disimular. Después están los que crecen al revés: suben de peso durante la preadolescencia y la adolescencia y ven cómo se les ensancha la cintura, se les llenan los muslos, las nalgas o las mejillas y los bíceps, a veces todo esto. Muchos de estos niños se percatan de que subieron de peso y cuando les preguntamos (con mucho tacto) cómo se sienten, no nos sorprende que a muchos no les gusta, aunque el nuevo ideal de un cuerpo con más curvas ha cambiado esto un poco.

Sin importar el orden, algunos niños que suben de peso darán el estirón. Otros no, seguirán teniendo curvas en su adultez. Para quienes crecen primero, algunos van a "embarnecer" mientras otros seguirán siendo altos y delgados. Puede ser extremadamente difícil predecir quién está subiendo de peso antes de crecer y quién ya está adoptando su nueva figura para toda la vida, sobre todo cuando el cambio es emergente y el estirón aún no termina, o tal vez incluso ni ha empezado. En un intento por que todo esto tenga sentido, éstos son los indicadores de que el cuerpo está haciendo lo que debería:

- Si un niño sube entre 1.8 y 3.1 kilos por cada 2.5 cm de estatura, incluso si la distribución del peso parece nueva o diferente, la cantidad total de peso que ha ganado es normal.

- Si un niño subió más de 3.1 kilos pero antes estaba por debajo del peso apropiado (de acuerdo con su médico), la diferencia será notoria y, en este escenario, serán buenas noticias.

- Si sus hábitos alimenticios no han cambiado, su alimentación está bien equilibrada y sus porciones corresponden a su ingesta requerida, pero es evidente que subió de peso en el curso de varios meses, puede ser que el cuerpo lo haya hecho para anticipar un estirón importante. Sólo el tiempo (y esas infames gráficas de estatura y peso) lo dirán.

En algún punto de este proceso puede haber motivos para consultar a un médico. Pero atención, no dijimos "motivo de preocupación". El peso es un tema complejo, es una de las cosas que más les preocupa a los adultos por sus implicaciones reales para la salud y autoestima. Más allá de esto, muchos adultos no pueden distanciar sus sentimientos de la experiencia de su hijo. Si bien es comprensible, no ayuda nada aportar tensión al tema. De hecho, todo mundo conoce el callejón sin salida que viven papás y niños cuando, de repente, el peso o la comida adquiere protagonismo. Ignorar estos temas también es riesgoso porque cuanto más arraigado esté un hábito, más difícil será cambiarlo. Presta atención a las circunstancias, identifica las señales de advertencia; si reconoces alguna será buena idea consultar a un nutriólogo o médico familiar.

- La alimentación ha cambiado: se ha vuelto mucho menos nutritiva o abundan los alimentos sin nutrientes ("comida chatarra").

- Parece que come mucho entre comidas, sobre todo si está triste o aburrido.

- Hay evidencia de que está escondiendo comida: envolturas en cajones, mochilas o botes de basura del cuarto; falta comida en la alacena o el congelador.

- Ha aumentado drásticamente las cantidades, incluso consume más alimentos en cada comida o más refrigerios entre comidas. (Nota al pie importantísima: los niños y las niñas que están creciendo siempre tienen hambre; este punto es complicado.)

- Desde hace uno o dos años, el aumento de peso es mayor al crecimiento.

Estos cambios físicos o conductuales sugieren que tal vez haya otros factores en juego, que quizás el peso es más que un aumento relacionado con la pubertad. O tal vez el adolescente —quizá toda la familia— podría beneficiarse de una buena educación nutricional.

De hecho, algunos adolescentes bajan de peso durante la pubertad o mantienen el mismo peso, lo cual combinado con el crecimiento es el equivalente fisiológico a bajar de peso. Vamos a abordar este tema en detalle en el capítulo 14, pero vale la pena mencionarlo aquí también. Si identificas cualquiera de estas conductas, consulta a tu médico.

- La dieta ha cambiado, se ha vuelto cada vez más restrictiva: puede incluir la adopción de nuevas filosofías alimentarias (como el vegetarianismo o el veganismo) o la eliminación de categorías enteras de alimentos (como carbohidratos).

- La hidratación con agua se vuelve excesiva, a veces en un intento por saciarse antes de cada comida.

- Se quejan de los alimentos que hay en casa, en ocasiones piden alternativas bajas en calorías; en otras, dejan de comprar refrigerios tentadores.

- Disminuye la cantidad del consumo: se sirve menos comida en el plato o juega con ella y no se la come, y las loncheras regresan completas en la tarde.

- La ropa se ve holgada, ya sea por una pérdida visible de peso o por la decisión de ponerse ropa más grande en un esfuerzo por ocultar la pérdida de peso.

- La energía baja considerablemente y el ánimo se desinfla (demuestra menos emoción que de costumbre) o hay altibajos.

Los datos son bastante claros: excepto en situaciones específicas, la pérdida de peso nunca es el objetivo de un niño en crecimiento. A algunos preadolescentes o adolescentes con sobrepeso les vendría bien detener o disminuir el ritmo con el que suben de peso. Pero es excepcional el caso en que sea apropiado someter a un chico en desarrollo a un programa para bajar de peso.

Aquí las cosas se ponen más delicadas: los patrones de cambio de peso son fuentes claras de estrés en las familias y es frecuente que a los adolescentes que viven en estos cuerpos cambiantes no les gusta lo que están viviendo. En cuanto los adultos empiezan a hacer sugerencias, se pueden sentir avergonzados, poco atractivos o juzgados. Ahondaremos en la sección de cómo hablar del tema, pero lo hacemos aquí porque es cuestión de ciencia. Por qué suben de peso, cuánto deberían subir cuando se están desarrollando y cómo se sienten cuando suben mucho o muy poco altera su salud física y mental.

No hemos mencionado el género en lo referente al aumento de peso porque los adolescentes de todos los géneros pueden subir de peso (y lo hacen). Sin embargo, el género sí dicta la distribución del peso. Un cuerpo en la pubertad con más testosterona que estrógeno (hombre biológico) se inclina a la masa muscular magra más que a la acumulación de grasa; con más estrógeno que testosterona (mujer biológica) ocurrirá lo contrario. Ésta es la razón por la que se espera que las mujeres biológicas tengan una composición promedio de grasa corporal más alta que los hombres biológicos. Desde una perspectiva evolutiva, estas diferencias innatas tienen sentido: una mujer biológica que alberga un feto necesita tener energía suficiente, y se accede a dicha energía mediante los depósitos de grasa. En general, los cuerpos con cromosomas XX también están programados para desarrollar caderas y pelvis más anchas para alojar a un bebé que pase por el canal del parto; del mismo modo, les crecen los senos (cuya composición es mayormente de tejido graso) para alimentar a los futuros bebés. Mientras tanto, el clásico recolector-cazador tenía más masa muscular magra para cazar animales y correr si la fuente de proteína lo perseguía. En estos días, las mujeres siguen necesitando esas fuentes de energía durante el embarazo, pero los hombres ya no tienen que escapar de un bisonte en el supermercado.

 ## QUÉ HA CAMBIADO EN LOS ÚLTIMOS 20, 30, 40 AÑOS

En todo el mundo, en todos los países industrializados, el individuo promedio tiene sobrepeso respecto de una o dos generaciones previas. Es el caso entre adultos, adolescentes, preadolescentes y niños pequeños. Mientras tanto, las estaturas promedio no han cambiado.

La comunidad médica denomina este fenómeno como una epidemia de obesidad. La palabra *obesidad* quiere decir que el índice de masa corporal (IMC) de una persona supera cierto umbral. El IMC se ha vuelto un índice controvertido pues no todo el mundo coincide en que este cálculo debe ser el criterio para medir la salud. Para hacer las cosas aún más confusas, las cifras absolutas en la escala del IMC son distintas según la edad. Por ejemplo, los niños entre 1 y 3 años deben tener un IMC más alto que el de los adultos. Los organismos que apoyan el movimiento de aceptación corporal no están de acuerdo con la terminología, porque algunas investigaciones demuestran que etiquetar a alguien de obeso puede perjudicarlo severamente en el plano psicológico y emocional. Mientras tanto, asociaciones médicas, como la Academia Americana de Pediatría, han dado recomendaciones para abordar el sobrepeso con la intención de mejorar la salud física, pero han recibido severas críticas por ofrecer soluciones extremas para los niños pequeños. Más allá de las cifras en la báscula, uno de los cambios más notorios en las últimas generaciones es semántico, se ha vuelto más grande el abismo entre ambos extremos. Es difícil imaginar que se llegue a un consenso.

Lo que sigue son los datos más recientes que recurren a la terminología médica, el lenguaje que emplean los médicos y científicos, pero que no necesariamente la aceptan todos. Las tasas de obesidad entre las infancias y las adolescencias han aumentado de 4 por ciento en la década de 1970 a 20 por ciento en la actualidad. Más de uno de cada cinco niños están obesos, una estadística asombrosa hasta que contemplas que también más del doble de todos los adultos en Estados Unidos (42 por ciento). Y otro 31 por ciento de la población adulta tiene sobrepeso (la definición del sobrepeso es un IMC elevado, pero no tan alto como en el caso de la obesidad). Esto significa que cerca de 75 por ciento de los adultos en este país tiene más peso del que recomiendan los médicos; en la esfera global, esta cifra es de 39 por ciento. Cuando a los adultos les preocupa que un niño suba de peso es justificado... pero no son sólo las infancias.

Cuando una persona de cualquier edad tiene sobrepeso, su equilibrio hormonal cambia. Ya lo vimos en los capítulos 3 y 6, pero éste es un recordatorio breve: el exceso de tejido adiposo produce niveles mayores de hormonas sexuales circulantes debido a la conversión periférica. En los cuerpos que aún no entran a la pubertad se cree que estos cambios hormonales e incrementos pueden acelerar la llegada de la pubertad, ya sea indicando de manera directa al tejido de los senos que crezca o estimulando el hipotálamo del cerebro para que empiece a segregar GnRH, lo que a su vez promueve el circuito de retroalimentación de la pubertad. Las cifras son un poco dispares, algunos estudios responsabilizan a los niveles más elevados de andrógenos del inicio de la pubertad en vez de los estrógenos (o además de ellos). En cualquier caso, sabemos que el peso corporal excesivo altera la llegada de la pubertad entre todos los géneros.

A la par de las conversaciones sobre el sobrepeso: muchos adolescentes (y adultos) que no quieren ser parte de las estadísticas se esfuerzan —a veces demasiado— para controlar el peso. Dedicamos todo un capítulo a la imagen corporal en la pubertad (capítulo 14), pero queremos mencionar aquí que en las últimas décadas nuestra cultura centrada en la imagen ha exacerbado estos problemas. Las redes sociales han avivado esas llamas, no sólo porque idealizan ciertos cuerpos para todos los géneros, sino porque también ofrecen interminables soluciones para conseguirlos, una abrumadora madriguera de información. Un ejemplo drástico es el contenido *pro-ana*, que fomenta conductas asociadas con el trastorno de anorexia nerviosa. Quienes siguen las peligrosas tendencias en línea pueden ser etiquetados de saludables o aspiracionales hasta que se hace evidente que, de hecho, están enfermos.

Otro cambio importante en la dirección opuesta es el acceso a la cirugía plástica, en particular el aumento de curvas. Los procedimientos cosméticos se han vuelto la norma en todo el mundo. Existen muchos argumentos en favor de las inyecciones, los *liftings* (o levantamientos) y las cirugías para cambiar por completo el cuerpo y mejorar la autoestima. No obstante, los objetivos de belleza se han vuelto particularmente dudosos cuando los levantamientos de glúteos *a la brasileña* definen el nuevo ideal; una silueta, por cierto, que desafía la descripción escrita, así que si nunca has visto uno, mejor búscalo ahora. Los implantes de la cabeza a los pies hacen posible conseguir curvas espectaculares, pero nunca de manera natural. Las Kardashian se encargaron de popularizar esta tendencia, pero para darles crédito, en los meses en los que hemos estado escribiendo este libro han hecho público que se han quitado muchos de sus implantes. Quizás, ahora que sus hijos están entrando a la pubertad han empezado a entender el efecto que tienen estos objetivos corporales tan dependientes de la cirugía.

Aunque los ideales del cuerpo masculino siempre han existido, en estos días se reconocen públicamente. Hemos progresado mucho en admitir que los adolescentes tienen la misma presión que las chicas: el estándar de un abdomen de lavadero puede ser igual de devastador para los hombres que el estándar de una cintura pequeña lo es para las mujeres. Pero nuestra cultura aún no hace tanto por aliviar la presión de los adolescentes. Todo lo contrario; para ellos la cirugía plástica también es una solución. Recurren a otras estrategias para aumentar la masa muscular, como consumir proteína en polvo, suplementos herbales y otros aditivos que prometen agregar volumen, con poca información o ninguna que lo sustente. El mercado —y la mercadotecnia— para estos productos se ha disparado en el curso de estas décadas, y la búsqueda para aumentar masa muscular se ganó un nuevo nombre: vigorexia.

Más allá de los cuerpos masculinos y femeninos, un último cambio tectónico ha sido el reconocimiento de lo que experimentan las adolescencias trans y quienes cuestionan su género mientras están en la intersección del crecimiento acelerado, el aumento de peso y la aparición de curvas. En el capítulo 19 tratamos el tema con detalle, pero seríamos negligentes si no lo mencionáramos aquí también, porque los temas que cubrimos en este capítulo representan algunas de las manifestaciones externas más evidentes de la expresión de género. Para quienes están considerando tomar bloqueadores hormonales, o ya los están tomando, tengan en cuenta que cuando estos medicamentos suelen retrasar el cierre de las placas de crecimiento dan como resultado un aumento continuo de estatura. De acuerdo con el género en cuestión, esto puede tener sus propias y complejas implicaciones mientras el adolescente no deja de crecer.

 ## CÓMO HABLAR DE ESTO

Las y los preadolescentes y adolescentes son expertos en compararse con los demás. A medida que crecen y su cuerpo va cambiando, también van monitoreando la transformación de sus amigos y conocidos, determinando minuto a minuto dónde encajan en el espectro que consideran "normal". Esta rutina es agotadora tanto para las adolescencias como para los adultos que viven con ellas.

Incluso si no nos cansamos de repetirles a las y los adolescentes que *nadie* es normal, que las posibilidades son infinitas, la mayoría no se la cree y sigue comparándose. Tiene sentido si consideramos que la palabra *normal* pierde toda credibilidad durante la adolescencia (¡como debería!), cuando todos parecen cambiar de tamaño, silueta, peso y constitución, y sentirse bien al respecto. Es mucho pedir.

En un salón de secundaria, el chico más alto le puede llevar hasta medio metro al más bajito, o el más corpulento, 18 kilos al más delgado; las niñas con senos desarrollados que ya usan brasieres de adulta se sientan junto a las niñas de pecho plano; niños con los bíceps bien definidos juegan en el recreo con otros sin musculatura visible. Es completamente natural que esos adolescentes se pregunten: *¿Por qué estoy tan alta?*

¿Por qué estoy tan bajito? ¿Por qué soy la única con senos? ¿Por qué estoy tan flaco? ¿Por qué peso más que todos?

Cuando hablamos con nuestros hijos sobre en qué categoría de la pubertad entran, ayuda ser consciente del monólogo interior que transcurre en su mente. Ni un chico, ni uno solo, se sienta en su cuarto en las noches pensando: *Mi cuerpo es perfecto. Me estoy desarrollando justo como debería, me encanta cómo me veo.* Por eso, incluso si al verlos los adultos pensamos: *Fiu, todo va bien, ¡todo está pasando tal como debería!*, es muy probable que no estemos en la misma frecuencia. Los adolescentes se ven imperfectos, discordantes.

Nuestra mayor influencia consiste en normalizar que no hay nada estandarizado en el crecimiento. Para ser honestas, necesitamos omitir por completo la palabra *normal* y definir qué está sucediendo en términos globales, vagos pero realistas. Si tienen sugerencias de cómo sustituir *normal*, las escuchamos.

Mientras tanto, éstas son algunas estrategias para demostrarles a los adolescentes que la normalidad —así, para sorpresa de todos— tiene un rango amplísimo.

Reconoce, no desestimes

Cuando intentamos tranquilizar a nuestros hijos es tentador desestimar sus preocupaciones. El truco a la hora de reaccionar ante su intranquilidad por cómo sus cuerpos se estiran, aumentan, ensanchan o adelgazan, es hacer que se sientan escuchados y vistos, mientras mantenemos la conversación pacífica. Si llegan de malas, gritando: *Me voy a quedar enano... Tengo la cadera inmensa... Mis hombros están demasiado angostos...* haz lo posible por no reaccionar con el mismo nivel de intensidad. Mejor escucha, asiente, responde con un *mmm*. No es fácil y, seamos honestas, no los ayuda a sentirse menos insatisfechos con su lugar en el panorama de la pubertad. Pero por lo menos les recordará que pueden contar contigo para desahogarse.

Cállate, sí, cállate

Si ves a tu hija y piensas: *Se va a quedar chaparra... Tiene rollitos... Tiene los brazos flaquísimos...* tu labor es no hablar hasta que puedas decir algo sobre su cuerpo. ¡No es fácil! Parece casi imposible evitar hacer comentarios cuando te preocupa su crecimiento o falta de él. Resiste la tentación porque, sin importar lo casuales que creas que son tus comentarios, los niños y las niñas lo escuchan y lo recuerdan todo.

En ese sentido, no denigres tu propio peso o forma corporal frente a tus hijos. Esto crea una cultura familiar que valora la apariencia de los cuerpos, en lugar de lo que hacen o cómo se sienten. Cuando los niños te escuchan ser autocrítico no van a creer que "todo es normal y todos son diferentes". En ocasiones el mejor enfoque es seguir la regla de "no opinar sobre los cuerpos" en casa: no hablar sobre el físico, el peso o la altura de nadie. Encuentren temas menos controvertidos. Ahondamos más al respecto en el capítulo 14.

Si llega antes, abórdalo

Siempre alguien tiene que empezar. En el planeta de la pubertad, son los retoños prematuros. Algunos crecen más que los amigos; a otras les crecen los senos, mientras todas siguen teniendo el pecho plano. Empezar —o hacer algo solos— es un desafío importante. Pero éstos son algunos recordatorios:

- Sigue tratando a las adolescencias de acuerdo con su edad, no con la edad que aparentan, no importa si están más altos, suben de peso, tienen más curvas o más pelo. Podemos seguir acurrucándonos con ellos, jugar juegos bobos: no son adultos, ni de cerca, aunque lo parezcan.

- Adopta el papel del orientador empático cuando necesiten hablar de qué se siente ser el primero, que la gente los trate como si fueran mayores y les pongan expectativas injustas.

- Recuérdales a quienes hacen comentarios sobre el cuerpo cambiante de tu hijo que no lo toleras. Y sigue recordándoselo de ser necesario.

- Si te preocupa que el desarrollo de tu hijo es *muy* precoz, consulta a tu médico. El término *pubertad precoz* describe los cambios de la pubertad que se presentan fuera de la ventana normal y exigen una evaluación médica. Si tienes dudas, consulta a un profesional. Por lo menos para que confirmes que todo está bien.

Si llega después, abórdalo

También es duro llegar al final. Los retoños tardíos que van en la retaguardia de la pubertad ven cómo crecen todos mientras ellos esperan su turno. Para algunas personas estos adolescentes lo tienen aún más difícil porque pueden sentir que el tren los dejó.

- ¿Te preocupa que no haya cambios físicos? Antes de asegurarle a tu hija o hijo que todo está bien, consúltalo con un médico. Esto los ayuda a sentirse escuchados. También te tranquiliza.

- Mientras esperan la llegada de la pubertad, es probable que estén cambiando sus amistades y realidades deportivas. Es buen momento para ayudarlos a diversificar sus intereses y actividades para que incluyan cosas que no exijan un cuerpo que ya esté pasando por la pubertad. Arte, cocina, improvisación, artes marciales: tienen un panorama nuevo e interesante.

- Si sus amigos ya cambiaron su estilo de vestir porque sus cuerpos son más altos o ya tienen curvas, ayuda a tu adolescente a cambiar su estilo para que le funcione; dile que aunque no ha cambiado físicamente, en términos sociales y emocionales sí está a la par de sus amigos.

- Nunca adivines la edad de un adolescente: siempre pregunta. Entre la pubertad prematura de estos días y los retoños tardíos de toda la vida, puede parecer que dos adolescentes de la misma edad se llevan diez años. Jugar a adivinar incomodará, por lo menos, a alguno de ellos, así que evítalo. Mejor pregunta.

La pubertad puede ser distinta, incluso bajo el mismo techo

Incluso en la misma familia, las y los adolescentes pueden desarrollarse en momentos muy diferentes, aun compartiendo genes. Esto puede resultar en comparaciones entre hermanos, sobre todo durante la pubertad. Una podría subir más de peso y crecer menos, mientras que la otra crece más y es más delgada. A veces el hermano menor se desarrolla antes y supera con creces al mayor. Y comienzan las olimpiadas de las comparaciones, con la participación de los abuelos, tías, tíos y amigos de la familia: *Ay, no puede ser, ¡estás altísima! Ay, mi vida, subiste mucho de peso, te tengo una dieta estupenda. Uy, hay que meterles carne a esos huesos. A ver, ¿quién es el grande?*

- En vez de ser testigo pasivo de estas interacciones, participa y arranca los comentarios de origen, sobre todo los desconsiderados que pueden dejar huella de por vida, y no para bien. Asume el papel de defensor.

- Normaliza la situación. Si te percatas de que se está acumulando la tensión, no lo ignores. Ayuda a que todos reconozcan qué se siente vivir en el cuerpo que habitan. Se pueden reír juntos e inevitablemente alguien (o todos) llorará. Pero ya lo hiciste público y es la oportunidad perfecta para que las adolescencias articulen lo que sienten, desarrollen empatía y aprendan de uno de sus hermanos que las cosas no son lo que aparentan.

Recuerda, las adolescencias suben de peso antes, durante y después de la pubertad, o no

Vivimos, por una parte, en una cultura obsesionada con las dietas y el fitness y, por otra, una epidemia de obesidad. El tema del peso es cosa seria. Es común que algunos chicos suban de peso considerablemente antes de la pubertad; este fenómeno ya tiene un sobrenombre muy cuestionable: "grasa prepuberal". No nos encanta, así como tampoco otro aforismo sobre los cuerpos adolescentes, según el cual "embarnecen antes de crecer". Las elecciones adecuadas de las palabras pueden ayudar mucho porque no son pertinentes para la mayoría. Algunas estrategias para gestionar las reacciones de las y los adolescentes (o adultos) de cara a las transformaciones corporales incluyen las siguientes:

- Evita los lugares comunes sobre la pubertad: pueden o no ser ciertos y, de todas formas, no consuelan a los adolescentes. Además, suelen ser insensibles.

- Mejor, por insatisfactorio que les parezca en el momento, diles la verdad: los cuerpos se desarrollan en distintos momentos, empiezan cuando están listos y el resultado final es incierto. *Así como la gente tiene distintas personalidades, también tiene cuerpos distintos.* Seguro pondrá los ojos en blanco o resoplará con exasperación, pero por lo menos no estás poniendo expectativas injustas en su cuerpo.

- Siempre recuerda que no tienes idea de cómo se verá al terminar la pubertad. A lo mejor piensas que tienes clara su altura o complexión, pero créenos, el desarrollo de los cuerpos es completamente impredecible.

- Una alimentación saludable, con porciones razonables, y el ejercicio frecuente ayudan a mantener un peso corporal sano. Sin embargo, todas estas cosas también pueden ser fuentes de estrés u obsesión. Cuida a tus infancias y busca ayuda en cuanto empieces a ver señales de alerta. En el capítulo 14 hablamos a detalle de este tema.

- Como todos sabemos, el peso fluctúa en el curso de toda una vida. El final de la pubertad no es un destino, es un escalón.

Ser testigos de cómo nuestros adolescentes crecen, suben de peso y les salen curvas puede ser fascinante, emocionante e incómodo en la misma medida, para nosotros y para ellos. Y como todos experimentamos las mismas transformaciones, es inevitable proyectar nuestras experiencias: lo bueno, lo malo y lo incómodo. Dejemos de preguntar:

¿Cuánto mides? ¿Cuánto pesas?, mejor preguntemos: *¿Cómo se siente tu cuerpo esta semana? ¿Qué cambios has notado?*, para ayudar a las y los adolescentes a escuchar a su cuerpo y cuidarlo durante este proceso de cambios. En última instancia, los ayudamos más cuando dejamos de hablar de temas cuantificables como el peso y la altura y mejor hablamos de temas cualitativos, como el conocimiento del cuerpo y las emociones.

 QUÉ OPINAN QUIENES YA ESTÁN DEL OTRO LADO

R. F., él, 17 años

Mi estatura, peso y tamaño ya son muy normales, pero a los 12 era mucho más alto y grande que todos los de mi edad. Nunca fue algo malo, pero tampoco diría que divertido. Me encantaba poder hacer rebotes, bloqueos y clavadas en las canastas más altas, pero nadie considera lo incómodo que es llegar antes a la pubertad.

Cuando entré a la pubertad antes que todos los de mi edad, el vello en las piernas, la voz entrecortada y la diferencia de estatura hicieron que fuera un poco doloroso. Pero lo más doloroso fue la mala coordinación por el estirón. Nunca fui malo en los deportes, pero por mi nueva altura no fui el mejor ni en básquet ni en futbol. Pateaba muy duro sin querer y mis tiros siempre le pegaban al tablero.

De lo que sí me di cuenta fue de que me empezaron a tratar distinto en comparación con todos los de mi edad. No parecía que iba en secundaria, así que me trataban como si fuera mayor. No fue útil ni dañino, pero creo que tuvo más repercusiones para los otros chicos a quienes trataban como niños frente a mí. Me veía más grande; no me comportaba como si lo fuera, pero sí sentía que debía comportarme de esa manera.

Llegar antes a la pubertad no cambió muchas cosas en mi vida, pero en ese momento se sintió importante. Si alguien me hubiera dicho que todos me iban a alcanzar en cierto punto, y que incluso podría ser un regalo terminar la pubertad antes que todos, me habría reído pero también me habría sentido tranquilo. Y creo que así es: no es la época más fácil, pero sí la terminé antes que los demás. Y aunque también es difícil para quienes viven lo opuesto, es bueno saber que todos se ponen al día.

R. E., ella, 21 años

De pequeña era más baja que todos los de mi edad. Me dijeron que las tallas de la ropa de niña corresponden a la edad, pero ¿entonces por qué mi ropa decía "de 6 a 7" si tenía 12 años? ¿Por qué mis amigas se compraban ropa de mujer en la prepa, pero yo seguía adquiriéndola en la sección de adolescentes? Me dijeron que era bajita por mi genética y que tenía que comer más para que mi delgadez no se volviera poco saludable. Mi doctor me dijo que era un retoño tardío. Constantemente me decían que no estaba presentando las señales "normales" para mi edad, pero que no debía preocuparme porque pasaría después.

A finales de la prepa, el doctor confirmó que había dado el estirón y que había subido más peso que nunca. La enfermera y el doctor no dejaban de hablar de todo lo que había subido y cómo estaba cambiando mi cuerpo. Si era bajita y un retoño tardío, ¿por qué mi cuerpo había decidido cambiar de repente? Me dio vergüenza e, irracionalmente, creí que había hecho algo para causar esos cambios. Siempre me habían etiquetado de ser de talla pequeña, retoño tardío, bajita, le prestaban mucha atención a mi aspecto físico, y cuando manifesté estos cambios temía que me pusieran todavía más atención. Debido a que experimenté esto más tarde que mis compañeros, sentí que estaba en el centro de la mirada de todos y que tenía que pasar por esto sola.

Me encantaría poder decirle a mi yo de entonces que no había nada de lo que avergonzarse. La pubertad es incómoda, al igual que los cambios del cuerpo. Todos la vivimos, a nuestro ritmo y tiempo. Las infancias deben saber que acaba y que los cambios son normales.

Capítulo 10

Sueño

Es curioso cuando tratamos una necesidad biológica como un lujo, pero así suele ser nuestra relación con el sueño. Como resultado, todos parecen tener opiniones al respecto: la cantidad que *se supone* debemos dormir, la cantidad que realmente *necesitamos* dormir, los colchones ideales, los tipos de almohadas, qué tan oscuro debe estar nuestro cuarto, puerta cerrada o abierta, etcétera. El sueño es un tema muy personal. Y esto es porque pasamos casi un tercio de nuestra vida durmiendo, o eso deberíamos hacer. El sueño es una necesidad y un disfrute, y si no lo procuramos, el cuerpo se rebela y lo exige. Pero su cantidad no es binaria, porque varía el tiempo que se requiere para descansar. Sin embargo, *es* binario en el sentido en el que el sueño profundo y restaurador es maravilloso además de saludable, y el sueño inquieto o insuficiente es nocivo.

 ## EMPECEMOS CON LA CIENCIA

Debido a su importancia, el sueño ha creado todo un campo científico en expansión que estudia las cantidades ideales. Se ha demostrado una y otra vez que, de acuerdo con la edad, el rango de horas que debemos dormir en un ciclo de 24 horas es más o menos así:

Recién nacidos y bebés: 14-16 horas
Niños en edad preescolar: 12-14 horas
Niños en edad primaria: 10-12 horas

Niños en edad secundaria y preparatoria: 8-10 horas
Adultos: 7-10 horas; depende de a quién le preguntes

En general, los recién nacidos, los bebés y las infancias en edad pre-escolar son muy buenos para dormir lo que necesitan porque lo exigen: cuando no los acuestas gritan y lloran. A veces los padres primerizos no reconocen esta señal, pero cuando un bebé te grita, se talla los ojos, se niega a comer y rechaza cualquier esfuerzo para distraerlo o consolarlo, es muy probable que esté cansado. No siempre, pero casi siempre.

Cuando nos hacemos mayores empezamos a negar nuestra necesidad de dormir. A veces tenemos demasiadas cosas que hacer y nos sentimos obligados a permanecer despiertos; otras veces la diversión apenas comienza cuando es hora de dormir. Como la vida —en particular la escolar y laboral— tiende a ajustarse a un reloj rígido que comienza relativamente temprano por la mañana, si quieres dormir las horas que necesitas tienes que ceder. De lo contrario, sufre las consecuencias.

Cuando dormimos, aunque a veces decimos que "no hacemos nada", el cuerpo logra muchas cosas, pero solemos infravalorarlo porque no somos conscientes (en sentido literal y figurado) de lo que pasa en el organismo. Para quienes necesitan convencerse del valor del sueño es útil saber qué hace por nuestro cuerpo. La lista es tan extensa que, en su versión detallada, puede ser agobiante: una lista interminable nunca ayuda a promover intervenciones en el estilo de vida. Para simplificarlo, a continuación esbozamos cuatro de los efectos biológicos más importantes que pueden ser más interesantes para los preadolescentes, adolescentes y veinteañeros. Compártelos o invítalos a leer este capítulo, y seguro se irán a acostar un poco más temprano.

1. **Durante el sueño se almacenan los recuerdos:** cuando dormimos el cerebro revisa los sucesos e información del día para decidir qué conservar y qué desechar. Almacena alguna información en bancos de memoria de fácil acceso; otra, en los recovecos profundos de la memoria a largo plazo y se deshace por completo del resto. Por eso, estudiar toda la noche antes de un examen es menos eficaz que acostarse: es mucho más difícil tener acceso a la información que

intentamos memorizar deprisa en la madrugada, en vez de dormir las horas que se necesitan para integrar dicha información en la memoria.

2. **El sueño restaura el estado de ánimo:** todos lo hemos pasado, pero es importante ponerle nombre, sobre todo para las adolescencias con otro tipo de altibajos emocionales. Después de una noche de poco sueño o de mala calidad, algunos se sienten inquietos; otros se quejan de todo y otros permanecen callados. Algunos tienen una resistencia impresionante, pueden reponerse, pero incluso ellos reportan no sentirse al cien. A todos nos ha pasado.

3. **El sueño altera el metabolismo:** desde hace años se ha asociado el sobrepeso con el sueño de mala calidad o insuficiente. Históricamente, se culpaba a comer de madrugada: quienes no podían dormir seguramente estaban comiendo. Si bien es el caso de algunos, resulta que no es el motivo por el cual la mayoría que no duerme bien tiene sobrepeso. Este fenómeno es causado por dos hormonas, la leptina (se produce en las células grasas e indica la saciedad) y la grelina (un péptido que se produce en el estómago y que estimula la sensación de hambre). La leptina y la grelina son como dos amigos en un sube y baja.

   Durante las horas de vigilia, disminuye la leptina y aumenta la grelina. Durante el sueño se restaura el equilibrio cuando aumentan los niveles de leptina y disminuye la grelina. Cuando no duermes suficiente la leptina no aumenta lo suficiente y la grelina no disminuye lo suficiente, por lo que al día siguiente el cuerpo siente más hambre de lo normal. Por eso dormir bien influye directamente en la sensación de hambre y saciedad.

   Estas hormonas también funcionan a nivel celular, determinan cómo cada célula utiliza la energía. La leptina aumenta el gasto de energía, es decir, le permite a una persona utilizar las calorías derivadas de la comida que recién ingirió, y la grelina hace lo opuesto: disminuye el gasto de energía para almacenar las calorías de los alimentos para usarlas otro día. Con sueño suficiente, la leptina es alta y la grelina baja, y gastamos la energía que obtenemos de los alimentos en las actividades del día. Nos sentimos de maravilla, tenemos "mucha energía". Pero con sueño deficiente la leptina no es tan alta y la grelina no es tan baja, por lo que el cuerpo almacena energía en forma de grasa. La guarda para épocas de vacas flacas y no confía en que el cuerpo se cuide bien, que esté bien descansado o alimentado. Un cuerpo que no está descansado almacena combustible para después y guarda energía, pero te deja exhausto.

4. **Cuando duermen, ¡crecen!** Quizás el principal motivador para que las y los adolescentes se acuesten temprano es que cuando duermen, crecen. La hormona de crecimiento proviene de la glándula pituitaria, responsable de producir HL y FSH. Dato curioso: pese a su nombre, la hormona de crecimiento tiene diversas funciones en el organismo, muchas de las cuales no tienen nada que ver con el crecimiento, sino que influyen en la función cardiaca, el equilibrio de glucosa y la mineralización ósea.

   El sueño detona un patrón específico similar a un pulso de liberación de la hormona de crecimiento. El crecimiento se registra cuando hay una cantidad mínima de hormona de crecimiento en el cuerpo, luego se producen más hormonas a manera de ráfagas y las concentraciones son tan elevadas que los huesos crecen. (Nota al pie: las placas de crecimiento también deben estar abiertas; si están cerradas, no hay crecimiento.) Esta producción de hormona del crecimiento se da mientras duermen, por eso los papás pueden —y deben— explicar a sus adolescentes que crecen cuando duermen. No es cuestión de una noche. Tampoco de dormir la siesta. *Cuando duermen.*

Ninguna explicación sobre la biología del sueño estaría completa sin mencionar la melatonina, la hormona que se produce en la glándula pineal, en la profundidad del cerebro. Cuando oscurece, la glándula pineal secreta melatonina para indicarle al cuerpo que dentro de poco es hora de dormir. La luz hace lo opuesto, inhibe que se segregue melatonina. Estos circuitos de retroalimentación conforman la base de nuestros ritmos circadianos y los ciclos de sueño/vigilia.

La melatonina no funciona como un interruptor, más bien como un difusor: para que el cuerpo se sienta somnoliento se requiere un par de horas de melatonina elevada. Sin embargo, para algunas personas relajarse fisiológicamente es clave para quedarse dormidas, lo cual es un problema en la vida moderna donde los aparatos eléctricos de luz artificial son rivales directos de la secreción de la melatonina. Cuando estamos en un espacio iluminado el cerebro se mantiene despierto y alerta, incluso si afuera está oscuro. A esto súmale toda clase de estimulantes —música, tele, cafeína, azúcar— y de pronto la melatonina tiene mucha competencia. Algunos investigadores han estudiado con especial interés el efecto de las pantallas en la secreción de la melatonina, sobre todo ahora que los aparatos son cada vez más portátiles y omnipresentes. Se ha asociado la luz azul que emiten los teléfonos, iPads y pantallas de computadoras con una reducción en la secreción de la melatonina, por eso las pantallas mantienen el cerebro despierto más tiempo. Resulta que ajustar la luz a amarillo ("modo noche") minimiza la interferencia y fomenta los ritmos circadianos más normales. También es importante resaltar que, sin importar el color de la luz que emana la pantalla, muchas personas se desvelan por el contenido: mandan mensajes, ven videos, revisan las redes sociales o leen noticias alarmantes. Todo esto contribuye a culpar a los aparatos —con sus múltiples obstáculos para conciliar el sueño de niños y adultos—; se lo merecen.

Una nota sobre la secreción de melatonina que es exclusiva de las adolescencias: en el transcurso de esta etapa la glándula pineal secreta melatonina cada vez más tarde por la noche, por eso muchos se quejan de no quedarse dormidos incluso cuando se acuestan a una hora razonable. Aunque es una verdad absoluta que su detonante químico para relajarse se atrasa entre una y dos horas, pueden entrenar a la glándula pineal para que entre en el ritmo deseado. Es probable que un adolescente que a diario se acuesta a medianoche y una noche a las 10 p.m. no concilie el sueño tan fácil, pero si se lava los dientes, se pone la pijama y apaga la luz alrededor de las 10 p.m. cada día, con el tiempo la segregación de melatonina se adaptará a su rutina.

El sueño es importante y no dormir suficiente puede ser problemático. Información reciente sugiere que el sueño deficiente está relacionado con cambios físicos en la estructura cerebral, lo que modifica la atención y el control de la inhibición. Parece ser el caso de las infancias en edad primaria que no duermen nueve horas diarias. Algunos estudios demuestran que cuando estos niños con falta de sueño crecen, enfrentan tasas más altas de depresión, ansiedad y conducta impulsiva, así como desafíos para resolver problemas y tomar decisiones. Sin duda, entre que escribimos este libro y ustedes lo leen, se publicará más información que sustente las virtudes a largo plazo de un sueño reparador, lo que los investigadores y pediatras denominan, con elegancia, "higiene del sueño".

 ## QUÉ HA CAMBIADO EN LOS ÚLTIMOS 20, 30, 40 AÑOS

En las décadas pasadas se ha valorado la importancia del sueño. Las investigaciones al respecto datan del siglo XVIII, pero en la década de 1950 dieron un paso enorme con el descubrimiento del sueño de movimiento ocular rápido (REM, por sus siglas en inglés). Hasta este momento, buena parte de los estudios en torno al sueño se habían centrado en entender los sueños, pero hacia finales del siglo XX muchos investigadores cambiaron de enfoque y empezaron a explorar los trastornos del sueño como la narcolepsia, la apnea del sueño y el insomnio, lo cual resultó en un conocimiento más amplio de las implicaciones biológicas del sueño.

También se ha esclarecido la idea de los ritmos circadianos. En nuestra infancia se popularizó el término *reloj corporal*. La idea era que todo el cuerpo estaba sincronizado a un ritmo de 24 horas, lo cual tenía sentido. Sin embargo, hoy algunos investigadores han documentado relojes individuales para cada órgano del cuerpo. Algunos tienen ciclos de 24 horas, pero otros de 23 o 25, e incluso otros cambian con las estaciones o el sol. En sueño en general y la melatonina en particular son fundamentales para mantener los relojes corporales en sincronía.

No obstante, el cambio más importante —mayor incluso que entender los beneficios del sueño— es que el sueño se ha vuelto codiciado... al menos por los mayores. Si bien casi todos los adolescentes recuerdan que les hablaron una y otra vez sobre las virtudes del sueño reparador, fue hasta el siglo XXI que este concepto se popularizó socialmente. El sueño se ha ganado un estatus: los lugares de trabajo reconocen la necesidad de semanas laborales más cortas e incentivos para irse de vacaciones. Del mismo modo, las escuelas están empezando las clases más tarde para que los niños duerman más. En algunos estados de la Unión Americana, como California, entrar más tarde a la escuela ya es una ley. En última instancia, es más fácil para un padre convencer a un niño que se acueste cuando el resto del mundo lo normaliza e incluso lo celebra.

CÓMO HABLAR DE ESTO

Desde el primer día de vida, el sueño puede ser un campo de batalla: intentamos dormir a un recién nacido a toda costa, después convencemos a un niño en edad preescolar de acostarse, lo cual no es nada comparado con negociar con un niño en edad primaria la hora de dormir o batallar con un adolescente por quedarse despierto hasta tarde para hacer la tarea o jugar. Cada edad tiene motivos relacionados con el desarrollo y el contexto, pero los años adolescentes parecen conllevar una serie de complicaciones vinculadas al sueño: acceso a las redes sociales, socialización (en línea y en persona), presiones académicas cada vez más fuertes y ritmos circadianos cambiantes. Sin mencionar que los adultos pierden el poder de sencillamente mandar a sus hijos a la cama, cuando ahora esos niños son quienes arropan a sus padres.

Ya no necesitamos más información para demostrar la importancia del sueño —no existe ningún estudio que diga que el sueño no importa y que no debemos priorizarlo—, así que surge esta pregunta: ¿cómo comunicar la importancia del sueño para convencer a nuestros hijos? ¿Cómo persuadirlos de irse a dormir cuando todo su ser los invita a contradecir nuestros consejos y reglas?

Aborda lo que más les importa: crecer

A la mayoría de las adolescencias les preocupa mucho cuánto van a crecer. No es cuestión de género, pero en especial les preocupa a los chicos. En buena medida porque la sociedad valora la altura de un hombre, aunque el objetivo varía según el lugar y la familia. Es imposible prometerle a un chico que dormir cierto número de horas cada noche le va a garantizar una estatura precisa, sobre todo si sus padres están por debajo de su estatura ideal. Pero sí le puedes decir —y es verdad, no invenciones de los papás— que dormir bien les permitirá crecer lo que su genética dicte. No tiene que ser un sermón interminable; de hecho, es mejor si no lo es. Breve y conciso, aprovecha un momento tranquilo (pero no en plena pelea para que se vaya a dormir): *Leí algo muy interesante —al parecer, los adolescentes crecen mientras duermen—, así que si quieres crecer lo que tu genética te permita, intenta dormirte más temprano.*

Enfócate en las sesiones de estudio que se realizan de madrugada

Constantemente las familias nos comparten que la batalla para que sus adolescentes se duerman más temprano va de la mano con la presión académica intensa. El peso que sienten las infancias para sacar buenas calificaciones es tan grande que se desvelan haciendo tarea, estudiando para exámenes o haciendo proyectos. Ya de por sí muchos chicos están estresados, por motivos emocionales y físicos, y ahora, encima de todo, no duermen lo necesario. Los cuatro beneficios enormes del sueño —restauración del estado de ánimo, almacenamiento de recuerdos, equilibrio metabólico y crecimiento— se vuelven inalcanzables si se desvelan con frecuencia. Necesitamos darles permiso de dormir. Convéncelos con ciencia (porque tu opinión no los convencerá): *Mientras duermes almacenas tus recuerdos, así que llega un punto en el que es mejor dormir y almacenar lo que acabas de aprender, en vez de seguir estudiando.*

Disputa la batalla de los aparatos (¡y triunfa!)

El estira y afloja de los aparatos es real. Por una parte, las adolescencias socializan en sus aparatos; las redes sociales, videollamadas y mensajes de texto son igual de importantes como lo fueron los teléfonos alámbricos en nuestra generación. Sus aparatos los conectan de maneras que no entendemos, incluso si creemos hacerlo. Tras la pandemia que alteró profundamente su capacidad de socializar y conectar con otros chicos, muchos nos hemos sensibilizado y ya no demonizamos los aparatos porque hemos visto lo útiles que pueden ser. Por otra parte, las estadísticas indican que las infancias deben dejar las pantallas una hora (si no es que dos) antes de dormir para darle al cerebro una pausa ante los estímulos y la luz azul, fomentando así el incremento de la melatonina. Más aún, hay que llevar estos aparatos —no sólo los teléfonos, también las computadoras, iPads y videojuegos— fuera de la habitación porque dormimos mejor sin las notificaciones, vibraciones y sonidos. (Dato curioso: este consejo no es sólo para los adolescentes.)

Pero te deseamos buena suerte al tratar de convencerlos. Estas reglas exigen monitoreo y refuerzo constante porque las van a romper más veces de las que las respeten. Es difícil terminar la rigurosa tarea y no divertirse parte de la noche para descansar más. Y cuando pasa algo emocionante, cuando se inicia un hilo de mensajes y se torna embriagante, es casi imposible soltar el teléfono. Es una lata, sí, pero vale la pena repetirlo todas las semanas (o diario) porque hay que recordarles (varias veces) por qué quieres que apaguen los aparatos: *Ya sé que parezco disco rayado, pero mi labor es mantenerte sana y asegurarme de que duermas lo suficiente, es hora de apagar el teléfono y prepararte para acostarte.* Después, da el ejemplo y haz lo mismo.

Demuestra el efecto en su estado de ánimo

Los adultos sabemos lo mal que nos sentimos cuando no dormimos bien —irritables, de mecha corta, mal rendimiento—, así que cuando identificamos esas conductas en nuestros adolescentes es posible que se deba a que no durmieron bien. En vez de regañarlos por portarse así, apela a tu curiosidad: ¿qué pasa después de darles las buenas noches? Algunos se esconden para ver sus aparatos, otros leen y muchos dan vueltas en la cama sin poder conciliar el sueño, la mente les da vueltas con lo que pasó durante el día. Te podrá parecer clarísimo (por supuesto que están de malas, ¡no durmieron bien!), pero a lo mejor ellos no han atado cabos. Ayúdalos: llega al fondo de las cosas, señala que la falta de sueño altera el estado de ánimo. Funciona mucho mejor cuando te pones como ejemplo: *¿Te acuerdas cuando estuve de malas e irritable contigo?*

Me desvelé en la noche viendo una serie nueva en Netflix. Al otro día estaba de pésimo humor porque no dormí bien. A veces me doy cuenta cuando tú no dormiste bien. ¿Y tú?

Para algunos, el reto del sueño nunca termina. Pero comprender la razón —por qué el sueño es importante, por qué te hace sentir mejor, por qué te cambia el nivel de energía y el rendimiento en la escuela y el trabajo— es crucial para tomar conciencia. Con el tiempo, desarrollamos una mejor rutina para acostarnos, tanto adolescentes como adultos. Mientras tanto, prepárate para repetir hasta el cansancio: *Es hora de acostarse. Es hora de dormir, mi vida. Ey, amigo hora de dormir. ¡HORA DE ACOSTARSE!*

QUÉ OPINAN QUIENES YA ESTÁN DEL OTRO LADO

R. E., ella, 21 años

En la preparatoria no priorizaba el sueño. Llegaba de la escuela, dormía una siesta y empezaba a hacer la tarea, iba a clases de baile, regresaba y seguía haciendo la tarea toda la noche. En segundo de preparatoria dormía seis horas si me iba bien, y por lo general, entre cuatro y cinco. Durante las noches previas a exámenes o presentaciones importantes dormía hasta tres. *Siempre* estaba cansada, lo que me dificultaba trabajar de día.

La falta de sueño perjudicó mi ciclo y hábitos de sueño, sin mencionar mi sistema inmunitario, pero sobre todo mi estado de ánimo. Siempre estaba tensa, con las emociones a flor de piel. Ya en la universidad seguí con la misma rutina. Podía levantarme tarde, así que dormía más horas en general, pero de todas formas me acostaba muy tarde. Créelo o no, ahora me canso mucho más temprano. Mi mal horario de sueño de la preparatoria es el mismo de la universidad, y no es sostenible. Ahora que curso mis últimos semestres me habría gustado haber adoptado mejores hábitos de sueño en la preparatoria.

Más allá de necesitar dormir para ser un ser humano funcional, me he dado cuenta de lo importante que es dormir bien para ser feliz. Si no he dormido suficiente, puedo predecir el colapso que tendré cuando acabe la semana. Es difícil disfrutar mis clases y pasar el tiempo con mis amigos cuando apenas logro mantenerme despierta y lo único que quiero es dormir. Siempre pensaba que dormir era para los débiles; debía seguir estudiando más horas o terminar la tarea o incluso perder tiempo en el teléfono para relajarme después de estudiar toda la noche, pero ahora aconsejo dormir. Es muy importante y nunca creí necesitarlo porque pensaba que estaba bien sin él. En retrospectiva, me doy cuenta de que priorizar mi sueño me habría ayudado, y ahora entiendo cuán importante era adoptar hábitos de sueño saludables desde joven.

Capítulo 11

Desarrollo cerebral

Comprender la confluencia de lo que sucede arriba y debajo del cuello durante la pubertad —es decir, en el cerebro versus en la ingle— esclarece por qué, aunque parece que están madurando, su conducta indica lo contrario. O, dicho de otra forma, por qué las y los adolescentes parecen mayores de lo que sugiere su conducta, y ahora que la pubertad comienza mucho antes, su físico y sus acciones parecen estar más desincronizadas que nunca.

 EMPECEMOS CON LA CIENCIA

El desarrollo cerebral empieza mucho antes del inicio de la pubertad y dura *mucho* más, y lo rigen fuerzas completamente diferentes del organismo. El cerebro alberga un par de glándulas involucradas con el ciclo de la hormona sexual —como el hipotálamo y la pituitaria—, pero su maduración no tiene un efecto directo en los cambios físicos del cuerpo respecto de su capacidad reproductiva. Sin embargo, si contemplamos la situación desde la perspectiva opuesta, la pubertad afecta profundamente el cerebro y su desarrollo. Las hormonas que fomentan la pubertad, como la testosterona y el estrógeno, inundan las neuronas cerebrales, cambian cómo se comunican y, a la vez, cómo actúan y se sienten. Cuando arranca la pubertad, el cerebro no va ni a la mitad de su maduración, es decir, su capacidad de tomar decisiones inteligentes, confiables, "adultas". A su vez, en esta etapa a medias influye todo lo referente a la experiencia social y emocional de la pubertad de manera impresionante. No necesariamente buena, pero no siempre mala.

Empecemos desde el principio. Cuando nacen, los bebés humanos tienen cerca de 100 mil millones de neuronas en el cerebro. Una *neurona* es una célula nerviosa que transmite mensajes a otras células nerviosas. Las neuronas se comunican secretando dosis minúsculas de *neuroquímicos* —como la dopamina, la epinefrina o la GABA, por nombrar las más conocidas— que saltan de la punta donde termina una neurona a la punta donde inicia otra. Algunos neuroquímicos son estimulantes, "activan" la otra neurona de la cadena; mientras otros son inhibidores y envían una señal de "alto". Los neurotransmisores crean un sistema complejo de comunicación entre células nerviosas increíblemente juntas dentro del cerebro.

Cada neurona tiene un cuerpo celular que alberga el núcleo; en esencia, es su centro de control y bodega de su ADN. Del cuerpo celular salen brazos que parecen hebras y se extienden hacia otras neuronas en la región. Estos brazos son de dos tipos: axones largos y delgados, diseñados para enviar señales fuera del cuerpo celular, que les dicen a otras neuronas qué hacer; y dendritas cortas, que parecen ramas diseñadas para recibir las señales de las neuronas vecinas y después transportarlas al cuerpo celular. Cada neurona tiene un axón, pero puede tener varios cientos de árboles de dendritas, lo que le permite establecer miles de conexiones.

Las neuronas se comunican entre ellas por las puntas, el axón rocía un olor a neuroquímico hacia la dendrita receptora. Cuando el neuroquímico embona con su receptor, se traduce en una corriente eléctrica que sube por la dendrita, atraviesa el cuerpo celular y desciende por el axón. Los impulsos eléctricos viajan a una velocidad impresionante por una neurona, mucho más rápido que las señales químicas entre dos células. Entonces, ¿por qué están juntas dos estrategias diferentes? Porque un impulso eléctrico es, en esencia, análogo: sucede o no. Mientras tanto, las señales químicas pueden variar según el tipo, dosis y duración de la secreción neuroquímica, por lo que es más sutil. Las neuronas dependen de dos formas de comunicación distintas —una con un nervio individual y la otra con distintos nervios— para equilibrar la velocidad y el mensaje. Es como mandar la misma carta por mensajería y texto (salvo que los neuroquímicos no tardan cinco días en llegar a su destino y casi nunca los regresan al remitente).

Es fundamental entender esta combinación de señales químicas y eléctricas en la maduración del cerebro en general. Uno de los indicadores de la madurez del cerebro es su capacidad para enviar señales más rápido que antes. Si bien los mensajes químicos entre las puntas de dos neuronas requieren una cantidad de tiempo determinado, cuando el entorno es más propicio las señales eléctricas pueden transmitirse a toda velocidad. Precisamente por esto el cerebro construye una capa de aislante alrededor de los axones: para acelerar la transmisión de sus señales eléctricas. Esta capa, hecha de células grasas, se llama mielina, y el proceso de cubrir los largos brazos de los nervios se llama mielinización. Si se envían dos señales a distintas partes del cerebro al mismo tiempo —una se transmite despacio por una neurona sin mielinizar y otra a toda velocidad por una mielinizada—, la que viaja más rápido prevalecerá, porque cuando un impulso llega a una zona específica del cerebro a toda velocidad el cuerpo puede responder a la señal a la misma velocidad.

El cerebro comienza el proceso de mielinización antes del nacimiento, en la parte más baja y más profunda. Se requieren décadas —cerca de treinta años, sin exagerar— para que la mielina cubra cada célula nerviosa, de abajo hacia arriba y desde el interior. Para cuando las infancias llegan a la preadolescencia, la mielina va a medio camino por el sistema límbico, la parte del cerebro que controla los riesgos y recompensas, la búsqueda de emociones y la motivación. El sistema límbico es el centro impulsivo, que causa felicidad, y puede enviar y recibir mensajes a una velocidad excepcional a partir de los 13 años. Por otra parte, la corteza prefrontal —la zona que piensa en las consecuencias y a largo plazo, apodada la "directora ejecutiva del cerebro" porque toma decisiones inteligentes— se ubica en el parte superior y más extrema del cerebro, justo debajo de la frente. Completará la mielinización dentro de una década y media, tal vez dos. En otras palabras, durante toda la secundaria, preparatoria, universidad y más allá, se envían los mensajes desde y hacia el sistema límbico más rápido (¡casi 3,000 veces más rápido!) que hacia la corteza prefrontal.

Vale la pena repetir la parte de los *treinta años*. Gracias a los avances tecnológicos en las resonancias magnéticas del cerebro y a los estudios de individuos sin padecimientos, las investigaciones demuestran que la mielinización de la corteza prefrontal culmina hasta que un individuo tiene entre 25 y 30 años. Esto explica *mucho* de la conducta de los "adultos" jóvenes durante sus veintes.

En cuanto a la madurez del cerebro en la preadolescencia y la adolescencia: digamos que estás cenando y le preguntas a tu adolescente sobre una fiesta a la que irá más tarde. Mencionas el consumo de alcohol, drogas, los ligues y el sexo. Tienen una conversación superproductiva que cubre absolutamente *todo* lo que quieres escuchar sobre su conducta. Incluso más porque se muestra receptivo, honesto, y el intercambio es sincero sobre qué podría pasar y cómo gestionar cada posible escenario. ¡Es una victoria colosal! Cuando acaban de cenar, se va a la fiesta.

Tiene presente cada escenario que debatieron a pocas horas de haber tenido esta charla importante y profunda. Pero cuando toma decisiones, algunas son opuestas a lo que prometió. ¿Qué pasó? Resulta que los amigos activan el sistema límbico de manera que los adultos no pueden. En la cena, tu adolescente te compartió sus intenciones, pero recurrió a su corteza prefrontal para hacerlo. Sí, tienen corteza prefrontal y pueden recurrir a ella en el contexto adecuado, pero esas vías neuronales no han completado la mielinización, así que los mensajes llegan más lentamente. Cuando las y los adolescentes conviven con adultos, sus sistemas límbicos no se activan, lo que les da más tiempo a los mensajes para llegar a la corteza prefrontal antes de actuar o responder. Pero en una fiesta llena de gente de su edad y muchas oportunidades nuevas y placenteras, los impulsos vuelan entre las neuronas del sistema límbico que está activo —¡qué divertido!, o ¡qué miedo!, o los dos—, mientras que la corteza prefrontal no puede seguir el ritmo. Cuando los amigos suben el volumen mental del sistema límbico, el adolescente no tiene incentivo alguno para esperar con paciencia que una señal llegue con toda calma a la corteza prefrontal que no está mielinizada. Por eso el plan de no tomar ni ligar o lo que sea que hayan acordado termina mal: la presencia de mielina en el sistema límbico, mas no en la corteza prefrontal, resulta en una batalla desigual entre las partes impulsivas y racionales del cerebro.

¿Qué hay de los que *sí* toman buenas decisiones? Recuerda, todas las chicas y los chicos tienen corteza prefrontal —está justo debajo de la frente— y algunos son muy capaces de tener acceso a esa parte del cerebro, sin importar lo que pase en su entorno. Por naturaleza, estos chicos se toman un poco más de tiempo para que los mensajes lleguen a los bordes exteriores del cerebro. Sus sistemas límbicos siguen dominando, pero como no actúan de inmediato, dominan otras áreas del cerebro. Estos mismos chicos tienen umbrales distintos de riesgo/recompensa, muchos han manifestado que no les gusta sentir que viven al límite. Su temperamento también influye, con frecuencia no son el alma de la fiesta y casi siempre detestan correr riesgos. Quienes dan a sus cerebros un poco más de tiempo para transmitir los impulsos de un lugar al otro terminan siendo los "responsables", lo cual conlleva sus propias dificultades.

Ahora queda claro por qué los preadolescentes y adolescentes y, sí, sin duda los veinteañeros hacen las cosas (a veces estúpidas) que hacen. Al interior de su cerebro se libra una competencia y el camino hacia el sistema límbico es más rápido que el camino a la corteza prefrontal hasta que todas las carreteras estén pavimentadas con mielina. Para los 30 años, la carrera está empatada entre las señales que llegan al emocional sistema límbico y la corteza prefrontal, que contempla las consecuencias de los actos. Debido a este fenómeno biológico, denominado *madurez de las células cerebrales*, la toma de decisiones sensatas requiere mucho esfuerzo.

Antes de terminar con el aspecto biológico, es importante señalar que la mielina no es el único factor que determina la madurez del cerebro. La otra pieza del rompecabezas, igual de importante, es la poda neuronal, una versión biológica de: "úsalo o piérdelo". Recuerda que cuando nacemos el cerebro tiene 100 mil millones de neuronas, una cifra que aumenta en los años preescolares. Con el tiempo, el cerebro empieza a limpiar la cantidad de neuronas. Para establecer qué conserva y qué elimina se basa en el uso: preserva las neuronas que ha utilizado. Y con cuanta más frecuencia se usen, más rápido transmiten señales. Es como si las neuronas fueran huellas en la nieve; el sendero con más huellas es el más plano y es más fácil seguirlo.

La combinación de poda y mielinización crea la experiencia: con cuanta más frecuencia se utilicen ciertas vías y cuanto antes se mielinicen, más eficiente será el paso de un mensaje del punto A al B, lo que a su vez implica que más mensajes viajarán por esa ruta.

⏱ QUÉ HA CAMBIADO EN LOS ÚLTIMOS 20, 30, 40 AÑOS

El desarrollo cerebral no ha cambiado, al menos hasta donde sabemos. Pero, por otro lado, los científicos han podido observar imágenes de cerebros de "desarrollo normal" desde hace apenas veinticinco años, con el uso de las máquinas de resonancia magnética (MRI), con las cuales los investigadores han podido analizar la estructura del cerebro. En 1975 se inventaron las tomografías por emisión de positrones (PET, por sus siglas en inglés), que permitieron medir la actividad cerebral documentando visualmente la cantidad de energía que consumían distintas neuronas en diferentes zonas. A finales de los años noventa las máquinas PET y MRI se empezaron a usar en conjunto —un matrimonio científico de ensueño—, lo que catapultó la investigación cerebral al futuro.

Los resultados de estos estudios son muy conocidos y ya los hemos mencionado varias veces en este capítulo: el cerebro concluye el proceso de mielinización hasta casi los 30 años. Saberlo permite a los adultos reconsiderar cómo las y los adolescentes toman decisiones. Pero, más profundamente, ha llevado a un cambio fundamental en lo que consideramos que es un "adulto". Cuando los papás de hoy salieron de la preparatoria en su época, en general se les consideraba capaces de tomar decisiones adultas. Y no porque se comportaran muy distinto entonces: las costumbres sociales dictaban que *ya* se les consideraba adultos. Hoy, con el conocimiento de que a la corteza prefrontal le falta otra década para madurar, los vemos con otros ojos. No es un cambio biológico, sino de percepción.

El otro cambio importante —de nuevo: no en términos del desarrollo cerebral sino circunstancial— es el comienzo prematuro de la pubertad. Hoy en día las hormonas sexuales comienzan a circular por el cerebro a edades cada vez más tempranas. La mielina siempre se ha trasladado a ritmo constante entre las neuronas, milímetro a milímetro, y su presencia en algunas zonas y su ausencia en otras explican la conducta normal de los preadolescentes y los adolescentes.

A este proceso lento, agreguemos los altibajos en los niveles hormonales que circulan por el cuerpo de adolescentes en secundaria y preparatoria.

Como los aluviones hormonales se están presentando antes, pero la mielina aún se acumula año tras año, el cerebro, de por sí parcialmente mielinizado, lo está *menos* cuando arranca la pubertad. ¿Cómo ha alterado el grado de altibajos emocionales? ¿O las decisiones que se toman en la preparatoria? ¿Cómo afecta, además, la vida moderna, como los celulares, en el funcionamiento de los cerebros jóvenes? Estos estudios apenas están en curso. Pero incluso sin la investigación concluyente, notamos con toda claridad cómo afecta el estado anímico de nuestros adolescentes. El capítulo 12 trata en detalle los altibajos emocionales, que están íntimamente ligados a estas últimas oraciones. En términos claros: las actuales infancias en tercero o cuarto de primaria experimentan altibajos emocionales que eran la señal distintiva de los chicos de secundaria.

CÓMO HABLAR DE ESTO

La investigación del cerebro ha progresado en las últimas décadas, al igual que las bromas de los adultos sobre la pésima toma de decisiones de las y los adolescentes. Antes era: *Mi adolescente toma las peores decisiones por idiota*, y ahora: *Mi adolescente toma las peores decisiones porque no ha madurado su corteza prefrontal*. En teoría, hoy muchos adultos entienden que, debido a la madurez del cerebro, los adolescentes no pueden evitar tomar decisiones tontas y perjudiciales. A veces ponemos en práctica ese conocimiento cuando lidiamos con nuestros hijos... y a veces no.

En el pasado, a los adultos les frustraba que las chicas y los chicos parecían lo suficientemente maduros, en términos físicos, como para tomar decisiones sensatas, pero no lo hacían. Esta desconexión cada vez es más desafiante porque la pubertad empieza antes, la diferencia entre su físico y capacidad de desarrollo es más grande (a veces), creando un abismo inmenso entre las expectativas de los adultos y la conducta de las infancias. El resultado: frustración que podemos superar si recordamos varios datos elementales.

No siempre pueden evitarlo

Cuando los niños son pequeños les pedimos muchas veces que hagan algo, y lo hacen en mayor o menor medida. Colgar la chamarra cuando llegan a la casa o guardar los zapatos en el clóset: a la mayoría no se le dificultan estas tareas, así que cuando no las cumplen, parece que nos ignoran o nos llevan la contraria. Pero a veces simplemente no lo hacen, aunque se los pidamos muchas veces. Esto no significa que nos estén retando, sino que necesitan ayuda, como ponerles cerca un banquito para alcanzar el gancho de las chamarras. O no recuerdan qué les pedimos porque en ese preciso momento estaban pensando en otra cosa.

Se puede decir lo mismo de los preadolescentes y adolescentes. Sí, te podrían estar desafiando, negándose a llamar a la hora acordada si salieron de fiesta, pero es posible que necesiten recordatorios: *Ya sé que no es fácil acordarte de llamarme en plena fiesta, pero necesito que te reportes, ¿puedes poner un recordatorio en tu teléfono para llamarme a las 10 p.m.?* O tal vez tu hijo tiene funciones ejecutivas limitadas, y si está con sus amigos es aún más disperso. Entonces podrías agregar: *Sí, es difícil acordarte de hablarme, ¿le podrías pedir a un amigo confiable que también ponga una alarma?* Tenemos que criar al hijo que tenemos, no al que nos gustaría tener.

Conversar sobre tomar buenas decisiones no es en vano (aunque así se sienta)

Es asombroso cuando un adolescente enumera todas las respuestas responsables a preguntas sobre cómo gestionar situaciones complejas, pero a la hora de la hora termina haciendo algo atroz. No, no son artistas del engaño, su cerebro está en desarrollo. Lo anterior suscita la pregunta: ¿entonces vale la pena tener estas charlas? Si a la hora de la verdad (o cuando el sistema límbico llegue a la corteza prefrontal) el sistema límbico ganará, ¿para qué molestarse?

La razón más importante de por qué estas pláticas son fundamentales se reduce a la memoria motriz. El cerebro no es un músculo, pero repasar escenarios e incluso representarlos les puede ayudar a anticipar las cosas, en vez de que los sorprendan las situaciones muy predecibles. Dicho esto, son charlas, no monólogos; deben ser experiencias activas, no pasivas, para las infancias. Vamos a poner como ejemplo qué hacer si les ofrecen drogas en una fiesta. Ante un sermón, reciben la información de forma pasiva (y seguro también están molestos y aburridos), pero si les preguntas su opinión, participarán de forma activa. Mejor aún, al preguntarles qué harían en vez de decirles qué hacer descubrirás qué saben y qué no, si tienen un plan o no, cuándo necesitan orientación y cuándo no. Si puedes convencerlos, actúen la situación. Es una forma eficaz de resolver situaciones difíciles con antelación. Advertencia: cuando le pides a un adolescente que actúe una situación hipotética, es probable que responda poniendo los ojos en blanco y burlándose. Casi a todos les encanta odiar este ejercicio.

Explica la ciencia

Subestimamos a las adolescencias cuando asumimos que no les interesa conocer la ciencia detrás de sus organismos. A muchos les fascina ver cómo se expande un tampón en el agua, darse cuenta de que dentro del escroto hay unas bolitas diminutas, entender por qué tronarse un grano lo empeora. Además, se despiertan en un cuerpo diferente todos los días durante casi una década y nos dicen todo el tiempo que están mucho menos confundidos cuando comprenden lo que sucede en su interior.

Es el mismo caso para ayudarles a entender la neurociencia que explica sus estados de ánimo y toma de decisiones. Si les interesa, comparte este capítulo. Si necesitan algo más básico, empieza con una analogía sencilla: *A tu edad, tu cerebro tiene una autopista que se conecta con tu sistema límbico (la zona que controla las experiencias placenteras y las conductas de riesgo), pero la carretera que lo conecta con la corteza prefrontal (que controla la toma de decisiones sensatas) está en construcción, así que el tráfico que pasa por ahí se mueve a vuelta de rueda. Por eso a veces haces cosas un poco ridículas o tomas decisiones que en el fondo sabes que no están bien. Entender esto te puede ayudar a tomar mejores decisiones.* Explicar la situación les ayuda a comprender por qué a veces toman decisiones (¡muy!) dudosas, incluso cuando tienen buenas intenciones, y también puede ayudarte a recordarlo. Además, explicarles que *sus amigos les alteran el sistema límbico y sus papás no*, puede aliviarles la culpa cuando te consideren muy aburrido.

Enséñales la importancia de hacer una pausa

Hay más que sólo poder en saber que el cerebro de un preadolescente o adolescente (¡o veinteañero!) necesita más tiempo para que los mensajes lleguen a la corteza prefrontal: hay una solución. Hacer una pausa antes de actuar no es infalible, para nada, pero da tiempo para que los mensajes viajen por todo el cerebro, con lo cual tienen más probabilidades de tomar mejores decisiones. Esta técnica beneficia a todos, por cierto. ¿Alguna vez has necesitado respirar profundo o contar hasta diez para tranquilizarte? Es el mismo principio.

No es fácil enseñarles a respirar sin incomodarlos. Empieza por señalar cómo se equivocaron en situaciones previas. *Si lo pudieras volver a hacer, ¿qué harías distinto?* Después pregunta si cree que haber hecho una pausa habría alterado la conducta o el resultado en general. *¿Cómo hubieras hecho una pausa para pensar unos segundos?* Después, ejemplifica con una estrategia que te funcione: *Sí, suena tonto, pero lo primero que yo hago es respirar profundo porque me ayuda a tranquilizarme y me da tiempo.*

Por exasperante que sea ver a las y los adolescentes tomar decisiones equivocadas, sobre todo (¡en especial!) si les advertimos, lo conversamos, imaginamos situaciones hipotéticas, recuerda que están en desarrollo. No siempre pueden evitarlo. No te rindas, porque tarde o temprano concluye la interminable construcción del cerebro y podrían sorprendente con su capacidad de hacer lo correcto, siempre.

 ## QUÉ OPINAN QUIENES YA ESTÁN DEL OTRO LADO

B. H., ella, 21 años

Recuerdo la ocasión en que mi amiga bebió y se ofreció a llevarme a mi casa en su coche. Estábamos en la preparatoria y fue una de las primeras veces que tomé con mis amigos, así que estaba nerviosa y emocionada al mismo tiempo de estar en una de mis primeras fiestas. Sarah tenía en la mano un vaso de plástico rojo lleno hasta el tope con mucho vodka y un chorrito de Sprite, y me dijo que estaba lista para irse, pero había llegado en su coche y quería irse igual. Me preguntó: "¿Me acompañas?

No me quiero ir sola. Vivo taaan lejos y no quiero regresar por el coche mañana. Tampoco quiero pagar un Uber". Tenía miedo de decirle que no. Escuchaba las vocecitas de mis papás diciéndome que nunca me subiera al coche de alguien que había estado tomando y que les hablara para que fueran por mí. Al mismo tiempo, me preocupaba que mis amigas se enojaran si no me iba con ellas.

Me sentía acorralada, y de repente, tuve un subidón de adrenalina. Sentí la cara caliente y el corazón me latía más rápido. Decidí que para calmarlas y sentirme cómoda con mis límites tendría que inventar que ya había pedido un Uber, pero que podía pasar a dejar a todas. Y fue lo que hice. Estaban borrachas, así que me creyeron, tomamos un Uber y las llevé a todas a su casa.

En ese momento decidí que sería más fácil pensar en las consecuencias de una mentira piadosa que dejarlas manejar en ese estado. Lo que fue muy útil para tomar esta decisión fue saber que mis papás no se enojarían si tenían que ir por mí a las 2 a.m. o pagarme el Uber. Me debatía entre dos opciones: arriesgarme a que mis amigas se enojaran conmigo y pedir un Uber o arriesgarme a tener un accidente fatal y arrepentirme toda la vida. Fue fácil decidir porque hice una pausa, lo pensé bien y así supe que mi solución era segura y no tendría consecuencias.

Capítulo 12

Altibajos emocionales

Por definición, los estados de ánimo cambian. En sentido literal, la descripción de estado de ánimo es "un sentimiento o estado mental temporal". Todos sabemos lo mucho —y lo rápido— que cambian estos estados, pero van de pequeños, sutiles y gráciles, a drásticos terremotos de emociones que parecen surgir (casi) de la nada. El segundo grupo incluye los altibajos emocionales que tocaremos en este capítulo, los que son sinónimo de la pubertad.

Los adultos que están criando a los 44 millones de chicos en plena pubertad en Estados Unidos, y los casi 1.4 mil millones en el mundo, tienen muy presentes los altibajos emocionales. Quizás, al entender mejor los altibajos emocionales podamos evitarlos o, por lo menos, abordarlos de forma más efectiva. Esto figura en la lista de prioridades de todos los implicados. En el curso de los años, nunca hemos conocido a un adolescente que disfrute cómo se siente un altibajo emocional, tampoco a un adulto que disfrute ser el receptor.

 ## EMPECEMOS CON LA CIENCIA

Vamos a empezar con las palabras *estado de ánimo*. Los estados de ánimo se pueden manifestar como quejas, molestias o inquietud, sí. Pero también como ataques de risa y mareo; contemplación y silencio, incluso frustración. Se trata de estados mentales. Si bien las conversaciones en torno a los estados de ánimo adolescentes se suelen centrar en lo negativo (y a hacer distinciones de género), todos cuentan: lo bueno, lo malo y lo feo.

La ciencia sobre los estados de ánimo adolescentes es limitada porque sólo un puñado de investigadores ha estudiado la conexión entre la maduración cerebral y los cambios en el estado de ánimo. Los pocos estudios que existen describen así la biología que explica los clásicos estados de ánimo entre los preadolescentes y los adolescentes: en los cerebros jóvenes, los centros de control conductual no han madurado y hacen que los adolescentes sean más reactivos emocionalmente, debido a una zona particular del sistema límbico denominada *amígdala*. Esta parte del cerebro está mucho menos regulada que su contraparte adulta, lo que explica por qué suelen reaccionar con mayor sensibilidad ante información emocional que sus papás (aunque no siempre). En otras palabras, cuando dices algo que le sienta mal a un preadolescente o adolescente, sus reacciones son más emocionales que las de un adulto que recibe la misma información (¡aunque no siempre!). Otro contribuyente clave es la corteza prefrontal inmadura que aún no puede ayudar a regular las emociones. Esto explica la espiral en respuesta a un comentario mínimamente crítico, el drama que consume una hora de tu vida y que no vas a recuperar (¡*Lo único que hice fue sugerirle que se cambiara la camiseta!*).

Entender los altibajos emocionales exige un dominio elemental de la estructura y el funcionamiento del cerebro. (En el capítulo 11 cubrimos en detalle la actividad neuronal y cómo se comunican distintas partes del cerebro.) En este capítulo nos centramos más en lo que ocurre dentro y en torno al cerebro, su microambiente. A estas alturas no te sorprenderá leer que las hormonas son las estrellas de esta historia.

Ésta es la esencia de lo que debes saber: el cerebro es un puñado de miles de millones de neuronas estrechamente entrelazadas y protegidas por el cráneo. Esta configuración implica que el cerebro lleva su armadura ósea todo el día, todos los días, pues es una de las protecciones más sólidas del organismo. El cráneo embona bien en el cerebro, pero no aprieta, como un casco de bicicleta sobre la cabeza. Si el cráneo apretara, si se amoldara a las dimensiones exactas del cerebro, entonces la inflamación, el sangrado o la presión constantes serían catastróficas: un cráneo óseo inflexible ejercería una fuerza impresionante en el órgano en expansión. Como resultado, y en virtud del diseño evolutivo, el cerebro es mucho más pequeño que el cráneo; se amoldan, pero sin quedar ajustados. Este mecanismo le permite al cerebro expandirse y contraerse un poco.

Para amortiguar el cerebro —porque el cerebro ligeramente blando se golpearía en el duro cráneo si no tuviera un colchón, lo que seguramente perjudicaría las neuronas con cada golpe—, el cuerpo produce un líquido denominado *líquido cefalorraquídeo* (LCR), un amortiguador natural. Nota curiosa: ciertos tipos de dolores de cabeza se deben a que el LCR se comprime, como cuando alguien está deshidratado, y el cerebro golpea contra el cráneo. El LCR baña el cerebro, entonces lo que contenga rodea y afecta las neuronas cerebrales, como cuando marinas un pollo. También tiene un papel importante en la nutrición: les permite a las neuronas tener acceso a ciertos nutrientes que mejoran la función cerebral.

Sin embargo, las preciadas neuronas del cerebro estarían vulnerables si se expusieran a todo lo que entra al organismo, por lo que el LCR tiene una configuración como de cadenero, un filtro especial denominado *barrera hematoencefálica*. Esta barrera brinda una capa adicional de defensa contra posibles visitantes dañinos, como las infecciones: si el sistema inmunitario del organismo no se deshace enseguida de un invasor bacteriano o viral, la barrera hematoencefálica actúa para que no perjudique el cerebro (pero no protege otros órganos). Como todo lo demás en el organismo, el diseño de la barrera hematoencefálica es imperfecto porque para que el cerebro funcione es preciso que muchas cosas crucen (¡y deben hacerlo!) esta barrera. Esto incluye oxígeno y glucosa, que alimentan la actividad de las células cerebrales, así como moléculas no tan útiles (bueno, según a quién le preguntes), como cafeína, alcohol, drogas y, adivinaste, hormonas.

Recuerda que las hormonas circulan por el flujo sanguíneo de pies a cabeza. Cuando cruzan la barrera hematoencefálica se vuelven parte del potaje del LCR que baña cada neurona. Resulta que el estrógeno que merodea el LCR puede provocar ciertas conductas en las neuronas. En general, aunque no siempre, el estrógeno magnifica las reacciones emocionales, de la risa al llanto, revelando las emociones. Mientras tanto, la testosterona afecta las descargas neuronales de otra forma, lo cual explica, hasta cierto punto, por qué el mal humor de los hombres varía entre silencio introvertido e ira (de nuevo, no siempre y no es el caso de todos). Seguro ya anticipaste hacia dónde queremos llegar, y no sorprende porque todos vivimos una versión de ello: cuando el estrógeno o la testosterona hacen su aparición en un cuerpo pubescente, las hormonas también aumentan en el LCR pubescente. Y cuando se desploman los niveles hormonales, debido a los circuitos de retroalimentación en los órganos sexuales que provocan altibajos hormonales, también se desploman en el LCR. El impacto neto de los ascensos y descensos precipitados es una dramática montaña rusa hormonal con todavía más mal humor.

Bueno, más o menos. Las hormonas explican sólo la mitad de la historia porque el cerebro de los preadolescentes y adolescentes está madurando. Los cerebros adolescentes están en plena mielinización y poda, dos procesos que alteran profundamente cómo las hormonas —y cualquier otro químico que esté flotando cerca del LCR— cambian el comportamiento de las neuronas. En el capítulo 11 hay muchos más detalles sobre este tema, pero vamos a hacer un repaso: para la preadolescencia, las neuronas del sistema límbico están cubiertas con una capa de aislamiento llamada *mielina*, permitiendo a esta parte del cerebro enviar y recibir señales muy rápido. La corteza prefrontal, más reflexiva, racional y todavía en gran medida sin mielinizarse, envía y recibe señales mucho más lentamente. Los científicos describen el efecto de este desequilibrio de mielina como "mayor capacidad de respuesta a las recompensas", y tiene sentido porque la motivación, el sentirse bien y la imprudencia son los fundamentos del sistema límbico sin mielinizar. Esto explica por qué es más probable que los preadolescentes y adolescentes corran más riesgos que los adultos maduros. La corteza prefrontal, diseñada para regular estas reacciones y mantenerlas a raya, todavía no puede seguirle el ritmo al juego de ping-pong neuronal del sistema límbico. Debido a la presencia de mielina en el sistema límbico y su ausencia relativa de la corteza prefrontal, las adolescencias que cursan secundaria y preparatoria se centran más en las recompensas y no pueden gobernar sus respuestas emocionales a estas recompensas.

La poda neuronal también tiene un papel aquí. El cerebro está diseñado para identificar las neuronas que no se usan para eliminarlas. Esta poda neuronal —que recibe su nombre por el proceso que se asemeja a la poda de un árbol— reduce el desorden en el espacio cerebral, mejorando su eficiencia. Por eso los humanos (jóvenes o mayores) progresamos en determinada tarea: cuando usamos y reutilizamos ciertas vías neuronales optimizamos nuestra capacidad de hacer algo (o pensar en ello). La práctica hace al maestro... o por lo menos lo mejora. También evitamos la extinción de esa vía neuronal. Éste es el origen del mantra de la neurociencia "*Úsalo o piérdelo*", que se refiere a la poda selectiva durante toda nuestra vida. Como el cerebro adolescente apenas empieza este largo proceso, es receptivo ante muchas habilidades nuevas, pero domina pocas, o ninguna. Es pésimo para tomar decisiones racionales, y muy bueno para tomar decisiones impulsivas y placenteras.

En resumen: la mielinización determina la velocidad de la transmisión de las señales; la poda determina qué vías neuronales van a sobrevivir en el cerebro y las hormonas tienen un papel (a veces *enorme*) en la forma en que interactúan los nervios. En un cerebro que todavía no ha madurado, que de repente está expuesto a un ascenso y descenso de hormonas, el resultado son los altibajos emocionales exagerados.

En el curso de la pubertad, los altibajos emocionales suelen mejorar, en parte porque se estabiliza este sube y baja hormonal, y en parte porque el cerebro se acostumbra a gestionar estos niveles tan cambiantes. La mielinización también ayuda, pero este proceso culmina hasta los 30 años de edad.

Si bien animamos a los adultos a ser comprensivos y pacientes con los altibajos emocionales de sus hijos, a veces sus conductas son señales de algo más. Los profesionales de la salud mental recomiendan a los tutores estar pendientes de un cambio repentino y prolongado en el estado de ánimo; por ejemplo, un adolescente alegre que de pronto se ensimisma y parece estar deprimido durante una semana o más. Identificar la diferencia entre altibajos emocionales y un trastorno clínico puede ser sumamente difícil, sobre todo entre preadolescentes y adolescentes. Por ejemplo, los adolescentes ansiosos pueden mostrarse enojados, irritables y agresivos, comportamientos que no necesariamente asociamos de inmediato con la ansiedad adulta. Otro ejemplo: puede ser difícil diferenciar el malestar normal de un adolescente por las reglas, la orientación o la mera presencia de un adulto de algo más preocupante. Como siempre, si tienes dudas, lo mejor es consultar a un pediatra, orientador o profesional de la salud mental.

🕐 QUÉ HA CAMBIADO EN LOS ÚLTIMOS 20, 30, 40 AÑOS

El cambio más relevante es que la pubertad está empezando mucho antes, lo cual se traduce en la presencia de hormonas como el estrógeno y la testosterona en los cerebros jóvenes. Como la maduración cerebral es puramente cronológica, el arranque de la pubertad no afecta su capacidad para pensar de un modo más avanzado y sofisticado. Una niña de 9 años con los senos desarrollados *puede* parecer mayor que otra niña de su salón, pero sus cerebros están en el mismo proceso de mielinización y poda; dicho esto, la primera tendrá una carga hormonal mucho mayor en un cerebro menos maduro y mielinizado, a diferencia de la segunda, a quien todavía le falta un par de años para desarrollarse.

¿Afecta esto los altibajos emocionales o la toma de decisiones? ¿Cambia cómo sienten sus altibajos emocionales? Hoy por hoy, la respuesta frustrante es que no sabemos. Necesitaríamos realizar un estudio con niños de 8, 9 y 10 años para identificar en qué etapa de la pubertad se encuentran, tomar muestras de sangre para medir sus niveles hormonales y darles un examen para valorar su labilidad emocional. En un escenario perfecto, las infancias participarían antes de experimentar un aumento hormonal —digamos entre los 6 y los 7 años—, después las evaluaríamos en intervalos regulares cada ciertas semanas o meses y documentaríamos su cambios y niveles hormonales. E incluso en esas circunstancias, no necesariamente arrojarían la información que buscamos, porque las hormonas suben y bajan en el transcurso del día, así que tomar una muestra al azar podría dar como resultado una información engañosa.

No hemos conocido al padre, tutor adulto o maestro que no tenga una anécdota de cómo los altibajos emocionales se están presentando antes. El comentario más frecuente que escuchamos es la sorpresa ante la precocidad con la que los niños empiezan a poner los ojos en blanco y azotar la puerta. Casi nadie utilizaba la palabra *preadolescente* cuando la mayoría teníamos entre 8 y 12 años, y quizá por un buen motivo. En aquel entonces ese grupo de edad no tenía su propio nombre y el debut de los altibajos emocionales era hasta la encantadora edad de los 13. Pero ahora, con el adelanto del ascenso hormonal, los altibajos emocionales ya empiezan entre los 8 y los 9. Es adecuado que ya exista un término descriptivo que marque la antesala a la adolescencia, porque la conducta de los preadolescentes imita esa etapa de la vida.

Cuando impartimos talleres a niños, siempre les preguntamos sobre su estado de ánimo: *¿Cuántos de ustedes se han reído sin control o llorado sin poder parar, o incluso se han reído o llorado por algo que ni siquiera era gracioso o triste?* Todos levantan las manos. Después preguntamos: *¿A cuántos les gusta cómo se siente?* A nadie. Nadie levanta la mano. Esto indica que las infancias son conscientes de estos altibajos emocionales y no les gustan, igual que a nosotros. Si necesitabas un motivo para empezar a hablar de cómo gestionar estas emociones, éste es uno.

 ## CÓMO HABLAR DE ESTO

El preadolescente malhumorado ya sustituyó al adolescente malhumorado, por eso cuando los papás nos dicen: *Mi hija de diez años se porta como cuando yo era adolescente,* ¡tienen razón! La buena noticia es que podemos ayudarlos —y a nosotros— a navegar las tormentas hormonales de la adolescencia.

Primero lo primero: recuerda que no pueden evitar el mal humor. Si has aprendido algo en este capítulo, esperamos que haya sido eso. No pueden controlar el subidón y desplome del estrógeno y la testosterona. Los adultos encuentran esto exasperante, algunos incluso llaman idiotas a los niños púberes en voz alta y la mayoría simplemente los juzga en silencio. Pero no es justo porque aunque se porten odiosos, no lo hacen a propósito. Son víctimas de las circunstancias, y esas circunstancias son la pubertad.

Así que haz lo posible por no confundir *cómo* se comporta un adolescente con una representación de *quién* es. Haz lo posible por no etiquetarlos en virtud de sus arrebatos emocionales. Las chicas y los chicos recuerdan estas etiquetas mucho después de que superan esa conducta; si necesitas una prueba, haz memoria, recuerda un comentario mordaz que alguien hizo sobre ti. No te costó trabajo, ¿verdad? Estas cosas se nos quedan. Nuestra labor es apoyarlos durante esta montaña rusa emocional sin barra ni cinturón de seguridad; consolarlos, no ridiculizarlos ni juzgarlos.

El aluvión hormonal puede provocar que se rían histéricamente, lloren sin control, sean agresivos o se ensimismen. Sin importar el estado de ánimo, puede ser dificilísimo evitar una reacción poco constructiva. Pero recuerda: nosotros tenemos cerebros completamente desarrollados y (en general) niveles hormonales más estables, o, por lo menos, más experiencia para gestionar nuestros altibajos químicos. Ten en mente que las y los adolescentes se sienten impotentes cuando están a merced de sus hormonas, tampoco les gusta ser insoportables ni imposibles. Lo mejor que puedes hacer es ser empático. ¿Cómo? Sobre todo en el calor del momento, intenta alguna de estas estrategias:

No te dejes llevar y evita que la situación escale

¡Es más fácil decirlo que hacerlo! Sin embargo, como ocurre con el 99 por ciento de los consejos en este libro, la práctica hace al maestro (pero nunca la perfección). Entonces, ¿cómo evitarlo si cada centímetro de tu cuerpo quiere gritarle a este niño mal agradecido, impredecible y fuera de control? Primero, respira profundo. Sí, otra vez, porque sí sirve. Después, piensa en una respuesta neutra y empática que funcione para enfrentar un huracán emocional. *Lo siento. Qué horror. Seguro te hizo sentir muy mal.* Tercero, cuando un adolescente se ponga a la defensiva y por su enojo, frustración o tristeza te ataque, *no te dejes llevar.* Puedes responder: *Estás molesta. Vamos a hacer una pausa y hablamos más tarde.*

Evita estas frases

Nuestro estilo no es ser negativas; sin embargo, recomendamos ampliamente evitar algunas de estas frases antagónicas.

> **No les pidas que se calmen:** es muy importante que NO LES DIGAS QUE SE CALMEN. Nunca funciona. Cuando los cerebros en desarrollo están repletos de hormonas, calmarse supone un reto mayúsculo que les exige tiempo, y a ti, paciencia. Mejor respira profundo para resetear el cerebro, y tal vez ellos también se controlen un poquito.

> **No les pidas que dejen de llorar:** hay dos motivos. A lo mejor no pueden dejar de llorar porque el estrógeno que invade su cuerpo

les dice que *sigan llorando*. O tal vez llorar se siente bien, como una válvula de escape para sus emociones fuertes. El hecho de que te incomode verlos llorar no significa que sea malo para ellos. En vez de pedirles que dejen de llorar, podrías decir: *¿Sirve de algo que me siente aquí contigo? ¿Quieres un abrazo o prefieres que no te toque?*

No digas que no es para tanto: a un adulto le puede parecer poca cosa cuando a un adolescente le retiran la invitación de ir a Starbucks al salir de la escuela, pero para ese adolescente es muy importante, doloroso y se siente solo. Así que cuando les decimos: *Ya supéralo, no es para tanto,* invalidamos sus sentimientos. Más aún, esta respuesta provoca que ya no quieran compartir sus cosas. Para evitarlo, mejor dile: *Ay, qué coraje. ¿Hay algo que te pueda decir o mejor sólo te acompaño?*

No les digas que mañana se sentirán mejor: los adultos sabemos que el 7 en su examen de historia no dictará los próximos cincuenta años de su vida, pero las infancias no tienen nuestra experiencia ni la madurez para pensar a futuro. Si se están quejando de la injusticia del examen, en vez de minimizar sus emociones diles algo empático y sencillo: *Qué injusto, suenas muy decepcionada.*

No respondas a la ira con ira

A veces la emotividad pubescente se manifiesta con ira o agresión contra los adultos, hermanos e incluso amigos. La tentación de responder con cólera es fuerte. Nuestro monólogo interior puede ser más o menos así: *¿Y esta niña qué se cree? Qué mal agradecida, me está tratando pésimo y no se lo voy a permitir.* Nuestra frustración puede ser completamente válida, y a veces nos provoca gritar, decir cosas crueles, azotar puertas y dejarlos hablando solos. Somos humanos. Pero el objetivo de este prolongado juego es enseñarles a regular sus emociones y combatir el fuego con fuego no les enseña a hacerlo. ¿Qué podemos hacer?

Pon límites sin desesperarte: Aliza Pressman, conductora del pódcast *Raising Good Humans*, tiene una frase genial: *Todos los sentimientos son bienvenidos, pero todas las conductas no.* El hecho de que estén enojados no significa que pueden pegarle a su hermana mayor ni denigrarte. Deja muy claro que hay cosas inaceptables.

Dales una salida: cuando las y los adolescentes mayores hacen berrinches, a veces se meten en problemas de los que luego no pueden salir. Dales una escalera para que tengan una ruta de escape. ¿Cómo? Sírveles un vaso de agua fría y ponlo frente a ellos, llama a tu perro y acarícialo, tal vez tu hija haga lo mismo, pregúntale si quiere tiempo a solas y ofrécele reportarte en un rato (¡y cúmplelo!).

Prueba nuevas estrategias: tolera el silencio

Durante la pubertad, algunos chicos son más ensimismados. Un día son muy conversadores y cariñosos y al otro parecen estar viviendo en una isla remota en tu casa. Este cambio puede ser confuso y preocupante, a veces provoca una reacción instintiva para redoblar esfuerzos a fin de que interactúen. Resístela porque lo más probable es que los haga ensimismarse aún más, como un cangrejo ermitaño en la playa. Practica hacerles una pregunta y esperar pacientemente su respuesta. Si el silencio no te lleva a ningún lado, prueba alguna de estas estrategias.

Muestra interés en sus intereses, incluso si no son interesantes para nada. Demuéstrales que valoras lo que les importa (aunque sea falso). Wendy Mogel, autora de *La voz de los padres* y *The Blessing of a Skinned Knee*, aconseja a los papás "dejarse llevar por lo que les fascina".

Plantea preguntas abiertas que se presten al diálogo. En vez de: *¿Cómo te fue en la escuela?*, intenta con: *Cuéntame algo chistoso que pasó en el salón.* No todas las veces funciona, pero si funciona de vez en cuando es mejor que nada, sobre todo cuando su respuesta estándar es *Bien*.

Ayuda a los callados a hablar cuando no saben cómo empezar. Demuéstrales que la puerta está abierta, sin juicios: *Siempre estoy aquí para escucharte sin juzgarte. Ya sé que están pasando muchas cosas en tu vida y a veces se siente bien desahogarse.*

Para terminar con los adolescentes callados: si tu sexto sentido te dice que algo no está bien con tu hijo y no puedes hablar con él, encuentra a alguien que sí pueda, como un orientador, pediatra o terapeuta. No asumas que estás exagerando, confía en tus instintos.

No hay magia para eliminar los altibajos emocionales entre los preadolescentes y los adolescentes. Y vaya que pueden ser insoportables. Pero no duran para siempre; de hecho, la dinámica mejora en cuanto adoptamos una actitud constructiva con ellos. Esto implica no morder el anzuelo, no responder a la ira con ira y encontrar estrategias para hablar con los más callados. Cuanto antes sorteemos los altibajos emocionales más pronunciados, podremos ayudarles más pronto a navegar todos los demás altibajos propios de la pubertad.

 ## QUÉ OPINAN QUIENES YA ESTÁN DEL OTRO LADO

J. S., ella, 20 años

En la adolescencia, mi mamá me preguntaba, medio en broma y medio en serio, si estaba en el "estado ánimo A" o el "estado de ánimo B", o sea, si estaba de malas o no (si estaba en el B, cuidado). Aunque en ese entonces me molestaba y no me parecía chistoso, en retrospectiva, era una forma directa y precisa para que mi mamá supiera cómo me sentía. Sobre todo en la secundaria tuve muchos altibajos emocionales, a veces cien veces en el mismo día, y nunca entendí por qué me sentía así. En retrospectiva, ahora entiendo que era parte normal de crecer, pero me hubiera gustado tener este punto de vista en ese entonces porque mis sentimientos dominaban mi vida.

Aunque entonces no lo sabía, muchos de mis amigos también estaban malhumorados y enojados. Mi mejor amiga dice, en broma, que en la secundaria si alguien respiraba de cierta forma o masticaba muy fuerte enloquecía y tenía que esconderse hasta que se le pasaba. Para resetearse escuchaba música, acariciaba a su perro o coloreaba. A otra amiga el mal humor le llegó después, a principios de la preparatoria, y les gritaba a sus amigos y familiares si alguien intentaba hablarle, aunque no hubieran hecho nada malo. Dice que cuando se sentía así prefería pasar el tiempo en su teléfono y evitar el contacto humano; odiaba que su mal humor se apoderara de ella y la hiciera mala con las personas que quería.

Aunque desde la perspectiva de los papás debe ser abrumador y frustrante gestionar los altibajos emocionales, recuerden que también lo son para nosotros. Nadie quiere sentirse así y es muy probable que sus hijos sientan que no pueden controlar sus emociones, y no es nada divertido. A veces lo único que hace falta es darles un poco de espacio y tiempo para calmarse, aunque quieran gritarles. En otras ocasiones tal vez necesitan un abrazo o alguien con quien llorar. Siempre pregunta qué puedes hacer para ayudarlos, dales opciones y recuerda que el mal humor no dura para siempre.

B. H., ella, 21 años

Desde la pubertad, siempre se me ha dificultado regular mis emociones; todos los días me sentía en una montaña rusa emocional. Los altibajos emocionales eran casi cotidianos. Mi mamá, incluso hasta el día de hoy, todavía me dice que soy extremadamente emocional y sensible. Después me di cuenta de que no tenía nada de malo. Mis emociones son parte de mi personalidad y ahora entiendo que me hacen única. Pero en mi adolescencia fue difícil lidiar con estas emociones tan fuertes, sobre todo para mis papás y amigos cercanos. En retrospectiva, mis altibajos más notorios se apoderaban de mí y dictaban mi estado de ánimo de ese día. Por ejemplo, si peleaba con mis papás, estallaba. Sentía que llevaba una bomba de tiempo en mi interior y que podía explotar cada vez que reprimía mis sentimientos; se acumulaban poco a poco y estallaban ante la mínima provocación.

Me di cuenta de que mis altibajos emocionales empeoraban cuando estaba cansada, me sentía bajo el influjo hormonal o cuando algo me agobiaba o frustraba. Para mis papás era difícil ayudarme porque mis emociones también los cansaban o agobiaban. Con el tiempo, lo que me ayudó fue aprender a aceptar mis emociones y altibajos emocionales, así como los de los demás. Sin embargo, no podría haberlo logrado sin la ayuda de un terapeuta. Ir a terapia me ayudó a entender lo fuertes que eran mis emociones. Es normal sentirlas y nunca hay que rechazar a los demás ni a uno mismo por este motivo. En cuanto lo aprendí, se estabilizó la dinámica familiar. El resultado de madurar e irme a la universidad fue que disminuyeron los gritos. Dejé de responder a gritos y comencé a aceptar mis emociones; me permití procesarlas y después idear una solución. Cuando decidí mantenerme tranquila durante una discusión, aprendí a regular mejor mis propias emociones y a lidiar con personalidades explosivas. A veces estallaba la bomba —no somos perfectos—, pero fue más fácil sobrellevarlo a medida que fui creciendo.

Capítulo 13

Salud mental

Este capítulo no gira en torno a los trastornos mentales, sino a la *salud* mental. Aunque vamos a abordar muchos términos que se difunden muy a la ligera en estos días —comenzando con el estrés, la ansiedad y la depresión—, nos interesan las fuerzas que afectan el estado emocional de los preadolescentes y adolescentes, tanto de forma positiva como negativa, mientras navegan la pubertad. Es importante identificar las dificultades, pero es igual de importante ahondar en las estrategias que los protegen de ellas.

El bienestar mental de las adolescencias parece frágil, sin duda puede serlo. Sus cerebros aún no maduran, están repletos de un potaje químico de hormonas (y, a veces, de azúcar, alcohol o drogas), y así tienen que gestionar los dramas con los amigos, las presiones de la escuela y de nosotros, los adultos que los amamos pero les exigimos responsabilidad. Como ocurre con todo lo demás durante esta etapa de la vida, es benéfico entender lo que sucede en el cuerpo, incluido el cerebro, en cualquier momento dado, y prepararnos para lo que puede acontecer después. En pediatría, a esta postura se le denomina *dirección preventiva*: el qué (ponte el cinturón en el coche) seguido del por qué (por si tuvieras un accidente) mantiene a todos a salvo. Así que abróchate el cinturón y comencemos a hablar de la salud mental.

EMPECEMOS CON LA CIENCIA

El término *salud mental* incluye el bienestar psicológico, emocional y social. *Psicológico* implica que surge en la mente: pensamientos, sentimientos e ideas. *Emocional* se refiere específicamente a los sentimientos, aunque desde luego pueden estar vinculados (y muchas veces lo están) con los pensamientos y las ideas. Y lo *social* radica fuera del cerebro, alude a los sucesos y dinámicas interpersonales en la vida de alguien, la parte de esta tríada que representa las fuerzas externas. Las tres influyen muchísimo en la salud mental: cuando interactuamos con alguien, vamos a algún lado o superamos algo, nuestro cerebro procesa la experiencia, después la filtra y la traduce en un sentimiento. Cuando peleamos con un amigo cercano se generan diversas emociones; llegar a la cima de una montaña y admirar la vista lleva al cerebro a una dirección opuesta.

Uno de los objetivos de este capítulo es repasar los términos más comunes de la salud mental que escuchamos en todas partes para definirlos con claridad. Más adelante vamos a dar recomendaciones para hablar de ellos, así como cuándo buscar ayuda de un profesional. Empezamos con los términos que más se utilizan y la ciencia que los explica. *Estrés*, *ansiedad* y *depresión* son tres palabras que se utilizan tanto en conjunto que a veces parecen una misma. Pero las tres condiciones son muy diferentes.

El *estrés* es la presión mental o emocional que resulta de circunstancias adversas o exigentes. Un examen es estresante. Terminar una relación importante es estresante. La guerra, la condición de no tener hogar y el abuso son estresantes. Perder tus llaves también lo es. Los factores que generan estrés vienen en todas las formas, tamaños e intensidades, pero en cuanto se manifiestan detonan una respuesta fisiológica común: una cascada neuroquímica que comienza en la profundidad del cerebro, en la amígdala, que le indica al hipotálamo vecino que prepare las glándulas suprarrenales (ubicadas en la parte superior del hígado que pueden hacer varias cosas a la vez y también son el epicentro de los andrógenos suprarrenales que hacen que la piel sude, excrete grasa y tenga vello). La secuencia del estrés provoca que las glándulas suprarrenales secreten adrenalina (o sea, epinefrina), lo que a su vez eleva el ritmo cardiaco, la presión arterial, el ritmo respiratorio y más. Esta respuesta coordinada se llama sistema nervioso simpático, y todos sabemos cómo se siente en acción, cuando se enciende y apaga en respuesta a una amenaza activa. La manifestación del estrés varía entre cada persona, por eso no todo el mundo parece estresado, como los jugadores profesionales de póquer y los cirujanos, que lo disimulan muy bien. Sin importar las apariencias, al interior la respuesta frente al estrés se modula de acuerdo con la magnitud del escenario; los problemas menores generan una reacción fisiológica más moderada que los más graves.

La *ansiedad* es prima hermana del estrés. Comparten la presión mental o emocional, pero la diferencia es que la ansiedad no surge a partir de una circunstancia activa sino de circunstancias próximas, teóricas, persistentes o imaginarias. Un examen es motivo de estrés; los síntomas de preocupación antes o después de un examen, sin conocer el resultado, se deben a la ansiedad. Un despido es motivo de estrés; pensar en cómo decírselo a la familia, cómo pagar las facturas y encontrar otro trabajo crean ansiedad. En esencia, la ansiedad resulta en preocupación persistente y excesiva, incluso cuando el motivo ya se disipó (o ni siquiera se ha presentado). Sin embargo, tanto el estrés como la ansiedad involucran el sistema nervioso simpático, por eso las palabras *estrés* y *ansiedad* se usan de manera indistinta: las dos aceleran el corazón, hacen sudar las palmas de las manos, enrojecen el rostro, revuelven el estómago, aceleran los pensamientos, desploman la concentración o cualquiera que sea tu propia constelación de síntomas inducidos por la adrenalina.

Por otra parte, la *depresión* es un problema completamente distinto. Es normal que de vez en cuando todos nos sintamos tristes, abatidos o inútiles. La depresión requiere un trastorno del estado de ánimo marcado por alguna combinación de desánimo constante, disminución de la energía, actividad, interés o autoestima, que interfieren con frecuencia con el sueño, el apetito o la concentración. La depresión se clasifica en una escala de ligera a moderada o severa, quienes padecen la última suelen contemplar o intentar suicidarse.

Tiene sentido que el estrés y la ansiedad se traten como sinónimos (aunque no lo son) porque tienen muchas cosas en común. Pero ¿por qué la depresión se agrupa con la ansiedad (que en estos días casi siempre se llama ansiedad y depresión)? Porque están vinculadas causalmente: quienes padecen ansiedad corren mayor riesgo de padecer depresión y viceversa. La *comorbilidad*, es decir, que dos diagnósticos distintos coexisten al mismo tiempo, es frecuente entre los padecimientos psiquiátricos, sobre todo en el caso de la ansiedad y la depresión. Durante la adolescencia, la ansiedad suele presentarse primero; con frecuencia como ansiedad social, por lo general en la secundaria —lo cual resultará muy familiar a todo aquel que asistió a secundaria, el centro de congregación entre la presión de los amigos y la formación de la identidad— y, al cabo de los años, puede seguir la depresión. Este doble impacto puede presentarse en cualquier momento de la vida, pero es particularmente frecuente en la adolescencia y los primeros años de la adultez.

DIAGNÓSTICOS FRECUENTES EN LA SALUD MENTAL DE LAS ADOLESCENCIAS

La salud mental incluye mucho más que estrés, ansiedad y depresión. La siguiente lista presenta algunos de los diagnósticos más conocidos. Para quienes busquen más información, en nuestra página web (https://myoomla.com/pages/resources-we-love) tenemos una lista de recursos que actualizamos con frecuencia.

Adicción: se refiere al uso de sustancias o a la participación en conductas que se vuelven crónicas y habituales (en general porque generan golpes de dopamina en el cerebro, y se sienten muy bien), aunque se sepa que las consecuencias físicas, psicológicas y sociales son dañinas. Algunas personas recurren a sustancias para automedicar sus problemas de salud mental diagnosticados o no, como fumar mariguana o tomar ansiolíticos para gestionar la ansiedad. Sin importar cómo se llega aquí, una persona adicta a una sustancia experimentará síntomas de abstinencia ante la ausencia de dicha sustancia; los síntomas incluyen ansiedad, irritabilidad, náusea, temblores.

Trastorno de ansiedad y ataques de pánico: el trastorno de ansiedad se define como la preocupación excesiva o persistente que es difícil de controlar, causa angustia o disfunción significativos y ocurre con relativa frecuencia. Los ataques de pánico son episodios repentinos de miedo intenso que detonan reacciones físicas severas cuando no hay un peligro proporcional o causa aparente. Los preadolescentes y adolescentes utilizan estos términos clínicos a la ligera, tratan como una patología sentimientos normales de ansiedad o preocupación.

Trastornos alimentarios: este grupo incluye dismorfia corporal, anorexia, bulimia, ingesta compulsiva y otros. Cada diagnóstico puede ser autónomo o coexistir con otros de la lista. Por ejemplo, una persona con dismorfia corporal podría padecer también depresión. El capítulo 14 detalla cada uno de los trastornos alimentarios.

Trastorno obsesivo compulsivo (TOC): las personas que padecen TOC tienen pensamientos incontrolables y repetitivos (obsesiones) o conductas (compulsiones) o ambas, con la necesidad incontrolable de repetirlas una y otra vez. Cierta compulsión —para concretar una tarea, organizarse, estudiar o entrenar un poco más— es muy útil; pero cuando los pensamientos se convierten en temores debilitantes o ideas invasivas, atiborrando el espacio cerebral, se vuelve más destructiva que constructiva. Las adolescencias mencionan mucho el TOC en estos días, pero sólo 1 de cada 3 por ciento de todos las infancias tiene este diagnóstico.

Ahora, pasemos a la ciencia del autocuidado. Casi todo lo que te recomendó tu abuela para tener una vida saludable y feliz resulta ser cierto y estar respaldado por las estadísticas.

Ejercicio

Siempre se ha atribuido al ejercicio la mejora del estado de ánimo; para los corredores es la euforia del corredor, pero la mayoría de los deportes y actividades físicas tienen su propio término celebratorio para describir ese momento específico en el que llega una oleada de euforia. Se suele atribuir este sentimiento a las endorfinas que se secretan durante una actividad física intensa, pero los investigadores han desmentido esta teoría gradualmente: ahora atribuyen el subidón a los endocannabinoides. Al igual que las endorfinas, los endocannabinoides son hormonas que se producen de forma natural. No obstante, las endorfinas no cruzan fácilmente la barrera hematoencefálica como sí lo hacen los endocannabinoides. Una vez en el cerebro, los endocannabinoides pueden generar una sensación de alegría. También inducen la calma y reducen la ansiedad; las endorfinas no tanto. Sin importar el mecanismo, queda claro que mover el cuerpo activa la producción de químicos que nos hacen sentir bien en todo sentido. Es un antidepresivo natural.

El ejercicio genera beneficios para la salud mental a largo plazo, sobre todo los entrenamientos cardiovasculares regulares, que pueden estimular el crecimiento de nuevos vasos sanguíneos dentro y alrededor del cerebro y también pueden multiplicar células cerebrales en ciertas zonas (término científico: neurogénesis). Los investigadores de la memoria creen que esto retrasa o incluso previene el deterioro cognitivo. De hecho, la zona del cerebro asociada con la memoria y el aprendizaje, el hipocampo, incrementa en volumen con el ejercicio regular, mejora la memoria, la concentración y la capacidad para cambiar entre tareas (una habilidad que se conocía como *multitasking o multifunción*, pero ahora se le nombra distinto porque el cerebro es incapaz de hacer dos tareas cognitivas a la vez, pero sí puede ir y venir entre tareas muy rápido).

El ejercicio beneficia la salud mental. Las personas sin depresión tienen más probabilidades de hacer ejercicio que las que sí la padecen. Dicho esto, la depresión disminuye la energía e incrementa la apatía —¿quién quiere hacer ejercicio cuando se siente desanimado?—, pero la actividad física estructurada puede revertir los síntomas depresivos. Por desgracia, hacer ejercicio no previene la depresión, pero sí levanta el ánimo de cualquiera, deprimido o no.

Nutrición

Ninguna novedad: lo que comemos altera de manera profunda —y rápida— cómo nos sentimos. Hay una manera de comer bien sin importar la filosofía alimentaria, así que no importa si eres carnívoro, pescetariano, vegetariano o vegano. Una nota importante: ningún estilo de dieta garantiza decisiones inteligentes y saludables. Una dieta saludable contiene frutas y verduras de todos los colores; una variedad de proteínas y carbohidratos; muchas más comidas naturales que procesadas; azúcares naturales y no refinadas; porciones moderadas y mucha agua entre comidas. Comer así nos hace sentir con mucha energía y estabiliza nuestro estado de ánimo. ¡No temas! Una dieta saludable incluye comida casera o reconfortante, como papas fritas o chocolate, o azúcar para un subidón rápido de energía o un momento de consuelo, pero siempre en moderación. La comida es muy poderosa, por eso la nutrición es crucial en el autocuidado.

Tampoco sorprende que las dietas equilibradas sean beneficiosas para la salud mental a largo plazo. Cuando una persona come bien pasan varias cosas: mantiene su peso y éste no fluctúa sin freno; la piel es menos reactiva (traducción: menos granos) y el cuerpo se siente satisfecho, pero no lleno ni inflamado. Todo esto fomenta una imagen personal positiva, seguridad y buen estado de ánimo. Desde luego, no siempre es así: a veces a quienes comen equilibrado se les dificulta sentirse bien; pero con una alimentación deficiente la dificultad sería mayor. Si alguna vez has pensado que la ciencia que respalda la nutrición y el ejercicio es pertinente para las infancias y los adultos, estás en lo cierto. De hecho, no hay estrategia de autocuidado que funcione sólo para un grupo de edad, estos consejos son para todas las generaciones.

El capítulo 14 aborda en detalle los trastornos alimentarios en particular, así que seremos breves. Pero basta decir que los beneficios de una nutrición equilibrada contribuyen a una salud mental positiva y, por otro lado, muchos problemas de salud mental involucran la comida. A veces este tema parece controvertido por el temor de que una charla sobre la comida con preadolescentes y adolescentes propicie un trastorno alimentario. Hay formas sutiles más constructivas de abordar este tema, una labor que vale la pena dada la cantidad interminable de información que vincula nuestro estado de ánimo, confianza y bienestar general con la alimentación.

Sueño

Dedicamos un capítulo completo a este tema, pero vamos a repetir algunas cosas, esta vez en lo que se refiere específicamente a la salud mental. En breve, el sueño altera el estado de ánimo de manera radical. Es la forma más sencilla de autocuidado porque ni siquiera exige estar despiertos.

Un sinnúmero de estudios ha documentado los beneficios del sueño. En uno de ellos, investigadores de la Universidad de Pensilvania desvelaron a un grupo de personas, les permitieron dormir sólo 4.5 horas por las noches una semana entera y descubrieron (para sorpresa de nadie) que estaban más estresados, enojados, tristes y mentalmente exhaustos; pero en cuanto volvieron a dormir normal, *voilà!*, mejoró su estado de ánimo.

Dormir varias horas de sueño ininterrumpido requiere solucionar cómo dormir las horas mínimas que necesitamos y, al mismo tiempo, cumplir con nuestras obligaciones. Se dice fácil. Algunos despiertan tarde para compensar y recuperar las horas perdidas, pero el cuerpo no siempre obedece y en vez de aprovechar esas horas extra una mañana tranquila, se despierta a la misma hora de siempre. Esto es muy molesto pero tiene perfecto sentido porque los ritmos circadianos del cuerpo están arraigados por diseño, y es mucho más difícil cambiarlos de lo que se cree. Además, dormir bien en la noche requiere de muchos detalles que algunos dan por sentado, como ropa de cama que corresponda con la temperatura ambiente, una almohada que no sea ni demasiado suave ni demasiado dura, un colchón adecuado en una base sólida que no rechine, silencio, una habitación oscura que nos permita conciliar el sueño y permanecer dormidos, que cada quien interpreta a su manera; y sentirnos a salvo. La lista de variables, unas costosas y otras inaccesibles, continúa.

La relación entre el sueño y la salud mental es bidireccional, lo que significa que cada uno puede ayudar o perjudicar al otro. Los problemas de salud mental pueden impedir el sueño, ya sea por los medicamentos que dificultan conciliar el sueño o porque el problema genera insomnio. Por ejemplo, tanto la ansiedad como el estrés incrementan la agitación e inquietud, lo cual no es muy propicio para acostarse a descansar. Y viceversa, la falta de sueño provoca salud mental deficiente o, por lo menos, mal humor y mecha corta.

Una nota al pie importante sobre los adolescentes que se permiten dormir como estrategia de autocuidado: la melatonina es un potente químico natural que segrega la glándula pituitaria del cerebro y su labor es indicar al cuerpo que es hora de relajarse para dormir. En el capítulo 10 detallamos cómo muchas variables interfieren con la segregación de melatonina, sobre todo las lámparas y la luz azul de la computadora y de las pantallas de los teléfonos. Como los cerebros de las y los adolescentes tienden a producir melatonina más tarde en la noche, a diferencia de los cerebros más jóvenes o maduros, no están cansados cuando, racionalmente, se quieren acostar. Es muy frustrante querer hacer lo correcto: apagar temprano los aparatos, acostarse y quedarse ahí sin poder dormir. Como ya dijimos en el capítulo sobre el sueño, si bien los ritmos circadianos son poderosos, también se les puede entrenar. Acostarse más o menos a la misma hora todas las noches ayuda al cuerpo a adaptarse a la rutina, pero si se trata de un ajuste reciente, el cambio puede tardar. Por cierto, una desvelada ocasional está bien. Dicho esto, el cuerpo rara vez obedece cuando se descontrolan nuestros horarios por completo.

Atención plena o *mindfulness* y meditación

La ciencia que respalda los beneficios de la atención plena y la meditación está en auge, en particular en lo que respecta a la salud mental, a tal grado que las que antes eran técnicas hippies y alternativas, hoy son un enfoque convencional para abordar todo, desde desafíos rutinarios hasta enfermedades mentales. Estudio tras estudio demuestran sus beneficios, entre ellos, la reducción de la reactividad emocional, la mejora de la regulación de las conductas y del bienestar subjetivo. En otras palabras, quienes meditan se sienten menos malhumorados, toman mejores decisiones y reportan sentirse más contentos que antes de que empezaran a meditar.

Convencer a los adolescentes de meditar puede ser difícil porque les exige paciencia y silencio, lo que no necesariamente es su fuerte a esa edad. Pero los ejercicios breves de respiración que calman el cerebro —y el cuerpo— duran un par de minutos y conllevan beneficios ya demostrados. Incluso para los adultos, la respiración por patrones (como 4-7-8) entre 15 y 30 segundos proporciona una pausa mental suficiente para resetear el estado de ánimo y reformular una reacción.

Muchas otras estrategias cotidianas se consideran parte de la atención plena y favorecen el bienestar mental. Las amistades tienen un papel extraordinario en la felicidad (véase el capítulo 20), al igual que las relaciones románticas y las conexiones profundas con la familia. Adquirir un nuevo pasatiempo también puede beneficiar la salud mental, gracias al dominio de algo nuevo y las conexiones sociales que establecemos con personas con intereses afines. De hecho, la lista de técnicas que contribuyen a la salud mental podría ocupar muchas páginas, apenas rascamos la superficie.

QUÉ HA CAMBIADO EN LOS ÚLTIMOS 20, 30, 40 AÑOS

La necesidad de cuidar la salud mental ha aumentado exponencialmente. Las tasas de trastornos de ansiedad, trastornos alimentarios, TDAH y adicciones están incrementándose constantemente, lo que hace que el panorama de la salud mental sea apenas reconocible desde hace una generación. Los hospitales psiquiátricos están repletos, muchos tienen listas de espera para los enfermos graves que necesitan cuidados las veinticuatro horas. La epidemia global exacerbó el fenómeno, que ya de por sí estaba aumentando, de los problemas de salud mental entre las adolescencias.

Conversa con cualquier psiquiatra, psicólogo, trabajador social, terapeuta familiar o matrimonial, o con cualquier otro profesional de la salud mental, y te dirá que nunca había tenido tanto trabajo. Trabajan con pacientes que necesitan ayuda y rechazan a nuevos pacientes. Te decimos por qué:

- Casi la mitad de todas las adolescencias en Estados Unidos —49.5 por ciento— ha sido diagnosticada con una enfermedad mental o un problema de salud mental en algún punto de su vida.

- Entre 2005 y 2007 las tasas de episodios depresivos serios entre las adolescencias de 12 a 17 años aumentó 52 por ciento; en 2005, 8.7 por ciento reportó depresión severa con respecto al año anterior, y hacia 2017 la cifra se había incrementado 13.2 por ciento. Son más de 1 de cada 8 adolescentes con depresión severa.

- En 2016 los trastornos de ansiedad ya habían aumentado: cerca de 11 por ciento de todas las adolescencias entre los 12 y los 17 años había sido diagnosticado; hoy en día la cifra casi se ha triplicado, con 32 por ciento de todas las adolescencias que han recibido este diagnóstico.

- En 2021, más de un año después de la pandemia de covid, el Cirujano General de Estados Unidos y la Academia Americana de Pediatría declararon una emergencia de salud mental entre los jóvenes debido a que ese año:

44 por ciento de los alumnos de preparatoria reportó sentirse triste o desesperado de forma constante.

15 por ciento de todas las infancias entre los 12 y los 17 años había tenido uno o más episodios de depresión severa.

10.6 por ciento vivía con depresión severa y constante.

4 por ciento batallaba con el abuso de sustancias.

Quizás estas alzas se deben, en parte, a que los investigadores y médicos han mejorado a la hora de preguntar sobre estos temas y a que los pacientes/encuestados son más honestos con sus respuestas. Con seguridad, un factor responsable del incremento de estas cifras ha sido la eliminación de la estigmatización generalizada de los problemas de salud mental. Hace una generación, el tema apenas se compartía entre susurros; pero en 2021, cuando Simone Biles renunció a competir en plenas Olimpiadas, aludiendo a su salud mental, su disposición para compartirlo abiertamente generó un punto de inflexión en el que figuras públicas, celebridades y otros atletas profesionales se sintieron con la libertad de revelar sus vivencias. Mucho antes de este episodio ya se habían registrado cambios en el debate en torno a la salud mental, pero ahora ya era oficial: se había disipado el estigma. Momentos como éste incrementan la probabilidad de que cualquiera —una celebridad o persona promedio— hable sobre su salud mental con un doctor, investigador o amigo.

Un sinnúmero de estadísticas recientes respalda el hecho de que la salud mental ha caído en picada, no desde hace décadas, pero por lo menos desde hace quince años (escaló sobre todo durante el confinamiento por el covid). Hoy en día, el estrés nocivo para la salud parece haberse vuelto omnipresente entre los preadolescentes y adolescentes. Pregúntales cómo están y la respuesta será "estresado" o "bien". Así que cuando intentamos cuantificar qué ha cambiado desde la época de la pubertad de los papás o abuelos actuales, la prevalencia de casi todos los problemas de salud mental se ha incrementado al menos en orden de magnitud.

Las redes sociales han perjudicado y ayudado. Si bien internet se ha aclamado el gran conector y hogar de una variedad de comunidades de apoyo en temas de salud mental, también se le asocia con tasas más altas de depresión, ansiedad y trastornos alimentarios que corresponden con la cantidad de tiempo que se pasa en las aplicaciones de distintas redes sociales.

SUICIDIO ADOLESCENTE

El suicidio es la consecuencia más catastrófica de la depresión. Los Centros para el Control y la Prevención de Enfermedades (CDC, por sus siglas en inglés) han estado monitoreando de cerca el aumento de las tasas de suicidio entre preadolescentes, adolescentes y veinteañeros, documentando una sombría tendencia prepandémica: un incremento de casi 60 por ciento en la década entre 2007 y 2018. El covid magnificó el problema, incrementó aún más las tasas de visitas a las salas de urgencia por ideas o intentos suicidas, sobre todo entre preadolescentes de 10 a 13 años. Y entre los de 15 a 24 años el suicidio es la segunda causa de muerte. En 2022 un asombroso 20 por ciento de alumnos de preparatoria reportó tener ideas suicidas y 9 por ciento manifestó haber intentado suicidarse. The Trevor Project identificó índices aún más altos (hasta de 25 por ciento) entre las infancias y adolescencias que se identifican como LGBTQ+ en comparación con sus contemporáneos cisgénero y heterosexuales.

Esta información es aterradora. Como respuesta, en 2021 en la Unión Americana se declaró una emergencia de salud mental y se creó una nueva línea de atención para la prevención del suicidio, el 988. ¿Quién está en riesgo? Un grupo de adolescentes más grande que nunca, sobre todo quienes han padecido abuso físico o sexual, uso de sustancias o acoso escolar; quienes tienen historia de enfermedades mentales; quienes no tienen acceso a atención médica psicológica o psiquiátrica; y quienes tienen a disposición medios letales, como un arma cargada y a la vista. Sin embargo, *hay* formas comprobadas para prevenir el suicidio. Uno de los factores protectores más importantes son las conexiones familiares y comunitarias, las habilidades para gestionar las emociones y las interacciones sociales y el acceso a atención médica psicológica o psiquiátrica. Para más información, consulta la sección de recursos en nuestra página web: https://myoomla.com/pages/resources-we-love

El cambio generacional en el cuidado personal representa un alivio. Hoy más que nunca, cada vez más personas utilizan —y comparten— estrategias de autocuidado como la meditación, escribir un diario, ejercitarse y dormir. El panorama digital aquí es útil, pues ofrece aplicaciones que hacen accesibles todas estas estrategias. La mayoría de la gente está familiarizada con la evidencia que aporta la neurociencia para demostrar los beneficios de dormir mejor, y la palabra *melatonina* ya no es desconocida; de hecho, la gente no sólo la conoce, la compra en el pasillo de las vitaminas.

Una nueva estrategia de autocuidado que ha surgido de la necesidad es la recomendación de retirar todos los aparatos (computadoras, iPads, teléfonos y demás) del cuarto durante la noche. Hace dos décadas era probable que hubiera una computadora en el cuarto y tal vez un teléfono (seguro inalámbrico, no celular); hace cuatro décadas todo eso era inimaginable: la tele estaba en la sala y el teléfono alámbrico en la cocina. Pero hoy en día los *pings*, las notificaciones, la llegada interminable de correos y mensajes interrumpen el sueño a tal grado que la mayoría que quiere descansar está dispuesta a enchufar sus aparatos en otro lugar durante las noches. Sí, también las infancias, sobre todo cuando los adultos en casa les enseñan con el ejemplo.

CÓMO HABLAR DE ESTO

Con frecuencia a los adultos les incomoda abordar la salud mental de las adolescencias, sobre todo cuando crecieron en familias que no hablaban abiertamente de sus sentimientos o si les enseñaron a "ser fuertes" de cara a dificultades emocionales. Pero como con todo el contenido de este libro, la incomodidad no es motivo suficiente para evitar una conversación. Recuerda que cuidar la salud mental va más allá de hablar, no se trata sólo de lo que decimos o hacemos, sino también de saber ver y escuchar.

Si te preocupa que tu hijo esté padeciendo un problema de salud mental no esperes a ver si es una fase pasajera o si mejorará con el tiempo, acude con un profesional. Quizás es difícil conseguir una cita rápido con un profesional de la salud mental, pero hay muchos lugares por donde empezar: los psicólogos de la escuela, orientadores, consejeros de la iglesia y pediatras, quienes pueden conversar con él o ella para evaluar y estabilizar la situación hasta que puedas hacer algo más o ir a los servicios de emergencia de ser necesario.

No todos los escenarios son igual de preocupantes. Por una parte, están las infancias que nos preocupan un poco... lo suficiente para izar una bandera amarilla pero no una roja. Así podemos crear un entorno que fomente su salud mental.

Ayúdalos a diferenciar entre reacciones normales y una patología

Debido a las redes sociales e internet, las adolescencias de hoy se diagnostican a sí mismas con la mano en la cintura. ¿Cuántas veces en esta semana has escuchado que tu preadolescente o adolescente tuvo un "ataque de pánico" o piensa que su amigo tiene un "trastorno de ansiedad"? Por una parte, enhorabuena por normalizar sentimientos importantes que, tradicionalmente, se habían escondido en los baños de la escuela o debajo de las cobijas durante la noche. A todos nos entusiasma que se haga público el espectro completo de las emociones humanas. Pero las infancias necesitan ayuda para diferenciar entre un diagnóstico clínico y los sentimientos cotidianos, aunque sean desafiantes. Estar estresado no es lo mismo que tener un trastorno de ansiedad. Tener las palmas de las manos sudadas y el ritmo cardiaco acelerado no equivale a un ataque de pánico. Organizar el escritorio para ponerse a hacer la tarea no es señal de TOC. Sentirse triste una semana por una separación no es depresión clínica. De nosotros depende normalizar sentimientos más difíciles que son parte de la madurez y, al mismo tiempo, enseñarles a distinguir entre las emociones difíciles y la enfermedad mental.

No minimices sus emociones tildándolas de "dramatismo"

Nuestra cultura tiene la costumbre de minimizar las emociones adolescentes calificándolas como "dramatismo", esto es, reacciones exageradas ante situaciones menores que no exigen la intensidad de los sentimientos expresados. Nuestro propio monólogo interior podría estar diciendo: *Ya lo viví, ¡supéralo!* Sin embargo, descartar los sentimientos de nuestros hijos los puede poner en peligro, sobre todo cuando les expresamos que no nos interesa escuchar qué les pasa. Tal vez ahora estén bien, pero quizá cuando las cosas se compliquen no querrán contarnos.

A lo que nosotros no le concedemos importancia ellos sí. Como explica la neurociencia: los cerebros adolescentes experimentan las emociones con más intensidad que los cerebros más jóvenes y maduros. A medida que las y los preadolescentes y adolescentes aprenden a gestionar sus emociones, experimentan altibajos al mismo tiempo. Algunos chicos expresan sus sentimientos de forma muy parecida a la persona en el gimnasio que grita mientras levanta pesas; sí, es molesto, pero si los hace sentirse más fuertes, ¿quiénes somos nosotros para juzgar? Lo más importante, si desdeñamos sus sentimientos por ser triviales o exagerados, es menos probable que más adelante nos quieran contar algo. Si no confían en que trataremos sus sentimientos con respeto y si está ocurriendo algo grave, buscarán a alguien más o, peor, a nadie.

Mantén la comunicación abierta

Lo decimos en todos los capítulos porque es *muy* importante, sobre todo cuando las infancias enfrentan dificultades emocionales. No nos referimos a que hables más, todo lo contrario, en muchos casos se trata de escuchar en silencio. Personalidades distintas se comunican de formas distintas, aquí algunas sugerencias:

Los conversadores pueden hablar mucho, pero no necesariamente de las cosas que suceden debajo de la superficie. En los momentos de tranquilidad es cuando profundizan más, así que crea un espacio para que encuentren algo de quietud. O simplemente resiste la tentación de llenar el silencio con tus propias palabras.

Los que por naturaleza son callados no van a abrirse a menos que los adultos hablen mucho, que monopolicen la conversación. Esos chicos necesitan tiempo —en casa, desayunando, en el coche, paseando al perro— para encontrar un respiro con el fin de abrirse, sobre todo si parece que siempre hay otros chicos presentes.

Los estresados o ansiosos necesitan ayuda de los adultos, sobre todo para tranquilizarse. Esto puede implicar acompañarlos en silencio o sentarse a su lado si están fuera de control y respirar despacio y profundo. Los chicos suelen seguir esta instrucción, lo que los ayuda a calmarse.

Esto no significa que los adultos deban ser espectadores silenciosos, sino ser sensatos a la hora de abrir la boca. Es lo que funciona. La curiosidad honesta es extraordinaria para crear oportunidades a fin de que los adolescentes empiecen a compartir: *Tengo una duda... Me he dado cuenta de que... ¿Qué opinas de?...* Todas estas entradas les dan la ocasión de dirigir la conversación en vez de seguir el camino que eligen los adultos. Puede ser particularmente difícil cuando te preocupa tu hija, estás a punto de perder el control o te urge abordar el tema. Pero es una táctica extraordinaria para que los chicos den respuestas más sustanciales, además de trabajar en la introspección, aprender a conocerse y expresarse.

Tienes que ser una válvula de escape, no fuente de presión

Muchos adolescentes comparten de forma abierta y llana la extrema cantidad de presión que sienten para sacar las mejores calificaciones o sobresalir en los deportes, la música o el teatro. El proceso de ingreso a la universidad añade una expectativa tras otra, por lo que muchos chicos sienten que, sin importar lo mucho que se esfuercen, nunca es suficiente. Los adultos tienen dos opciones: sumarse a la presión o ser la válvula de escape. ¡Alerta de *spoiler*! Sólo hay una respuesta correcta.

¿Cómo lograr ser la válvula de escape? Cuando salga de la escuela, en vez de preguntar: *¿Cómo estuvo el examen? ¿Te dejaron tarea? ¿Hablaste con el profesor sobre tu ensayo? ¿Cuánto tiempo te tocó jugar en el partido? ¿Cuándo salen los resultados de la obra?*, intenta: *¿Hoy pasó algo divertido en la escuela? ¿Quieres ver una peli conmigo el fin de semana? ¿Te diste cuenta de qué hizo el perro con su cama mientras no estabas? ¿Quieres probar este queso que compré?* Las preguntas sin riesgos que no tienen nada que ver con una tarea o un pendiente pueden ayudar a mejorar el estado de ánimo de los adolescentes. Encontrar otros temas de conversación además de la escuela y las responsabilidades les ayuda a sentirse como seres humanos integrales, no sólo como la suma de sus logros o fracasos.

Una nota al pie importante: todos ponemos nuestras propias ansiedades sobre la mesa. Así que reflexiona y reconoce las tuyas. Si descubres que pretendes que tu hija te tranquilice *a ti*, es señal de que la conversación no gira en torno a ellos. Encuentra tu propia válvula de escape.

Refuerza los hábitos que conducen a la buena salud mental

A medida que las infancias crecen y se vuelven más independientes, los adultos dejan de tener el control sobre muchos aspectos de su vida. Es un hecho. Lo cual no quiere decir que ya no controlamos *nada*, sobre todo cuando viven en nuestra casa. Si bien reforzar las reglas y las expectativas puede ser particularmente desafiante en la adolescencia, y a veces nos gustaría claudicar, en estos años nuestros hijos necesitan que pongamos límites, más que nunca. Toda esa información sobre el sueño, el ejercicio y la alimentación equilibrada contribuye al bienestar mental, y nuestra labor es que lo cumplan (sí, es un trabajo arduo).

Sueño. Asegúrate de que no estén despiertos hasta tarde, ya sea socializando en sus aparatos o estudiando sin parar. Ayudarles a poner límites puede garantizar que se acuesten a una hora razonable. Retirar los aparatos de su cuarto en las noches contribuye mucho a lograrlo, al igual que pedirles que se desconecten de sus teléfonos una hora (¡o dos!) antes de dormirse. Lo sabemos, es una batalla constante y no siempre tendrás ganas de librarla, pero vale mucho la pena.

Ejercicio: no a todas las infancias les gusta practicar deportes o entrenar en el gimnasio, pero todas necesitan mover el cuerpo *por lo menos* 60 minutos todos los días. Puede resultar molesto a quienes no se consideran "atletas"; ayúdalos a encontrar formas de ejercitar que sean cómodas y auténticas según sea su caso: pasear al perro, tomar una clase de baile en línea, ir a yoga con un amigo. No se debe subestimar el beneficio emocional del ejercicio, incluso si es moderado, pero a veces necesitan ayuda para encontrar la mejor actividad para ellos y convertirla en rutina. Ten paciencia porque crear el hábito de la actividad física de por vida es un maratón, no una carrera corta. Y no, no importa en lo mínimo que cada semana cambien de actividad, siempre y cuando se muevan.

Alimentación equilibrada: equilibrada de verdad: fruta y verdura, y, sí, chocolate y helado. Todos los grupos alimenticios tienen su importancia para el bienestar físico y emocional. Algunos nos dan energía, otros nos reconfortan, algunos nos ayudan a aumentar la masa muscular. A los adultos les corresponde ofrecer una variedad sana. Es igual de importante no demonizar ciertos alimentos y asegurarnos de que consuman lo que necesita su cuerpo y su cerebro.

Cómo saber si un chico pasa por una crisis

Los adultos nos preocupamos 24/7 por las y los adolescentes que amamos y no hay *nada* peor que verlos sufrir. Sin embargo, ciertas señales externas exigen acción inmediata, como las autolesiones, la idea suicida, el abuso de alcohol o sustancias y las purgas o la restricción calórica permanente. A veces es difícil categorizar cambios sutiles (o no tan sutiles) en su comportamiento: ¿qué es parte del tsunami emocional de la adolescencia y qué exige acudir con un profesional? Si dudas, pide ayuda. Si se presenta cualquiera de estas señales y persiste durante más de una o dos semanas —o si tienes la corazonada de que necesitas un enfoque más activo— visita a un profesional. Éstas son señales de que un adolescente no sólo está pasando por un momento difícil:

- Tristeza o preocupación constantes, llanto inconsolable.

- Apatía (indiferencia).

- Letargia (agotamiento), incluido dormir mucho.

- Incapacidad para conciliar el sueño.

- Pérdida de interés en la higiene, el autocuidado o la presentación; por ejemplo, si no se baña ni se cambia la ropa.

- Evita interacciones sociales, no les habla a sus amigos, no sale de la casa, se aleja por completo de la gente de su entorno.

- Cambia sus hábitos alimenticios, ya sea comiendo mucho menos o mucho más de la cuenta.

- Enojo o irritabilidad constante, incluidos ataques repentinos.

- Ingesta fuerte de alcohol o uso de sustancias.

📢 QUÉ OPINAN QUIENES YA ESTÁN DEL OTRO LADO

B. H., ella, 21 años

Durante buena parte de mi vida he batallado con mi salud mental. En secundaria padecí acoso escolar grave durante años, así como ansiedad y depresión que me acompañan aún hoy. Viví en Hong Kong durante siete años, desde la primaria hasta la secundaria, y hablar sobre la salud mental estaba estigmatizado, a tal grado que nunca entendí cómo me sentía ni por qué. A los 10 años me sentía muy sola. Me sentía aislada porque no podía hablar con mis amigos al respecto y me daba miedo contarles a mis papás del acoso, porque me tacharían de emocional y malhumorada, una acusación que mi familia me hacía frecuentemente. Como consecuencia sufrí mi trauma en soledad. Mi tía intervino cuando se enteró por mi prima, quien iba a la misma escuela que yo, y les contó a mis papás. Me mudaron a California, en donde las cosas empezaron a mejorar. Creo que se dieron cuenta de que me estaba convirtiendo en una persona que no querían que fuera y concluyeron que estar en contacto con una cultura con la que me sentía a gusto me beneficiaría.

Un par de años después, en la preparatoria, viví otro suceso traumático. Sufrí una agresión sexual en el último año. Mi salud mental nunca había estado tan deteriorada. Siempre se me facilitó la escuela, pero empecé a sacarme 6 en los exámenes por primera vez en mi vida.

Tenía que convertirme en otra persona. Dejé de ser la niña emocional y llena de vida que todos conocían. Era la cáscara de un ser humano, me dediqué por completo a los estudios sin enfrentar lo que me había pasado. Pero en esta ocasión las cosas eran distintas: ya no estaba sola. Les conté a mis papás y a mi mejor amiga. Para mis papás y mis seres queridos fue difícil enterarse de que le había pasado esto a su única hija y su buena amiga, y no fue un tema de conversación fácil. Antes de esto, mis papás y yo nunca habíamos hablado de la salud mental en serio, pero supongo que el lado bueno es que por fin se volvió algo de lo hablábamos en la cena.

Empecé a ir a terapia y por fin mis papás dejaron de considerar mis emociones como una broma. Con la ayuda de mi increíble terapeuta, mi familia amorosa y amigos que se preocuparon por mí, aprendí a hablar de mis sentimientos y asimilar mi trauma. No fue rápido, pero por fin pude hablar al respecto con mis amigos, mis papás y adultos de confianza. Dejó de darme vergüenza enfrentar problemas de salud mental y no estaba sola. La diferencia más importante entre poder superar mi trauma y otros temas de salud mental fue hablar al respecto con la gente de mi entorno. Pude apoyarme en amigos y familiares que querían ayudarme sin juzgarme por quien soy ni lo que me pasó. El apoyo de la gente me hizo sentirme segura por primera vez en mi vida.

Por desgracia, a todos les pasan cosas horribles y por eso es importante reconocer e identificar los cambios en el estado de ánimo y temperamento de tus hijos. En mi caso, creo que mis papás no querían creer que a su hija perfecta le podían estar aquejando problemas de salud mental. Me afectó a tal grado que yo misma dudé de mis propios sentimientos y en ese momento se volvió peligroso. Busqué validación afuera durante tanto tiempo, y la primera persona en dármela fue una de mis mejores amigas, en quien confiaba y con quien me pude sincerar. ¡Sé esa persona para tu hija!

En retrospectiva, mis papás hicieron su mejor esfuerzo, dadas las circunstancias. Para ellos fue difícil manejar las dos situaciones; sin embargo, la diferencia entre cómo me ayudaron con el acoso escolar y el abuso sexual fue enorme. Para empezar, permitieron que interviniera alguien más y no descartaron la idea de terapia y la salud mental, a pesar de su educación. Mi mejor amiga en la preparatoria, quien más me apoyó durante toda esta experiencia, es producto de una educación liberal en Los Ángeles que valoraba mucho la salud mental. Me considero afortunada porque agradezco el apoyo que recibí.

Capítulo 14

Imagen corporal y trastornos alimentarios

Una de las grandes crueldades de la pubertad es su impredecibilidad, no sólo el proceso de transición sino los resultados finales. Si tuviéramos que elegir un sello distintivo de la pubertad que mejor la represente, sería la silueta y el tamaño del cuerpo.

Durante la pubertad, los cuerpos cambian muchísimo. Tan sólo durante el estirón, los adolescentes aumentan 20 por ciento de estatura e incluso más de peso. Algunos parecen transformarse de la noche a la mañana, mientras que para otros su metamorfosis, apenas visible, se desarrolla en el curso de meses y años. Tan sólo esta discrepancia sería suficiente carga para ellos, pero también hay que considerar que su cuerpo seguirá transformándose durante toda su vida. A veces los adultos todavía tienen un aspecto muy similar al que lucían al final de la pubertad, pero muchos viven en cuerpos completamente distintos. Es mucho más fácil manejar una etapa transitoria si se le asigna un tiempo, sabiendo cuándo terminará, pero con el físico pasa lo opuesto. Es la faceta de la pubertad que dura más.

 ## EMPECEMOS CON LA CIENCIA

La imagen corporal se refiere a la relación de una persona con su cuerpo: lo que ven en el espejo y cómo se sienten al respecto. La insatisfacción con el cuerpo (que no te guste una parte o todo) o la dismorfia corporal (obsesión con la apariencia externa) pueden alimentar una imagen corporal negativa y, en última instancia, causar un trastorno alimentario. Tiene perfecto sentido que los cambios que produce la pubertad en el cuerpo detonen estas dificultades; lo sorprendente es lo mucho que pueden persistir esos sentimientos dolorosos, en algunos casos toda la adolescencia, en otros, décadas.

DEFINICIÓN DE LOS CONCEPTOS MÁS COMUNES

Insatisfacción corporal: cuando una persona tiene pensamientos y sentimientos negativos persistentes sobre su cuerpo. Se trata de un proceso interno, emocional y cognitivo, pero influyen factores externos.

Trastorno corporal dismórfico o dismorfia corporal: trastorno de la salud mental que se caracteriza por percibir uno o más defectos en el aspecto personal que los demás consideran menores o ni siquiera los perciben.

Trastorno alimentario: una serie de trastornos de la salud mental —entre ellos, anorexia nervosa, bulimia y atracones— que se caracterizan por hábitos alimenticios atípicos o desordenados.

Anorexia nervosa: la tríada de peso corporal anormalmente bajo, miedo intenso de subir de peso y percepción distorsionada del peso.

Bulimia nervosa: episodios recurrentes de atracones seguidos de conductas compensatorias, como vomitar, ingesta de laxantes o ejercicio excesivo para prevenir el aumento de peso.

Atracones: episodios de consumir una cantidad excesiva de comida que pueden realizarse en un periodo breve o consistir en picotear por largo tiempo.

Fuentes: mayoclinic.com, uptodate.com, NEDC.com.au, entre otras.

En nuestra cultura hemos relacionado el fenómeno de los trastornos alimentarios con el género, asignándolo casi exclusivamente a las mujeres. Pero es un error enorme, un yerro inocente que evolucionó porque muchas niñas y mujeres quieren ser delgadas. La pérdida de peso en un intento por alcanzar este objetivo es una señal notoria. La insatisfacción corporal suele iniciarse cuando aumenta el abdomen y comienza a acumular grasa en torno a la cintura, lo cual les pasa a muchas niñas preadolescentes poco antes o al comienzo del desarrollo de los senos. Felizmente, algunas no se dan cuenta, pero muchas sí lo perciben y empiezan a describirse con palabras como *gorda*, *llenita* o *ancha*. En el curso de la pubertad les salen curvas en la cadera, las nalgas y los senos y de repente se llena su figura —antes rectangular—, y al mismo tiempo se les sexualiza por sus curvas y se les critica por no estar delgadas, a menos que sigan siendo muy delgadas, en cuyo caso se les juzga por no tener curvas, y aun así a muchas se les sexualiza. Es difícil manejarlo para cualquiera, pero en especial para las preadolescentes y las adolescentes que lo experimentan.

Por otra parte, los chicos tienen sus propios desafíos con la imagen corporal. En general se sienten presionados para desarrollar musculatura o "marcarse", lo que se manifiesta como un aumento de peso para agregar más masa muscular. Sus cuerpos también se transforman durante la pubertad, algunos agregan kilos en el abdomen, nalgas, muslos; otros suben poco a poco mientras se estiran y estiran, adelgazando más; otros más empiezan la pubertad con más peso. Algunos de este último grupo quieren bajar de peso y aumentar la masa muscular, lo cual denominan "estar sanos", aunque a veces no lo es.

Así, la presión es para todos y está cargada de doble moral: cuando las mujeres intentan bajar de peso, se les denomina patológicas; cuando los hombres hacen lo mismo, se están poniendo en forma. Hasta hace poco los hombres biológicos apenas entraban al radar de la imagen corporal, casi nadie les daba crédito por sentirse igual que las niñas con respecto a su transformación y compartían muchas de sus insatisfacciones en direcciones opuestas. Pero hoy (¡por fin!) cada vez se reconoce más la realidad de que existe un ideal del cuerpo masculino y que ejerce mucha presión.

Las estadísticas describen mejor el estado actual de los problemas con la imagen corporal, algunas te van a sorprender:

- Una encuesta nacional que se realizó en 2022 entre padres de chicos entre los 8 y los 12 años reportó que a 57 por ciento de sus hijas y a 49 por ciento de sus hijos les acompleja su aspecto físico. Entre las infancias de 13 y 17 años, las cifras eran de 73 por ciento y 69 por ciento, respectivamente.

- La insatisfacción corporal empieza desde temprana edad, algunos estudios sugieren que hasta 78 por ciento de los adolescentes está insatisfecho con su cuerpo cuando tienen 17 años.

- Entre los hombres abundan los problemas con la imagen corporal, 43 por ciento reporta insatisfacción con su aspecto físico: su piel, pelo, nariz, genitales, forma corporal o musculatura.

- Los problemas con la imagen corporal femenina persisten, algunos estudios reportan niveles de insatisfacción de hasta 91 por ciento, aunque otros lo sitúan más cerca de 40 por ciento.

- Casi 30 millones de personas en Estados Unidos tienen un trastorno alimentario en toda regla (anorexia, bulimia o atracones) y se calcula que 95 por ciento de ellas tiene entre 12 y 25 años.

- Casi 10 millones de personas en Estados Unidos tienen dismorfia corporal, probablemente un cálculo mucho menor dado que se trata de un concepto nuevo con poca información que lo respalde.

- Los trastornos alimentarios figuran entre las enfermedades mentales más mortales, después de la adicción a los opioides: se atribuyen 10,200 muertes anuales a los trastornos alimentarios, y 26 por ciento de las personas que los padecen intentan suicidarse.

Si bien el riesgo de tener problemas con la imagen corporal incluye todos los géneros, es mucho mayor para las personas LGBTQIA+. Es cuatro veces más probable que las infancias y los adultos que no se identifican como heterosexuales adopten conductas para controlar su peso (como ayunar, consumir pastillas de dieta o purgarse mediante el vómito o el uso de laxantes) o que desarrollen un trastorno alimentario en toda regla, a diferencia de sus contrapartes heterosexuales. Las personas transgénero reportan las tasas más altas, motivadas por ideales corporales de musculatura masculina y delgadez femenina que pueden resultar aún más difíciles de alcanzar cuando su sexo biológico no corresponde con su identidad de género. Quienes no han hecho su transición suelen sentirse atrapados en el cuerpo equivocado, lo que genera más insatisfacción y menor autoestima. Si a eso le sumamos la victimización por acoso o discriminación (con frecuencia ambos), queda claro por qué este grupo enfrenta tantos obstáculos en lo que respecta a la imagen corporal.

Este panorama exige abordar de manera global la insatisfacción corporal, la dismorfia corporal y los trastornos alimentarios en toda regla. Ningún adolescente —ni persona, para el caso— es inmune. Sin embargo, hay que prestar particular atención a ciertos grupos de adolescentes.

Los retoños prematuros, sobre todo las mujeres biológicas. El cuerpo de estas chicas madura mucho antes que el de sus amigas: aumentan de estatura y les salen curvas. Muchas reportan sentirse más grandes que las demás chicas de su salón y con frecuencia lo están: en estatura, talla de brasier y a veces tamaño de la cintura. Esto se traduce en inseguridades e insatisfacción corporal. Algunos estudios demuestran que la percepción del peso es mucho más importante que la cifra en la báscula, lo cual refuerza la importancia de cómo se sienten.

Atletas, sobre todo quienes usan leotardos o trajes de baño o que practiquen deportes que impliquen ponerse de pie frente a un espejo o pesarse. Los deportes son un arma de doble filo con respecto a la forma corporal y la autopercepción de esa forma. Por una parte, a muchos atletas les encanta su físico fuerte y en forma. Por otra, los deportes pueden generar una presión terrible para estar más corpulentos (futbol americano, hockey), delgados (ballet, porristas) o vivir monitoreando el peso (lucha, remo), todo lo cual fomenta una alimentación excesiva o restrictiva. Los deportes que exigen leotardos, trajes de baño o espejos (baile, buceo y gimnasia) se asocian con tasas particularmente altas de alimentación restrictiva o purgas. Los deportes que valoran la corpulencia pueden animar a los atletas, involuntaria o voluntariamente, a consumir suplementos o incluso esteroides anabólicos para aumentar la masa muscular.

Usuarios frecuentes de las redes sociales. En las redes, las infancias ven toda clase de contenido. El tiempo que se les dedica a estas aplicaciones se relaciona de forma directa con la baja autoestima y la insatisfacción corporal. Las plataformas que priorizan las selfis y los *likes* —en especial Instagram, con su cultura de una imagen perfecta— refuerzan ideales corporales difíciles de alcanzar. Otras plataformas utilizan algoritmos para mostrar contenido de cuerpos extremos, como videos y páginas proanaorexia (*pro-ana*) con chats para "informar" a los usuarios sobre cómo desarrollar "con éxito" un trastorno alimentario.

Una vez que una persona cae en la pendiente resbaladiza de estar insatisfecha con la forma de su cuerpo, puede intentar hacer algo al respecto. Algunas restringen la cantidad de alimentos que consumen o se limitan a ciertas categorías; quienes tienen "éxito" bajan de peso, a veces en cantidades significativas, y las más restrictivas terminan con anorexia. Otras intentan restringir la ingesta de alimentos pero se entregan a sus impulsos y terminan consumiendo cantidades excesivas. Algunas incluyen las purgas en este ciclo: restricción seguida de atracones y luego un intento por eliminar las calorías que consumieron mediante el vómito, el consumo de laxantes o el ejercicio intenso. Este grupo incluye a quienes bajan de peso, a quienes suben y a quienes conservan su peso y, por lo tanto, es todo un reto saber que algo anda mal. También están quienes quieren aumentar la masa muscular e incrementan el consumo de calorías, a veces de forma poco saludable, y las personas cuya baja autoestima las orilla a un ciclo: comer en exceso, subir de peso, sentirse mal al respecto y comer más. Todos estos escenarios —y hay muchos otros que entran en la categoría de trastornos alimentarios— comparten un importante componente de salud mental.

Por último, el concepto de *trastorno alimentario* supone la coincidencia de tres factores: *1)* una conducta dañina con respecto a la comida; *2)* una obsesión con la comida, las estrategias de alimentación y el físico, al punto de que estos pensamientos son constantes y abrumadores; y *3)* perjudica el desempeño social normal por miedo a comer, ser juzgado o no poder hacer ejercicio. Un trastorno alimentario es una carga muy pesada para un individuo de cualquier edad.

QUÉ HA CAMBIADO EN LOS ÚLTIMOS 20, 30, 40 AÑOS

Hay buenas y malas noticias. Las buenas, hoy más que nunca se habla sobre la imagen corporal y los trastornos alimentarios. Hoy por hoy se sabe que la insatisfacción corporal es una de las primeras señales de alarma de la baja autoestima y los riesgos consecuentes. Ya no se desestima la dismorfia corporal como "fantasías", tampoco se considera un problema exclusivo de las mujeres.

A lo largo de los años los estándares de belleza han saltado de un lugar a otro, pero hoy en día hay múltiples ideales corporales, por lo menos para las mujeres: la delgadez sigue estando de moda; estar en forma y fuerte también se considera sexy y, gracias a las celebridades, reaparecieron las curvas con todo. Las modelos de tallas grandes son parte de la cultura dominante y la delgadez no necesariamente es un factor decisivo para la fama o el éxito. El movimiento de la aceptación corporal ha transformado las ideas en torno al peso, contribuyendo a restar algunos de los prejuicios implícitos con los que las personas más corpulentas han tenido que vivir buena parte de su existencia. El hecho de que haya muchos cuerpos ideales para las mujeres supone una mejoría, pero claramente nos falta mucho.

Los hombres, por su parte, permanecen en la línea de salida, a la espera de avances en este frente. Los objetivos siguen siendo más o menos los mismos desde que GI Joe (muñeco de acción) debutó con su lavadero

de plástico en los años sesenta: hombros amplios, músculos bien definidos, caderas estrechas, muslos fuertes, piel suave y sin vello del cuello
para abajo. La diferencia principal en el estándar de belleza de nuestros
días es el cabello, que antes sólo se consideraba sexy si era abundante,
pero ahora también lo es si está completamente afeitado.

A pesar de que la definición de belleza ha cambiado en estas décadas, la insatisfacción ha aumentado. Pareciera que hay mayor aceptación
de todos los tipos de cuerpos, menos del propio. Las estadísticas sugieren que esta tendencia está al alza, motivada en buena medida porque
ahora ya se reconoce que la insatisfacción corporal, la dismorfia corporal y los trastornos alimentarios afectan a más hombres que nunca: en
estos días, 25 por ciento (y no el 10 por ciento que se suele citar) de las
personas diagnosticadas con anorexia son hombres, y un tercio de las personas diagnosticadas con algún trastorno alimentario son hombres. De
aquellas que intentan bajar de peso restringiendo su ingesta de alimentos
o ejercitándose de forma compulsiva, la mitad son hombres. Es posible
que el hecho de que la población masculina ya reconozca este problema
aumente el número de casos detectados, pero también es muy probable
que el número real de personas con problemas de imagen corporal esté
incrementándose.

Otro nuevo concepto que identifica incluso a más personas con alguna insatisfacción corporal es la *ortorexia*. Este concepto todavía no tiene
una definición clínica, pero, en términos generales, se refiere a un enfoque dañino por comer sano y hacer ejercicio que en algunos casos raya
en la obsesión. Es un término que vas a escuchar mucho en el futuro.

Si tuviéramos que elegir el principal responsable del incremento reciente de la insatisfacción corporal serían las redes sociales. Los resultados de una investigación de 2021 en torno a Instagram revelaron que los
responsables de la aplicación son muy conscientes del efecto que ésta
tiene en sus usuarios jóvenes. Esta revelación le valió muchas críticas y
un nuevo apodo: *Thinstagram.* Desde luego que no es la única red social,
son muchas las responsables de redefinir la autoestima de sus usuarios,
sobre todo de los más jóvenes que, para empezar, ni siquiera tendrían

---

* Del inglés *thin*, delgado. (*N. de la T.*)

que estar ahí. Pero es un ejemplo perfecto de cómo un medio inimaginable hace una década se ha encargado de transformar el panorama en torno a los problemas de salud mental y el rechazo del cuerpo.

CÓMO HABLAR DE ESTO

La insatisfacción con la imagen corporal que comienza en la pubertad puede seguir toda la vida. Cualquier adulto que ha batallado con este problema sabe cómo se complican los sentimientos cuando un adolescente sube o baja de peso. Para ser honestas, resurgen viejos sentimientos cuando el cuerpo en desarrollo de un adolescente se parece demasiado al de esos adultos. Sin importar lo difícil que sea, *debemos* hacer a un lado nuestra carga emocional.

Para empezar, el adulto debe recordar (una y otra vez) que es normal que las chicas y los chicos suban de peso antes, durante y después de la pubertad. De hecho, con contadas excepciones, cuando están en desarrollo *no* es bueno bajar de peso. El capítulo 9 proporciona mucha información sobre el tema, en caso de que necesites repasar.

Para los pubescentes estos cambios son como ir a bordo de una montaña rusa fuera de control: todos los días despiertan con un cuerpo (ligeramente) distinto. Imagina lo confuso y agobiante que es esto. ¿Sabes qué es útil? Que los adultos los apoyen, amen, validen y animen. ¿Sabes qué no es útil? Avergonzarlos, humillarlos y criticarlos. Fomentar una imagen corporal positiva en las adolescencias requiere autocontrol excesivo y constante por parte de los adultos; es preciso cerrar la boca y abrir el corazón.

Esto no significa que los adultos no tengan un monólogo interior *despiadado*, con críticas devastadoras cuando son testigos de que un adolescente sube de peso, se mira con disgusto al espejo o se niega a comer. Como recomienda Zoë Bisbing, cofundadora de Full Bloom Project, "está bien reaccionar con desagrado". En vez de censurar esos pensamientos, es mejor identificarlos y reflexionar su origen. Sin embargo, no verbalices esos pensamientos ni los dirijas al adolescente; lo mejor es encontrar otro adulto, amigo, pareja, terapeuta, cualquiera menos el adolescente, para compartirlos.

Este consejo a los padres es contundente porque, en sentido literal, puede salvar vidas. Fomentar la imagen corporal positiva de un adolescente es agotador y abordar un trastorno alimentario exige un compromiso inmenso, pero ambos son imprescindibles, no opcionales; de lo contrario, las consecuencias pueden ser funestas. Nunca es demasiado tarde para fomentar una cultura positiva en torno al cuerpo, incluso si te has equivocado anteriormente. No vamos a cubrir todos los escenarios posibles, pero éstas son nuestras recomendaciones para abordar el tema:

Evita el "no estás gorda, estás hermosa"

Cuando una adolescente llega a casa gritando: *¡Estoy gordísima!*, una respuesta instintiva suele ser: *No estás gorda, estás hermosa*. No tiene nada de malo decirle a un adolescente que es hermoso; sin embargo, en este contexto, la respuesta no es útil porque, sin querer, el mensaje que transmitimos es que la gente gorda no puede ser hermosa, lo cual no es cierto. Además, afronta la queja (*Estoy gorda*), no el problema subyacente. Una mejor respuesta sería mostrar curiosidad: *¿De dónde viene el comentario? Es inusual, ¿por qué lo dices?* Con ella evitamos consolar para desestimar y nos centramos en entender qué motivó la afirmación.

Enséñales a ser críticos culturales de los ideales corporales difundidos en los medios

Todos sabemos que a las infancias las bombardean con imágenes de ideales corporales poco realistas en las redes sociales y en el contenido digital que funciona como anzuelo. Lo vemos nosotros mismos en nuestros *feeds*. Para minimizar los ataques podemos esperar todo lo posible para darles su propio dispositivo, poner límites en el tiempo que pasan en sus pantallas, así como restringir ciertas aplicaciones y plataformas. Pero afrontémoslo: estos ideales están *en todos lados*, incluso en las series de televisión de hace años y en las revistas impresas. ¡Por amor de Dios, en las escuelas les dan clases de Photoshop! Así que la mejor manera de sortearlo es animarlos a ser críticos culturales de lo que ven, explicando (o si son mayores, pidiéndoles que te expliquen) que los *influencers* se toman cientos de fotos para crear la "imagen perfecta", que los editores recurren a las herramientas de edición para crear el físico "perfecto".

Ser conscientes quita un poco de presión; diles que se trata de objetivos inalcanzables y, con suerte, impide que sean blanco de esta atención. Elige el momento oportuno para hacerlo y evita sermones mojigatos.

Retira las básculas de tu casa

Las y los preadolescentes y adolescentes deben subir de peso durante la pubertad. No hay necesidad alguna de pesarlos durante este proceso. Aunque el aumento de peso es saludable y esperado (y en la mayoría de los casos necesario), en nuestra sociedad el peso suele causar angustia, sobre todo cuando supera los 45 kilos. Y si el objetivo es bajar de peso, las básculas son incluso más problemáticas, pues alimentan el deseo de estar delgados. Si alguien en casa necesita monitorear su peso por motivos de salud, escondan la báscula, pero confíen en nosotras: los chicos terminarán encontrándola, así que, de ser posible, no tengan y pésense en otra parte. Por difícil que nos resulte descartar los ideales atados a una cifra en una báscula, no es un hábito saludable, así que aprovecha la oportunidad.

Las personas delgadas también pueden estar acomplejadas

Es fácil asumir que a las personas les encanta estar delgadas, pero no siempre es el caso. A algunos les incomoda su constitución y aún más cuando todo el mundo se siente con el derecho de comentar al respecto: *Ay, qué suerte tienes de estar delgada. Me encantaría tener tu metabolismo.* Es el caso de los chicos, quienes nos comparten que la delgadez no se considera algo positivo. Hay que prestar atención a la presión para aumentar la musculatura y "marcarse" o "definirse", sobre todo entre los atletas. Por cierto, no es un fenómeno exclusivo de los chicos, en estos días las chicas se quejan de que tienen el trasero demasiado pequeño, una frase rara vez pronunciada en los años ochenta y noventa. Si estás presente cuando un adolescente cercano recibe comentarios desconsiderados sobre su delgadez, intervén. Estos comentarios casuales pueden tener efectos duraderos, alimentar la insatisfacción corporal o algo peor.

Atención con el tema de "estar saludable"

Los especialistas en trastornos alimentarios coinciden en que muchas veces se pasa por alto el punto de inflexión cuando un adolescente —que ha expresado insatisfacción con su cuerpo— de pronto decide eliminar grupos de alimentos, a ejercitarse obsesivamente o a restringir la ingesta de alimentos para "estar saludable". Sí, tomar decisiones conscientes en torno a la comida y el ejercicio es bueno para la salud, según las decisiones, y casi a todos los adolescentes les beneficiaría tomar mejores decisiones sin quejarse. Pero a veces es una señal de alerta en el contexto de los trastornos alimentarios. Por incómodo que sea este consejo, no hay que ignorar esta conducta. Éstas son algunas recomendaciones, pero si no hay avances, consulta a tu médico.

> **Para quienes eliminan grupos de alimentos:** *Oye, me di cuenta de que cuando hago pasta no te la comes. ¿Qué pasó?*

> **Para quienes están entrenando mucho:** *Parece que estás pasando mucho tiempo en el gimnasio, y está genial hacer ejercicio, pero quiero asegurarme de que estás comiendo bien para equilibrar el esfuerzo.*

> **Para quienes se saltan comidas:** *Últimamente no has estado desayunando: ¿quieres que te prepare otras cosas?*

Cuando encuentras envolturas vacías escondidas en los cajones

Comer algo rico, salado, dulce o chocolatoso puede ser placentero. Se trata de alimentos reconfortantes o para celebrar que nos animan. Por desgracia, algunas personas los consumen en secreto porque se les etiqueta de "comida chatarra". Puede ser muy difícil hablar de los atracones o el consumo en secreto sin humillar a los chicos por sus antojos. (¿Quién aquí no se come un chocolate o un helado después de un día difícil?) Una estrategia para abordar este consumo en secreto sin demonizarlos podría ser: *Encontré envolturas en tu buró. Esas botanas son riquísimas (¡a mí también me encantan!) y está bien si a veces las comes, pero con algunas reglas. En la casa nadie come en secreto, porque no hay que avergonzarse de comer algo delicioso. No tienes que esconderlo. Mi labor es asegurarme de que te nutras bien, quiero que cuando los comas participes en esa decisión. ¿Qué opinas? ¿Te parece justo?*

No siempre es fácil identificar los atracones y las purgas

Muchos padecimientos presentan síntomas —fiebre, vómito, urticaria—, pero es más difícil identificar los trastornos alimentarios, sobre todo cuando no fluctúa el peso. Los atracones y las purgas, una combinación conocida como bulimia, son el ejemplo clásico. Muchos bulímicos conservan su peso y, ante los ojos del mundo, sus hábitos parecen normales. Al observar de cerca, podemos reconocer algunas señales: ir al baño inmediatamente después de comer (para vomitar o tomar laxantes); expresar infelicidad absoluta con su aspecto físico; adoptar conductas severas como ejercitarse obsesivamente o hacer ayuno después de haber comido demasiado. Quienes se purgan vomitando pueden padecer irritación permanente en la garganta, tener las uñas rotas y el esmalte de los dientes deteriorado debido a los ácidos del vómito. Con el tiempo, aunque no parezca que tengan carencias, los bulímicos padecen desnutrición y se enfrentan a riesgos drásticos. También es más común que presenten comorbilidades como abuso de sustancias, ansiedad y trastornos del estado de ánimo.

Es un tema aterrador porque un paso en falso en la conversación con el adolescente en cuestión puede dificultar aún más el diálogo y que él se cierre. Pero dado que los trastornos alimentarios como la bulimia conllevan consecuencias físicas y emocionales muy serias, debemos abordarlos. También es posible que necesiten ayuda y no sepan cómo pedirla o que les dé vergüenza su conducta y se consideren repugnantes o tal vez requieran un apoyo, sin juicios, para cambiar el rumbo. Acude a un profesional de la salud para buscar recursos, ayuda y orientación; la mejor atención para los trastornos alimentarios es en equipo. Mientras tanto, una frase sencilla puede ser eficaz: *Siempre estoy aquí si necesitas conversar, sin juicios.*

Cómprales ropa que les quede

Las infancias nos comparten que es superimportante tener ropa que les quede durante estos cambios de estatura y peso. Se sienten menos inseguros y más cómodos. Sí, ya sabemos, apenas ayer compraste pantalones, camisetas, shorts... Sin embargo, la imagen corporal positiva también supone disfrutar de nuestros cuerpos y expresarnos mediante el estilo y el movimiento, y es difícil hacerlo cuando la ropa nos queda muy ajustada. Basta con un *¿Quieres comprar ropa?*

 ## QUÉ OPINAN QUIENES YA ESTÁN DEL OTRO LADO

B. C., él, 16 años

A propósito de la imagen corporal

Como alguien que siempre ha sido muy delgado con proporciones raras, la imagen corporal es un tema complejo: mido 1.55 (no 1.60) y tengo las piernas más largas que mi hermano, quien mide 1.92. Tengo el torso pequeño con la cadera ancha, costillas protuberantes y el abdomen de los que somos flacos, no musculoso porque no entreno. ¿Me gustaría tener los rasgos de los demás? Claro. No tengo los hombros anchos ni pectorales marcados y mis brazos son muy flacos. Dicho esto, no me importa tanto.

Todos los días en mi *feed* de redes sociales veo a hombres muy guapos con abdomen esculpido y sonrisas blancas posando para videos y fotos, y reconozco que se ven increíbles. Si ahora mismo pudiera verme así, seguro lo haría. Sin embargo, lo que vemos en las redes tiene sus defectos. Aunque se vean así en línea, en la vida real podrían ser menos musculosos. Las redes sociales sólo capturan una probadita de la vida de una persona. En esa probadita la luz es perfecta y muchas veces la persona acaba de entrenar para conseguir la hipertrofia, o sea, los músculos se ven más grandes durante un lapso muy corto después de ejercitarlos.

También, pensando en la cantidad de tiempo, estrés y esfuerzo que implica tener ese físico, no me atrae mucho. Soy muy goloso, por lo que las dietas que veo en internet son mi peor pesadilla. Parte de lo que me permite sobrevivir durante los inviernos oscuros de Nueva York son las almendras cubiertas de chocolate que comparto con mi mamá como a las 10 p.m. casi todas las noches. O en el verano, disfrutar de una malteada de caramelo de Shake Shack sin estresarme. Estas cosas son superimportantes para mi bienestar general. Con esto no quiero decir que debamos comer así siempre y no mantenernos activos, porque llega a un punto en el que no es sano. Pero también es importante relajarnos y ser libres de vez en cuando. En el curso de un año, uno de mis amigos pasó de tener sobrepeso a ser uno de los chicos más en forma que conozco, pero cuando nos hablaba de su transformación contaba que, aunque está superorgulloso, no cree que haya valido la pena lo que pasó para estar en forma. En ese año notó que su salud mental empeoró mucho. Por fuera, tener un cuerpo armonioso suena bien, pero los efectos secundarios no son siempre positivos.

Como papás, sus hijos deben saber un par de cosas. La primera, no sentir siempre la necesidad de parecerse a los *influencers* porque ni ellos se ven así en la vida real. Es importante mantenerse activo y comer sano, pero a veces lo más sano puede ser comer algo que no se considera sano. Una persona "sana" no necesita tener los brazos más musculosos ni el abdomen más marcado, puede ser una persona feliz con una rutina sólida. Por último, los chicos siempre deben saber que hay cosas de su cuerpo que no pueden controlar. Como dije antes, a mí se me salen las costillas y no está en mis manos. Lo mejor que puedo hacer es aceptarlo y sentirme cómodo.

A. N., ella, 22 años

Sobre los trastornos alimentarios

La semana pasada fui a la playa con mis amigos. En cuanto nos estacionamos tiré mi toalla a la arena y corrí para meterme al océano Atlántico helado. Es normal hacer esto: hace calor, vamos a nadar. Cuando metí la cabeza en el agua recordé una versión de mí misma hace cuatro años. Estaba de viaje en la playa con mis amigos para aprender a surfear. Pero no llevaba ni diez minutos en el agua cuando me tuve que salir. En ese entonces padecía un trastorno alimentario y mi cuerpo dejó de hacer muchas de las cosas normales, como mantenerme cálida. Difícilmente se habla de ese aspecto de los trastornos, pero me habría gustado saberlo. Mi ritmo cardiaco era bajo, todo el tiempo estaba ansiosa y de malas, se me caía el pelo y siempre estaba cansada pero no podía dormir.

De niña, el mar siempre fue mi lugar favorito, cualquier lugar en donde podía nadar me hacía muy feliz. Pero en la secundaria y la preparatoria comencé a pensar más en cómo me veía, comparada con mis amigas, o en mi ropa. Y me daba la impresión de que mis amigas siempre recibían cumplidos por su físico y nunca parecían preocuparse por ese tema. Así que empecé a fijarme más en lo que comía y el ejercicio, y en poco tiempo se volvió una obsesión. Me di cuenta de que sólo pensaba en comida y en mi cuerpo. Dejé de reírme, de hacer cosas con mis amigos, de concentrarme en la escuela o en cualquier otra cosa. Siempre estaba ansiosa, me agobiaba la idea de que para merecer ser amada necesitaba tener cierto aspecto.

Es un proceso largo —lo sigue siendo—, pero me gustaría poderle enseñar a esa versión de mí misma lo orgullosa que estoy de haber aprendido a cuidar y valorar mi cuerpo otra vez. Y durante este proceso no nada más recuperé mi cuerpo (aunque esa parte es maravillosa), redescubrí la risa, la playa, las cenas con amigos y familia, incluso los cumpleaños. Todo esto le diría a mi yo de hace algunos años, porque estoy feliz de haberlo recuperado.

R. W., ella, 21 años

Sobre los trastornos alimentarios

El verano previo a entrar en la universidad escuché muchos comentarios terribles sobre "los siete de los de nuevo ingreso".

Esto se refiere a los siete kilos que se supone suben los de nuevo ingreso. Es un mito, pero se convirtió en mi pesadilla personal. Me acuerdo de que en el primer semestre me dejaron de quedar mis jeans favoritos. Así que empecé a ponerme mis jeans "holgados", que ya no me quedaban holgados. Y pensé: "Ay, no, son los siete", como si el mundo se estuviera acabando.

Cuando fui a mi casa en las vacaciones de Semana Santa sabía que me veía muy distinta. Anhelaba un cuerpo que ya no tenía, un cuerpo que ni siquiera sabía cómo conseguir. Siempre me habían dicho que era pequeña y delgada, mi médico mencionaba que me faltaba peso. Creí que así era mi cuerpo, pero ahora sentía lo opuesto. Una semana después me mandaron a mi casa por la pandemia de covid-19. Me quedé atrapada en mi casa todo el día, obsesionándome con mi físico. Un día explotaron los sentimientos sobre mi imagen que había estado reprimiendo y me senté a llorar en el piso de la cocina, confesándole a mi mamá cómo me sentía. Después de un año de descifrar cómo podría sentirme más cómoda, decidí trabajar con una entrenadora. De niña había sido bailarina y extrañaba sentirme fuerte y segura. El programa que me dieron incluía un plan alimentario. La entrenadora quería ayudarme a comer sano y equilibrado. "Sano y equilibrado" se convirtió en "restricciones y atracones" en mi caso. Me restringía toda la semana y después me permitía una comida confortante, y terminaba comiendo de más, al punto de sentir náuseas. Me estaba torturando y en poco tiempo me di cuenta de que había dejado de seguir el plan alimentario. Al recuperar el control de mis comidas me di cuenta de que continuaba con los hábitos de restricción y atracones. Había intentado arreglar mi mala imagen corporal y ahora me estaba centrando en mi apariencia y había desarrollado una relación nociva con la comida.

Por suerte estudio nutrición y durante el semestre que mi imagen corporal y hábitos alimentarios estaban por los suelos, de casualidad me tocó una clase sobre cómo alimentar el cuerpo adecuadamente. Aprendí lo que la restricción alimentaria le hacía a mi metabolismo y cómo el ciclo de atracones y restricción estaba alterando mi producción hormonal, lo que a su vez trastocaba mi estado de ánimo. Cuando me di cuenta de lo que le hacía a mi cuerpo, concluí que necesitaba sanar mi relación con la comida y mi apariencia. Agradezco haberme inscrito a esa clase porque me instruyó sobre la relación de la nutrición y la salud en términos de la dieta y los patrones alimentarios.

Capítulo 15

La especialización extrema en los deportes juveniles

Dos clichés sintetizan el núcleo de la ciencia del ejercicio:

Todo con moderación, incluida la moderación.

(Oscar Wilde)

Si no tienes tiempo para hacer ejercicio, probablemente tendrás que hacer tiempo para la enfermedad.

(Robin Sharma)

Debido a que casi nadie refutaría ninguna de estas citas, ¿qué les pasó a los deportes juveniles? Lo que comenzó como un esfuerzo comunitario, divertido, sano, se convirtió en una máquina voraz que termina expulsando a muchos chicos de los deportes en equipo (e incluso del ejercicio, punto), y quienes no claudican, terminan lesionados, exhaustos o con síndrome de desgaste. Muchos deportes juveniles, sobre todo durante la preparatoria y la universidad, no conocen la moderación. Este capítulo cubre un tema tan vasto, con tanta influencia social y financiera, que merece su propio libro. Y de hecho, hay varios libros sobre el tema; entre otros, agradecemos a Michael Lewis por haber escrito *Playing to Win*, que habla del complejo industrial en torno a los deportes juveniles. Nos parece peculiar que el tema de la especialización nunca se aborde en los libros de bienestar, lo cual es absurdo porque el ejercicio en general, y los deportes en particular, alteran profundamente los cuerpos cambiantes y las hormonas de las y los adolescentes. Así que, ¡empieza el juego!

EMPECEMOS CON LA CIENCIA

Para comenzar con el panorama más amplio posible, la salud supone cuatro pilares elementales: ejercicio, nutrición, sueño e higiene. Desde luego, hay muchos otros factores que intervienen en el bienestar, pero estas cuatro categorías, solas y en conjunto, son los fundamentos del autocuidado.

Sin importar la edad, cuando movemos el cuerpo con regularidad, nuestra dieta es equilibrada, dormimos bien y de corrido en la noche, nos cuidamos la piel, el pelo y el aliento, es menos probable que nos enfermemos, lastimemos e incluso que nos marginen. Más que eso, estas rutinas y rituales aumentan la probabilidad de alcanzar el bienestar en su sentido más amplio y nos hacen sentir (y muchas veces vernos) bien. De hecho, si no les prestamos atención a estos cuatro pilares, ninguna de las otras estrategias en la búsqueda del bienestar importa: puedes tomar todas las vitaminas que quieras, meditar como monje, eliminar las papas fritas o sustancias intoxicantes, pero sin ejercicio regular, una nutrición equilibrada, un sueño reparador y una higiene básica no hay salud.

Las investigaciones demuestran que cuanto antes se adopten y ritualicen estas prácticas, más habituales y sostenibles se vuelven. Este ciclo virtuoso es particularmente cierto en el caso del ejercicio, que se disfruta como un regalo cuando es una rutina, pero se convierte en una tarea dolorosa cuando se impone en la vida cotidiana como un pendiente más en la lista. El ejercicio pone en marcha muchos beneficios que todos hemos escuchado cientos de veces, o más: ayuda a mantener el peso corporal, aumentar la masa muscular y la fortaleza ósea, libera químicos que fomentan la felicidad y mejora el estado de ánimo en general.

Cuando la mayoría pensamos en el ejercicio, de inmediato nuestra mente va directamente a entrenar. Pero para las infancias es distinto, entra en dos categorías diferentes pero superpuestas: el juego y los deportes. Es fácil olvidar que el juego suele traducirse en un entrenamiento extenuante, pero recuerda la última vez que jugaste a correr con un grupo de niños... o bailaste... o participaste en una pelea de almohadas y te quedaste sin aliento. Se trata de actividades cardiovasculares disfrazadas de diversión. Además de que el juego libre supone ejercitarse, también es parte fundamental del crecimiento porque permite a las infancias ser creativas sin que un adulto les diga qué hacer. Este ambiente sin estructura los obliga a ponerse metas, inventar reglas o modificar las existentes, coordinarse entre ellos, resolver conflictos y desarrollar empatía, todos ellos cruciales para sus interacciones fuera del parque infantil. En general, a los niños que no dominan estas habilidades no los vuelven a invitar a jugar.

Los deportes en equipo ofrecen muchos de los mismos beneficios sociales y físicos que el juego, sólo tienen otras reglas y un público diferente. Al igual que el juego libre, los deportes contribuyen al desarrollo social y emocional, el pensamiento creativo y la resolución de problemas. Pero hoy en día los deportes generalmente están muy estructurados, dominados y atendidos por adultos.

Esto no quiere decir que los deportes en equipo no tengan valor, todo lo contrario. Permiten a los chicos mover el cuerpo, brindan salidas seguras para reunirse, enseñan habilidades motrices finas y gruesas (desde lo más rudimentario a lo más especializado), brindan un entorno de camaradería y liderazgo, desarrollan aptitudes para trabajar en equipo y proveen relaciones con los entrenadores que se vuelven sus mentores. Cualquier clase de movimiento que requiera esfuerzo —pero sobre todo los deportes en equipo, con sus calentamientos, entrenamientos y aptitudes motrices orientadas a conseguir una meta— puede aumentar el desarrollo muscular, la coordinación ojo-mano, la flexibilidad, el juego de pies, la agilidad, la fuerza, la resistencia y el vigor. Además, las infancias que los practican tienen mejor autoestima y autodisciplina, a diferencia de quienes no.

En teoría, practicar un deporte debería ser cien por ciento positivo. Basta ver la extensa lista de beneficios. No nos cansamos de destacar el efecto positivo de realizar una actividad física en un contexto social y seguro, en especial para las infancias que viven en comunidades menos privilegiadas. O para aquellas que, de otra forma, se las tendrían que arreglar solas, seguramente pegadas a sus dispositivos de no ser por los deportes en equipo. Pero tiene que imponerse el mantra *Todo con moderación*, y a causa del fenómeno moderno de la especialización deportiva, no es así.

La *especialización deportiva* (intercambiable con *especialización extrema* cuando se refiere a los deportes juveniles, una declaración por sí misma) no tiene una definición concreta: a veces se utiliza para la práctica de un solo deporte con demasiada frecuencia; otras, alude a los movimientos repetitivos de jugar en una posición específica en ese deporte. Resulta que ambas son problemáticas, ¿por qué? Éstos son algunos motivos:

- Especializarse en un solo deporte desde la infancia está vinculado a un mayor riesgo de lesionarse y, como resultado, las infancias acaban en el quirófano para someterse a procedimientos como reconstrucción del ligamento cruzado anterior (LCA) y del ligamento colateral cubital (cirugía Tommy John), que antes se practicaban sólo en adultos.

- La especialización en cualquier deporte puede causar fatiga o incluso desgaste, mental o físico.

- La expectativa del dominio deportivo a edades cada vez más tempranas les genera estrés psicológico.

- La especialización puede revertir los beneficios de ser parte de un equipo. Los estudios han revelado una nueva tendencia entre algunos atletas jóvenes: es menos probable que compartan con los chicos de su edad o que ayuden a los demás.

- A veces la especialización puede provocar que las infancias renuncien del todo a un deporte, y muchas veces desde muy pequeños.

- Los atletas que se especializan en ciertos deportes corren mayor riesgo de padecer trastornos alimentarios, depresión y ansiedad.

Esta lista —sobre todo el último inciso— explica por qué la Asociación Americana de Psicología ha afirmado categóricamente: "La práctica intensa de un solo deporte que implique excluir otros deberá posponerse hasta la adolescencia tardía para optimizar el éxito y, al mismo tiempo, minimizar el riesgo de lesiones y estrés psicológico". La Asociación Americana de Pediatría tiene su propia versión, advierte que "entre los deportistas especializados prematuros aumenta el desgaste, la ansiedad, la depresión y la deserción". Todas las organizaciones en defensa de la infancia coinciden en que demorar la especialización deportiva —en la mayoría de los casos hasta la adolescencia tardía— incrementa la probabilidad de tener éxito.

¿Qué tan común es la especialización? Depende del deporte, pero en breve: *muy común*. Un ejemplo se encuentra en un estudio que se realizó en 2011 a 519 tenistas junior de la Asociación Americana de Tenis, en el que 70 por ciento reconoció que se había especializado al cumplir los 10 años y medio. Este estudio se publicó hace más de una década y las tasas se han disparado. Hay que agregar otro hallazgo de las investigaciones sobre diferentes deportes: a medida que aumenta el enfoque en un solo deporte, el disfrute disminuye.

Merecidamente se culpa a los padres por este nuevo *statu quo*. En estudios que preguntaron a los entrenadores sobre la conducta e implicación de los padres, casi tres de cada cuatro reportaron un alto nivel de consternación, y cerca de un tercio sentía presión directa de los padres. Seamos claros, el problema no es sólo de los padres. Si bien en ocasiones la especialización extrema empieza cuando alientan a sus hijos a practicar un deporte por encima de otros, los entrenadores y los programas que representan se vuelven influencias poderosas en la vida del niño. Se trata de compromisos que exigen cada vez más tiempo y logros físicos, y que penalizan a quienes no cumplen con las reglas, ya sea reduciendo el tiempo de juego o expulsándolos del programa por completo. Muchos adultos son responsables de esta situación tan lamentable.

QUÉ HA CAMBIADO EN LOS ÚLTIMOS 20, 30, 40 AÑOS

Mucho.

El aspecto positivo es que los deportes juveniles se han convertido en prósperas microcomunidades para las infancias en todo el país, muchas ligas se han vuelto instituciones en toda regla —algunas incluso atraen a los niños antes de que empiecen el kínder— y debido al impulso del Título IX del Departamento de Educación de Estados Unidos, cada vez participan más niñas, sobre todo en los primeros niveles. Es un logro fenomenal que deportes como tenis, golf, gimnasia y futbol americano cuenten con más de un millón de inscritos entre los 6 y los 12 años en todo el país. La Organización de Futbol Juvenil Estadounidense (AYSO, por sus siglas en inglés) presume que hay 400,000 jugadoras en edad primaria en 850 ligas en todo el país, una cifra muy alta, desde luego, pero una fracción de los 2.2 millones de chicos futbolistas. Y si te parece mucho, a medida que los niños crecen, tanto el beisbol como el basquetbol cuentan más de cuatro millones en sus equipos.

Si bien estas cifras parecen enormes, el reporte de 2016, *State of Play*, del Instituto Aspen apuntó que el porcentaje de jóvenes que practica deportes con regularidad ha disminuido en los últimos quince años, cayó de 44.5 por ciento en 2008 a 40 por ciento en 2015. El reporte destaca a las mujeres de color en particular, quienes tienen las tasas de participación más bajas que cualquier otro segmento de la población en Estados Unidos. Si bien muchas comunidades tienen extraordinarios programas de deportes para que los jóvenes aprendan habilidades básicas, no es suficiente: por una parte, los deportes juveniles han sido víctimas de la especialización extrema y, por otra, de la falta de recursos y participación (o ambas).

La participación ha disminuido a la par que el compromiso de dejar que los niños sean niños. De alguna forma se ha vuelto casi inevitable alentarlos a edades cada vez más tempranas a "escoger" el deporte que van a practicar. Esto ha creado un fenómeno en el cual quienes poseen "dones naturales" —y con frecuencia niños de 7 u 8 años reciben estos elogios— y dominen en el campo o la cancha, se les arremete y guía por un camino cada vez más escarpado que conduce a la supuesta grandeza en los deportes juveniles. En el curso de las últimas generaciones la velocidad de esta línea de montaje ha aumentado, cada vez hay más equipos que declaran que tienen *fenómenos* e invitan a las chicas y los chicos a esforzarse más. Es una medalla de honor ser el jugador más joven en un equipo de niños más grandes (en general, más grandes y fuertes), pero también suele ser más estresante en términos físicos y emocionales. Los adultos los alientan a ascender en las filas de los campeonatos entre ligas, equipos All-Star, del club deportivo, equipos itinerantes. Tal vez los adultos identifican el potencial, tal vez viven sus propias fantasías de infancia, tal vez los niños conseguirán becas universitarias más adelante o tal vez sólo quieren ganar en el juego de superioridad parental. Sin importar sus motivos, cuando queda claro que un niño *no* destaca, los adultos lo presionan para que mejore practicando y compitiendo cada vez más y más y más.

En algún punto del pasado reciente —aunque es difícil identificar con precisión cuándo ocurrió este punto de inflexión porque el cambio se produjo de forma gradual e insidiosa en el curso de décadas y fue ligeramente distinto de acuerdo con el deporte en cuestión— se volvió casi imposible para las infancias destacar en un programa de deportes juveniles sin especializarse. Con el tiempo, una actividad que pudo haber practicado un par de días a la semana y durante un partido del sábado en la mañana se convirtió en un compromiso de cinco días a la semana, viajando en los días feriados, participando ya no en una temporada sino todo el año, y todo esto empieza desde primaria. ¿Y con qué fin? La mayoría de estos chicos no se dedican a ello de forma profesional. De hecho, en estos días menos de 2 por ciento de los atletas en edad preparatoria compiten en la primera división de los deportes universitarios.

Hasta este punto ha llegado la sociedad estadunidense: los deportes juveniles han perdido casi por completo su componente de juego libre. Adiós jugar en los parques de la zona. El agotamiento de tanto juego organizado en múltiples equipos combinado con la falta de financiamiento de los recursos públicos que alguna vez hicieron que los campos y canchas de asfalto fueran lugares seguros y accesibles resultó ser una combinación insuperable. Y por descabellado que parezca, da la sensación de que a muchos adultos no les preocupa este cambio, porque creen que el juego libre es un impedimento para alcanzar la excelencia (eso creen, pero se equivocan), como si dejar que los niños jueguen libremente sin entrenar no los fuera a llevar a ese punto. Desde luego, ocurre lo contrario porque disfrutar y practicar distintos deportes es la clave para destacar en ellos.

La especialización extrema actual también implica que si un atleta no ha dominado un deporte para la secundaria o preparatoria, es demasiado tarde para intentarlo por primera vez. Incluso si pueden entrar en ese nivel básico, las expectativas son las mismas para todos los deportes en los que participen; múltiples prácticas a la semana, partidos todo el año, compromisos simultáneos con el equipo escolar, del club deportivo local y tal vez con un equipo itinerante. De modo que si el *crack* de futbol se lesiona el ligamento cruzado anterior y quiere probar otro deporte, buena suerte. Lo mismo para el pitcher de beisbol a quien se le ha practicado una cirugía de codo y el futbolista que ya ha tenido varios traumatismos craneoencefálicos. El resultado neto es que muchos de estos chicos que ejercitaban con regularidad acaban sin poder moverse.

La pandemia del covid no benefició a los deportes juveniles para nada, relegó a la mayoría de los estudiantes a sus casas para estudiar a distancia durante varias semanas o si vivías en un estado con protocolos más estrictos hasta dieciséis meses consecutivos. Los equipos de los clubes deportivos prosperaron en este contexto, eludieron las regulaciones de autoridades locales y distritos escolares durante los momentos de crisis de la pandemia. En el lado positivo, muchos niños pudieron disfrutar de sus deportes; en el lado negativo, se trata de un modelo bastante hipócrita sobre la salud.

Existe otro aspecto insidioso sobre la especialización extrema deportiva: está disponible para quienes pueden pagarlo; con frecuencia, participar cuesta miles de dólares al año, un modelo de "paga para jugar". En el curso de las últimas décadas, cuando se trataba de deportes juveniles, la división socioeconómica entre las comunidades con y sin recursos se fue haciendo más amplia. Hoy, las infancias que pueden practicar deportes son aquellas cuyos padres pueden pagar y tienen tiempo para viajar a torneos y contratar a alguien para que cuide a los otros niños que se quedan en casa.

Si con esto no basta, tenemos que hablar del papel de las universidades. La colegiatura de la universidad promedio para un programa de cuatro años se incrementó 180 por ciento (contemplando la inflación) entre 1980 y 2020, y los costos siguen al alza. Para las familias que no pueden costear estos precios descomunales sin beca o financiamiento, una beca deportiva es una solución. Nunca hemos conocido a un padre que no quiera lo mejor para sus hijos, así que si los deportes ofrecen una educación universitaria costeable y un mejor futuro, ¿por qué no invertir en su deporte para que tengan posibilidades de que los recluten? Incluso para los padres que esperan que sus hijos entren a las universidades más prestigiosas, ¿por qué no reforzar la especialización deportiva si puede suponer la diferencia entre la admisión y el rechazo en esas universidades? Desde luego que el cálculo no es así de sencillo, dado el precio físico y emocional que pagan las infancias. Menos de 7 por ciento de los atletas preparatorianos terminan jugando en un equipo universitario de cualquier división de la NCAA (Asociación Nacional Deportiva Universitaria). Y si tenemos en cuenta los exigentes requisitos para practicar deportes universitarios, el precio físico y emocional puede ser excesivo.

El cambio reciente que permite a los atletas profesionales ganar dinero se ha vuelto un sólido factor de motivación. Hoy en día, los atletas profesionales viven el no tan moderno sueño americano de riqueza, expuesto para que todos lo vean (¡gracias redes sociales!). Si convertirse en atleta profesional es el camino para alcanzar la riqueza y la fama, entonces la especialización temprana parece un precio muy bajo por intentarlo. Ciertas universidades también han aprovechado la oportunidad de negocios, vendiendo la promesa de una carrera deportiva que empieza cuando los adolescentes siguen estudiando. En la cima de este embudo se encuentran las empresas (en ocasiones más jóvenes que los propios atletas) que fomentan la especialización en los deportes juveniles y un lugar en la NCAA. Sobre todo en deportes como futbol, lacrosse y volibol, en donde para pasar al siguiente nivel es obligatorio jugar en equipos itinerantes e inscribirse en torneos de exhibición, esta parte del viaje hacia la universidad puede ser muy costosa, sin mencionar absurda, ¡ya que los programas universitarios de primer nivel empiezan a buscar a los chicos a los 12 años! Por lo menos algunos se convertirán en celebridades con mucha visibilidad e ingresos, y para esas contadas excepciones esta inversión inicial vale la pena.

La especialización extrema en los deportes juveniles refuerza estos factores, pues hace promesas cada vez más grandes, pero también corre riesgos cada vez más grandes. En general, las infancias que participan en deportes en equipo tienen mejor autoestima y menores tasas de depresión y ansiedad, además de los beneficios consabidos que supone el ejercicio constante. Pero quienes se especializan en extremo en algún deporte padecen más efectos adversos que positivos, tanto en el plano emocional como en el físico. Enumeramos los estragos físicos a principios de este capítulo, pero vamos a repasarlos: hoy por hoy, la cirugía del ligamento colateral cubital, que anteriormente era exclusiva de los jugadores de las grandes ligas de beisbol, es mucho más común entre adolescentes que entre los profesionales. Asimismo, problemas de salud mental como la fatiga, la depresión, la ansiedad y los trastornos alimentarios son tan frecuentes entre los atletas adolescentes que se especializan en un deporte que los investigadores han identificado a este subconjunto de chicos como un grupo de alto riesgo. En 2022 recibió mucha atención una serie de suicidios de varios atletas universitarios en un lapso de meses, una manifestación de la presión que enfrentan los atletas universitarios especializados.

Decir que las cosas han cambiado en el mundo de los deportes juveniles se queda corto. Si toda esta información te abrumó, imagínate a los chicos que reciben toda esta presión. Las estadísticas demuestran que cuanto más dinero las familias inviertan en los deportes juveniles, más estresadas viven las infancias y menos disfrutan su deporte. La asombrosa conclusión es que practicar diversos deportes, no sólo uno, siempre ha sido —y seguramente sigue siendo— la mejor estrategia para jugar a nivel universitario o incluso de forma profesional. La mayoría de las infancias no obtiene los resultados deseados especializándose. Como ejemplo, 71 por ciento de los jugadores masculinos de futbol de primera división practicaron distintos deportes durante la preparatoria.

CÓMO HABLAR DE ESTO

Todo lo que escribimos en este libro se fundamenta en la ciencia, y también nos interesa personalmente, por lo que nos inspiramos en ciertos episodios de nuestra experiencia criando a preadolescentes y adolescentes.

Vanessa fue atleta toda su vida. Como beneficiaria del Título IX, participó en tres deportes en la preparatoria y fue futbolista universitaria de tercera división (hasta que se dio cuenta de que quería jugar para divertirse). De adulta, mientras acompañaba a sus dos hijos mayores en su carrera especializada en el futbol, Vanessa fundó Dynamo Girl, una empresa dedicada a desarrollar la autoestima de las niñas mediante los deportes, *no* a crear atletas de élite. Dynamo Girl es un programa que abarca distintos deportes y se basa en el aprendizaje socioemocional; en sentido estricto, es un programa contra la especialización. Sin embargo, cuando no se dedicaba a entrenar a niñas en edad escolar para que amaran mover el cuerpo por puro placer, Vanessa destinaba horas y horas a llevar a sus propios hijos a sus entrenamientos y partidos, sacrificando los días feriados —que bien podrían pasar en familia— para que asistieran a los torneos. A su esposo y a ella no les pasó desapercibida esta identidad múltiple, hasta que sus hijos entraron a la preparatoria y decidieron salirse de sus equipos de futbol. Lo hicieron por el mejor de los motivos: a cada uno le entusiasmó mucho la posibilidad de practicar un deporte distinto cada temporada. Dejaron de especializarse para diversificarse. Uno de sus hijos sigue practicando futbol, pero Vanessa está rezando para que decida *no* jugar en la universidad.

Cara ha dedicado los últimos veinticinco años de su consulta pediátrica a luchar contra la especialización extrema. Ha referido a demasiados niños a especialistas en medicina del deporte, debido a lesiones por desgaste que pudieron haberse evitado. Monitorea las llamadas telefónicas relacionadas con volver a jugar (ya no digamos regresar a la escuela) tras un traumatismo craneoencefálico. Pero gracias a la ley de Murphy, su propio hijo se enamoró de un deporte a finales de la secundaria. Empezó a practicar *scull*, una modalidad de remo individual, detalle relevante sólo porque a punto de finalizar el segundo año de secundaria lo mandaron a su casa por el covid, como a todo el mundo. En Los Ángeles, donde vive Cara, las restricciones por el covid fueron estrictas y se mantuvieron en vigor durante dieciséis meses. Durante esa época, sus hijos estudiaron a distancia por Zoom, pero su hijo pudo remar porque su deporte era individual (pobres de los que escogieron la modalidad de cuatro remadores). Remar se convirtió en su pasión, una de las pocas actividades que podía hacer durante una época excepcionalmente formativa. Como resultado, se convirtió en lo que Cara juró que jamás alentaría: un joven atleta especializado.

¿Somos hipócritas? Esperamos no serlo, en parte porque siempre hemos insistido en que nuestros hijos practiquen varios deportes para proteger sus cuerpos, pero también, al igual que ustedes, somos padres de una generación de chicos agobiados por los efectos de la cultura de los logros en su salud mental. Si bien tenemos clarísimos los efectos de la especialización deportiva (depresión, ansiedad, baja autoestima, dismorfia corporal y trastornos alimentarios), tenemos igual de claros los efectos de *no* tener una válvula de escape física (una lista muy parecida).

Quizás a quienes su pasado deportivo —o falta de— moldeó su identidad les estará costando hacer a un lado su carga emocional, un concepto que cubrimos a detalle en el capítulo 2. Cuando abordemos el asunto de los deportes juveniles, o cualquier otro tema relacionado con la crianza de nuestros hijos, lo más importante es recordar que no se trata de nosotros, sino de ellos, y merecen escribir su propia historia. Deja tus triunfos deportivos de lado a menos que tus hijos quieran hablar del tema, y no olvides que si bien tus anécdotas generan admiración, enseguida pueden tornarse en presión, incluso si no es tu intención. Del mismo modo, tu incompetencia para los deportes es cosa del pasado. Nuestros hijos no existen en este mundo para reescribir nuestras historias fallidas.

Es muy fácil pisar el pedal de la especialización extrema con demasiada fuerza, sobre todo dado lo mucho que nuestra cultura valora los logros atléticos; en ocasiones los considera un trampolín para tener éxito profesional; en otras, una solución para el estrés financiero que se resuelve con una beca deportiva. Es natural fomentar algo para lo que nuestros hijos son buenos cuando parecen felices —en serio—, entablan vínculos sólidos con sus compañeros de equipo y en general parecen estar prosperando.

No todos los aspectos de la especialización extrema son malos, sólo se requiere moderación. Sí, se pueden especializar y encontrar un equilibrio. Pero lograrlo exige mitigar algunas de las fuerzas en acción para proteger el bienestar emocional y físico de nuestros hijos. Sin importar si tu hijo es atleta de élite o practica deportes recreativos, recomendamos lo siguiente.

Cierra la boca si eres espectador

Tras décadas de ser entrenadoras de niños de todas las edades, podemos decir con toda seguridad que cuando los padres "entrenan" a sus hijos desde la banda (afuera del campo), sin importar la edad ni el rendimiento, *no es útil*. Y hay dos motivos importantes:

1. Los entrenadores tienen una filosofía y un enfoque que implementan con intención y cuidado en el curso de toda la temporada. Si intervienes para instruir a tus hijos desde la banda (sin importar tu experiencia ni aptitudes), los vas a confundir. Deja que el entrenador haga su trabajo. Si tienes preguntas u observaciones, habla con el entrenador en privado y con calma cuando termine el partido. Si eres mamá-entrenadora, trata a tu hija con la misma empatía y generosidad que a las demás en el equipo, y cuando termine el partido deja el entrenamiento en el campo de juego; no seas entrenadora en el trayecto del coche a la casa ni en la comida.

2. Los niños y las niñas aprenden mejor si actúan por su cuenta y cometen errores. Sí, todos estamos de acuerdo con esto, pero no lo ponemos en práctica. Intentar hacer las cosas, fracasar y volverlo a intentar es crucial para establecer la conexión entre la mente y el cuerpo. Aprendemos a partir de la prueba y el error, no cuando alguien más dicta todos nuestros movimientos. Cuando un padre en la banda del campo se comporta como si tuviera una palanca de mando y pretende controlar el desempeño de su hijo, entonces no le permite aplicar las lecciones físicas o tácticas que podría estar aprendiendo.

No ignores si parece estar sufriendo

¿Cuántas veces un adulto ha animado a un chico a jugar a pesar de que le duele algo? Por favor, no lo hagas. Sus cuerpos se están desarrollando, debido a las placas de crecimiento sus huesos son más vulnerables y sus ligamentos son como ligas; los niños no viven en cuerpos adultos, entonces no los trates como si así fuera. Si tu hijo se lastima, sácalo del partido y llévalo al médico. Y, por favor, no lo presiones para volver a jugar hasta que no haya sanado. Ningún partido, ninguna oportunidad de reclutamiento, ningún campeonato es igual de importante que la salud de tu hijo. Punto final.

Si un entrenador es abusivo, cambia de entrenador

Quienes jugamos deportes competitivos hace treinta años estamos acostumbrados a los entrenadores agresivos, en algunos casos abusivos. Hoy sabemos que si bien esa conducta puede motivarlos a tener un mejor rendimiento a corto plazo, existen efectos negativos y duraderos en su bienestar emocional, además de consecuencias a corto plazo, como la falta de voluntad para seguir practicando el deporte. No hay nada más importante que procurar la salud y seguridad de tus hijos, y la mayoría de las veces eres su mayor defensor. Si su entrenador es abusivo verbal o emocionalmente, es hora de cambiarlo. Es todo.

Sé el refugio de tus hijos, no su mayor crítico

Para muchos atletas que compiten, su autoestima depende de su rendimiento. Pero el cuerpo cambia durante la pubertad, lo cual puede alterar su rendimiento de manera significativa: su fuerza, velocidad, agilidad y resistencia pueden fluctuar, a veces mucho, afectando su clasificación, puesto, tiempo de juego y autoestima. No sumes haciéndolos sentirse mal. Tu labor es ser la luz en la oscuridad, su refugio durante una tormenta. Apóyalos y ámalos sin importar lo bien (o mal) que jueguen. En el futuro, cómo los hayas cuidado en ese momento será más importante que los minutos que jugaron.

Es su sueño, no el tuyo

Esto es difícil. Y mucho. La dificultad que implica *no* vivir nuestra vida a través de nuestros hijos es *muy* real. Pero tienen que ser ellos los que quieran "eso", sea lo que sea. La motivación debe ser suya, la pasión por su deporte debe animarlos a aceptar todos los sacrificios y compromisos que exige para mejorar e incluso destacar. Si lo hacen para complacernos o cumplir nuestros sueños, al final sólo terminarán resentidos con nosotros y odiando el deporte. No es exageración. Si es su pasión, entonces nuestra labor es ayudarlos a encontrar el equilibrio en su vida, no presionarlos.

Este capítulo es en el que nos permitimos sermonear porque sabemos lo nociva que es la especialización deportiva extrema para la salud emocional y física, y lo mucho que se inclina el sistema para beneficiar a quienes tienen los recursos económicos para practicar deportes. También sabemos que se requiere una fuerza sobrehumana para que esta situación no nos arrastre por sus aguas pantanosas. Si les estás permitiendo a tus hijos, o incluso alentando, a especializarse en un deporte, hazlo con plena conciencia y con todo el equilibrio y moderación posibles.

QUÉ OPINAN QUIENES YA ESTÁN DEL OTRO LADO

C. A., ella, 20 años

Soy atleta de la primera división de la NCAA en una universidad de élite (perteneciente a la Ivy League), donde juego hockey sobre césped. Llevo más de diez años practicándolo. Además, en mi infancia practiqué futbol seis años, lacrosse siete y remo tres, y levanto pesas desde hace cuatro años (con fines de acondicionamiento y fuerza).

Calculo que le dedicaba entre diez y quince horas a la semana, en promedio, a jugar hockey sobre césped antes de unirme a la NCAA. Sin embargo, a medida que crecí, los números comenzaron a aumentar hasta el verano previo a mi primera temporada en la universidad, donde pasaba aproximadamente veinte horas a la semana; ésta es la misma cantidad de horas que cumplen los atletas de hockey sobre césped de la Ivy League durante la temporada.

Como atleta, he descubierto que los padres ejercen mucha influencia en los atletas infantiles o juveniles. Como ellos pagan los equipos y los trasladan, tienen el poder y, con demasiada frecuencia, pueden abusar de él presionando mucho a sus hijos. Existe una diferencia entre alentar a tu hijo a que haga su mejor esfuerzo, siempre velando por su bienestar físico y psicológico, y presionarlo para llegar al límite de sus capacidades atléticas sin importar su bienestar. Esto último los puede orillar al desgaste, ansiedad, depresión, baja autoestima, decepción o frustración, demasiada presión, etcétera. Su papel es ser espectador de la vida atlética de sus hijos, permitirles tener el mando y tomar sus decisiones; motivarlos, inspirarlos y proporcionarles los recursos para hacerlo.

Es importante que los padres o tutores, entrenadores y profesores acepten que si sus hijos se especializan en algún deporte no tendrán el mismo tiempo, energía o motivación de quienes no son atletas para hacer otras cosas normales. Se tiene la idea equivocada de que los atletas somos flojos para estudiar, hacer tareas en casa, trabajar, etcétera. No es así. Dividimos nuestra concentración, fortaleza mental y capacidades físicas de otra forma con respecto a quienes no son atletas especializados.

Además, los adultos deben entender que los niños o adolescentes que son atletas especializados necesitan dormir y descansar. Presionarlos en exceso, exigirles que expriman sus capacidades mentales y físicas hasta lo impensable, resultará en el detrimento de su rendimiento académico, su salud física y mental, y el disfrute de su deporte.

Sin embargo, los problemas más frecuentes entre los atletas se relacionan con la imagen corporal, sobre todo entre las mujeres. Y hay que entenderlo. Con mucha frecuencia me decían que la única razón por la que no estaba gorda o tenía sobrepeso era porque era atleta y, por lo tanto, quemaba las calorías que me sobraban. Nunca dejo de pensarlo: ¿si bajo un kilo seré la segunda más rápida?

Los trastornos alimentarios son una amenaza real para la salud física y mental de un atleta. No obligues a tu hija a ponerse a dieta para "mejorar" o mantener su rendimiento atlético; repito, no lo hagas. Los atletas necesitan comer muy sano, pero de nada sirve recordarles eso constantemente. Confíen en nosotros. No es justo ni está bien impedirle a tu hija comerse una rebanada de pastel durante un cumpleaños porque al día siguiente tiene partido. Confía en que tomará las decisiones correctas sobre su alimentación. Intenta no comentar sobre qué come ni cuánto come. Ni siquiera de pasada; en mi caso, una mirada desaprobatoria o una crítica fueron suficientes para orillarme a dejar de comer. No hay nada más molesto o triste que tratar de disfrutar algo rico de vez en cuando —por ejemplo, pedir un helado grande cuando sales— y que tus papás te digan: *¿Te vas comer todo eso? Pero mañana tienes partido/práctica.* Se los ruego; por favor, no hagan comentarios sobre la alimentación de sus hijos a menos que se vuelva peligroso para su salud.

Uno de los consejos más frecuentes para los padres con respecto a sus hijos atletas es confiar en ellos y entenderlos, apoyando todas sus decisiones. Ya sea que decidan continuar practicando su deporte o dejarlo, permítanles navegar el proceso, tomar sus propias decisiones, y brindarles apoyo o dirección si la necesitan. A veces lo único que un atleta necesita de sus padres es un mensaje de apoyo, un hombro para llorar o su presencia en un partido.

Capítulo 16
Sexo, la cultura del sexo casual y el porno

Las dos hemos dedicado mucho tiempo a conversar con nuestros hijos sobre sexo. Alguna incluso en un salón de clases abarrotado, experiencia que según ella salió de maravilla, pero para su hijo, que era uno de los asistentes, fue lo contrario. Pese a ese tope en el camino (vamos a llamarle "formativo"), a medida que nuestros hijos han ido creciendo, hemos tenido muchas conversaciones sobre sexo con ellos y sus amigos, y para nuestra sorpresa, no siempre somos nosotras quienes fomentamos estas charlas. En estos días las conversaciones en la cocina sobre métodos anticonceptivos o clamidia se han vuelto igual de normales que planificar nuestro fin de semana. Sí, somos conscientes de que no es la norma.

Quizá nuestra experiencia personal no sea normal, pero puede serlo, y esperamos que hacia el final de este capítulo hayamos demostrado que es mucho más fácil de lo que parece. Guíate por algunos principios rectores y, con el paso del tiempo, estas conversaciones se tornarán más productivas y fáciles. Empieza aclarando algunos términos básicos, plantea preguntas sin juzgar, responde lo que sepas de forma clara y directa y después escucha. Responde cuando te pregunten o comparte tu pasado cuando te lo pidan; de lo contrario, escucha en silencio. Aprenderás mucha información valiosa (sin mencionar palabras nuevas) mientras demuestras que eres alguien con quien pueden conversar, y te prometemos que, tarde o temprano, lo harán.

EMPECEMOS CON LA CIENCIA

Hablar sobre sexo supone dos tipos de conversaciones, una sobre la ciencia y otra paralela sobre la humanidad. El tema no se puede limitar a uno u otro sin que haya consecuencias serias, físicas y emocionales. En última instancia, esta combinación explica bien por qué tantas personas no saben cómo empezar La Conversación (más adelante hablaremos de ella): o buscan la mejor explicación biológica o están a ciegas cuando se trata de hablar de relaciones, respeto y consentimiento. Muchos adultos nos cuentan que se sienten cien por ciento seguros con sólo la mitad de la conversación; otros, que se criaron en familias en las que el tema del sexo estaba prohibido, por lo cual, años después, siguen sintiéndose agobiados en ambos sentidos.

Pero hasta los más seguros necesitan aprender sobre un panorama novedoso que incluye la cultura del sexo casual, en la que los jóvenes tienen una variedad de parejas sexuales fuera de las restricciones de una relación comprometida, y la exposición casi omnipresente a la pornografía, muchas veces explícita o *hard-core*, de fácil acceso en todas las laptops y celulares del mundo. Las cosas han cambiado de forma drástica, por lo que es aún más importante tener charlas informales sobre sexo, sustentadas en los hechos, con los niños, adolescentes y adultos jóvenes.

La ciencia del sexo es muy directa. Nuestro enfoque biológico favorito es éste: *Hay cuatro tipos de sexo: vaginal, oral, anal y masturbación. Voy a explicar cada uno y después voy a responder tus dudas, no sólo hoy, siempre.* A partir de ahí, detallamos los cuatro tipos:

1. **Sexo vaginal,** o coito vaginal, se refiere a la inserción del pene en la vagina. Sin embargo, algunas personas usan el término *sexo vaginal* para describir cualquier cosa que penetre en la vagina, como dedos o juguetes sexuales.

2. En el **sexo oral** una persona coloca la boca en los genitales de la otra. Así de fácil.

3. **El sexo anal** describe la penetración de un ano. Con frecuencia, el término implica que el pene es el que realiza la penetración, pero, al igual que con el sexo vaginal, también pueden utilizarse otros objetos (dedos, juguetes sexuales).

4. La **masturbación** es autoplacer o, como nos gusta decirle, el sexo con uno mismo. Puede ser una actividad solitaria, pero no necesariamente; algunas personas la hacen juntas, en la misma habitación, por teléfono o por medio de la pantalla de una computadora.

Con esta introducción algunos niños pueden salir corriendo y gritando, aun así casi siempre fomenta un diálogo muy interesante, aunque no sea inmediato. Cuando definimos el sexo en términos claros y sin juicios, las chicas y los chicos se sienten empoderados por el lenguaje. Y cuando tienen preguntas, pueden plantearlas a un adulto con palabras claras, lo que facilita que la persona que las recibe les proporcione la información que necesitan.

Por supuesto, hay más términos que vale la pena mencionar antes de terminar con la parte científica de este capítulo. Primero: *abstinencia*, que se refiere a la decisión de abstenerse del sexo (no tener). Después, *sexo seguro*, que implica proteger el cuerpo de un embarazo y de infecciones de transmisión sexual (ITS). Para tener sexo seguro, por lo menos uno de los participantes debe usar una barrera, como un condón o una barrera bucal de látex, a menos que sólo haya un participante, en cuyo caso el sexo es seguro en términos de un embarazo e ITS (en el capítulo 17 lo explicamos con más detalle). Después: *violación*, sexo sin consentimiento. Es importante destacar que el sexo vaginal, anal y oral suponen penetración, un componente clave de la violación. Cuando no hay penetración (y también cuando la hay), el acto no consensuado se denomina *abuso sexual*. En otras palabras, cualquier acto sexual no consensuado —físico, verbal, audible o conductual— puede ser abuso sexual, pero la definición de violación supone penetración: un objeto o una parte del cuerpo que entra en el cuerpo de otra persona sin su consentimiento. Por último, *pornografía*, mejor conocida como *porno*. Son imágenes con producción profesional o amateur cuyo fin es excitar al espectador. Si bien es voyerista y, por lo tanto, relacionada con el sexo, también puede tener un efecto directo en cuándo y cómo se tiene sexo. Para los adolescentes ingenuos en el plano sexual la pornografía define la idea de cómo debe verse el sexo desde fuera antes de que lo experimenten en la vida real.

QUÉ HA CAMBIADO EN LOS ÚLTIMOS 20, 30, 40 AÑOS

La evolución de las actitudes y conductas sexuales en el curso de las últimas décadas se puede trazar con una línea sinuosa más que recta. A muchos nos criaron los hijos de la revolución sexual, cuyas propias actividades en la cama (o en los asientos traseros de un coche o en Woodstock) se deben, por lo menos en parte, a la legalización de la Suprema Corte sobre los métodos anticonceptivos, primero en 1965 para los matrimonios y después para todos en 1972. En los siguientes cincuenta años se produjeron cambios drásticos en la variedad de métodos anticonceptivos: espumas, geles, diafragmas, anillos, dispositivos intrauterinos (o DIU) e implantes hormonales. La pastilla anticonceptiva se ha reformulado decenas de veces, con distintos estrógenos y progestágenos (progesterona sintética) en diferentes dosis, según la sensibilidad de los distintos cuerpos. Los condones han adquirido colores, formas, tamaños, sabores y texturas innumerables que se exhiben en casi todas las farmacias y supermercados. El capítulo 17 explora cada uno en detalle, pero es importante mencionarlos porque han ocasionado muchos de los cambios culturales en la actividad sexual: a medida que los anticonceptivos florecieron y disminuyó el riesgo de un embarazo, las consecuencias de tener sexo cambiaron drásticamente, aumentando la actividad sexual fuera del matrimonio o, por lo menos, la aceptación del fenómeno.

Sin embargo, al mismo tiempo muchos anticonceptivos en Estados Unidos están circunscritos (y siempre lo han estado) a quienes tienen acceso a la atención médica, y a una combinación de seguro médico y recursos. De hecho, además de los condones, pocos anticonceptivos se pueden comprar sin receta médica. El surgimiento de ITS mortales, como el VIH (que también cubrimos en el capítulo 17), y la legislación cambiante sobre la práctica del aborto, sin duda han afectado la libertad sexual de forma drástica. De ahí el vaivén sobre cómo se habla de sexo, sin mencionar quién lo practica.

Lo cual suscita la pregunta: en estos días, ¿cuándo están practicando sexo las adolescencias? De acuerdo con la *Youth Risk Behavior Survey* (*Encuesta sobre conductas riesgosas en jóvenes*) de publicación bienal, que realizaron en 2021 los Centros para el Control y la Prevención de Enfermedades (CDC), menos estudiantes de preparatoria lo están practicando, a diferencia de hace una generación. En 1991 más de la mitad de los estudiantes de preparatoria en Estados Unidos (54.1 por ciento) reportó tener sexo, pero en 2021 la cifra había caído a 30 por ciento. Vale la pena destacar que el estudio de 2021 se realizó durante la pandemia del covid, así que con toda certeza se puede afirmar que las clases a distancia y el aislamiento social afectaron estas cifras.

Sin embargo, estas estadísticas tienen una falla importante. Cuando en la *Youth Risk Behavior Survey* se les pregunta a las adolescencias sobre el sexo, se les cuestiona sobre si han tenido "contacto sexual" o "coito", pero no definen ninguno de estos términos. ¿Las infancias respondieron lo que los investigadores creyeron preguntarles? En el curso de tres décadas que se ha realizado esta encuesta, ¿acaso las infancias han entendido lo que la encuesta insinuaba? En otros estudios, cuando los investigadores preguntan a las infancias si han tenido sexo, rara vez añaden la palabra *vaginal*, pese a que suelen referirse al sexo vaginal, o lo que quieren implicar. Preguntas generales sobre "sexo" o "contacto sexual" generan confusión e información turbia. Preguntas más claras y específicas —*¿Alguna vez has tenido sexo vaginal? ¿Sexo oral? ¿Sexo anal?*— ofrecerían un conjunto mucho más sólido de resultados sobre si las infancias están retrasando el acto o practicándolo de forma distinta a sus padres y abuelos.

No todos los investigadores se equivocan. Por ejemplo, los CDC publicaron un estudio en 2018 en el que preguntaban a adolescentes puntualmente sobre el sexo oral y anal: 39 por ciento respondió que sí había tenido sexo oral y 11 por ciento contestó que sí había tenido sexo anal. Esto demuestra que las adolescencias tienen toda la disposición de responder a preguntas detalladas sobre sus actividades íntimas. Además, muchos más adolescentes de los que la gente podría imaginar están teniendo sexo anal.

Hay algo que ni la *Youth Risk Behavior Survey* ni la mayoría de los demás estudios han cubierto, aunque es hora de que lo empiecen a hacer: la cultura del sexo casual. Sí, es pedir mucho porque la cultura del sexo casual se refiere a un nuevo conjunto de expectativas y conductas, confusas y difíciles de definir, que han cambiado drásticamente las ideas tradicionales del romance, las relaciones y el sexo. Recordemos las "bases" de nuestra propia infancia, que variaban ligeramente según la geografía pero en general implicaban un camino lineal que empezaba con los besos (primera base), seguía con los tocamientos (segunda base), después masturbarse (dar o recibir, tercera base) y luego todo (un *home*, casi siempre se refería a coito vaginal). La cultura del sexo casual de hoy casi no es lineal, los pasos por la exploración sexual no se parecen al beisbol sino al Señor Cara de Papa, con distintas piezas que se colocan en sitios inesperados, después de lo cual la boca queda en donde debería ir la oreja.

Para algunos, el ligue implica tener sexo; para otros, es todo *menos* sexo, lo cual resulta en una pesadilla de comunicación. Algunas personas que se describen a sí mismas como "que están simplemente ligando" han sido sexualmente activas durante muchos años sin que los adultos que los apoyan en su vida se den cuenta de esto; otras, que dicen tener el mismo estatus, se limitan a besarse o tocarse y algunas de ellas terminan "putificadas"* (avergonzar a alguien por tener múltiples parejas sexuales). La cultura del sexo casual ha reconfigurado las normas lingüísticas, sexuales y relacionales, despojándolas de orden y claridad. Por eso, nuestros recuerdos del amor adolescente —que empezaba con algunas salidas, después se aceptaba un compromiso de relación y, por último, se decidía tener sexo— ya no les son familiares a muchos chicos del siglo XXI. En estos días es frecuente escuchar a adolescentes y veinteañeros contar que tienen sexo con una pareja durante semanas e incluso meses; *después*, quizá tienen algunas salidas (o no); *luego* deciden ser exclusivos, es decir, no tener sexo con nadie más (que no debe confundirse con una relación) y después, a lo mejor, con el tiempo, empiezan una relación comprometida... o no. O alguna combinación de eso en otro orden. Cuando se trata de la predictibilidad, puede pasar de todo.

* Del inglés *slut-shame*. (*N. de la T.*)

Como parte integral de la cultura del sexo casual, hay nuevo lenguaje. *Amigos con beneficios* es una frase que la mayoría de los adultos conoce, y sigue siendo vigente. Pero ser *casi algo* (*situationship*, en inglés) está ganando terreno. Este término (confesamos que aprendimos esta nueva frase al escribir este libro y ahora nos encanta) refleja la opacidad de las relaciones para la nueva generación, una norma desconcertante incluso para quienes la están viviendo. *Casi algo* incluye todo tipo de relaciones, menos una comprometida. Ligar puede caer en la categoría de casi algo, al igual que los siguientes términos, que quizá nunca antes hayas escuchado: *getting with* (ligar sin tener relaciones sexuales), *tapping* (sexo vaginal) y *dogging* (sexo vaginal o posiblemente sexo anal; ten en cuenta que *dogging* significa que no hay condón involucrado). Quienes están "saliendo" pueden hacer todas estas cosas también.

La tendencia hacia la fluidez sexual es por completo distinta, pero está superpuesta en la cultura del sexo casual. Se refiere a que la orientación sexual de alguien no es fija, cambia de acuerdo con la atracción y las circunstancias. Muchos adultos —sin duda alguna los *boomers*, la generación X y también la mayoría de los *millennials*— maduraron en una época en la que se esperaba que definiéramos nuestra orientación sexual en términos claros. De hecho, muchos tuvieron que esconder sus identidades debido a la hostilidad rampante y las desigualdades legales. Pero en estos días las adolescencias en secundaria pueden hablar cómodamente de sus amigos bisexuales o pansexuales. Exploramos la orientación sexual con mayor detalle en el capítulo 18, pero mencionamos la fluidez sexual al enumerar lo que ha cambiado en el mundo del sexo, porque influye en cómo hablamos con las infancias en nuestra vida. Si no utilizamos un lenguaje inclusivo ni nos informamos sobre prácticas de sexo seguro en una diversidad de actividades sexuales, no podremos cumplir con nuestra labor principal: mantenerlos sanos y seguros.

Es imposible hablar de cómo ha cambiado el sexo sin referirnos a la enorme disponibilidad de la pornografía en las últimas dos décadas. Gracias a internet, la pornografía está disponible para cualquiera con un aparato —adultos y niños—, transformando las primeras ideas, y las subsecuentes, en torno al sexo. Sí, el porno es centenario y ha evolucionado con las revoluciones tecnológicas (la imprenta, la fotografía, el cine, internet). Pero el porno gratis en línea supuso un cambio exponencial en el acceso, un exceso de información que redefinió para una generación la forma en que se ve, se siente y suena el sexo, incluso cuando las infancias saben que es una escenificación. Tal vez reconocen que no es realista (o son muy jóvenes para darse cuenta), pero si lo ven lo suficiente, el porno puede parecer una versión de la realidad.

Alguna vez el porno fue el tema de una conversación discreta que sólo surgía entre los más valientes cuando se hablaba de sexo. Hoy es una conversación integral, igual de relevante para la crianza y las clases de educación sexual, porque la inmensa mayoría de las y los adolescentes lo conocen y muchos lo siguen viendo con frecuencia. Aquí están los datos más importantes, que han surgido en las últimas dos décadas a medida que la pornografía en línea se ha generalizado y ha llegado a los estudiantes de secundaria con computadoras portátiles y teléfonos inteligentes:

- La edad promedio para ver porno por primera vez son los 12 años entre los niños; y las niñas no mucho mayores.

- 15 por ciento de las adolescencias dice que la primera vez que vieron porno fue a los 10 años. La mayoría de los estudiosos de la pornografía estiman que hacia el último año de la preparatoria, entre 85 y 95 por ciento de las adolescencias ha visto porno.

- Los motivos por los que las adolescencias ven porno incluyen los siguientes: alguien se los enseñó (ellos no lo buscaron); curiosidad (lo buscaron); para masturbarse; para lidiar con el estrés o las emociones negativas. Es poco probable que una búsqueda accidental en Google con un dedazo conduzca a un adolescente al porno, pero las búsquedas intencionales en Google ("desnudo", "bubis", etcétera), así como los enlaces en las redes sociales, son los caminos más directos para llegar a páginas pornográficas.

- Más de la mitad de las adolescencias que han visto porno dicen que el contenido incluía conducta violenta o agresiva.

Cuando ven pornografía pueden cometer agresión sexual, por lo que es preocupante el futuro de sus relaciones sexuales.

- El covid tuvo menos efecto en el consumo del porno de lo que se predijo al inicio; de hecho, entre 2019 y 2021, se mantuvo consistente: entre 5 y 23 por ciento de adolescentes y jóvenes adultos vieron más contenidos en este periodo, pero los demás no cambiaron sus hábitos de consumo o vieron menos.

Algunos investigadores sugieren que el aumento en el acceso al porno en línea está influyendo en las incursiones tardías de las adolescencias en el sexo en la vida real; argumentan que la masturbación, mientras se consume porno, ha sustituido la experimentación sexual en carne propia. Es difícil saber si es así. Por otra parte, tiene mucho sentido, y cuando le añadimos el sexo telefónico, es decir, el intercambio de *nudes* (desnudos) y videos, la causa y el efecto parecen evidentes. Pero de nuevo, no sabemos si las infancias están esperando más tiempo para tener sexo (en su definición más expansiva), así que antes de explicar el porqué, hay que retroceder, plantear preguntas más claras y documentar primero el fenómeno. *Después*, se puede añadir el papel del consumo de pornografía.

Todavía no se ha llegado a una conclusión sobre cómo estos factores (todos o ninguno) —definiciones cambiantes del sexo, la cultura del sexo casual, la fluidez sexual, el porno— podrían afectar las relaciones durante la adultez, incluso el propio concepto del matrimonio o las relaciones comprometidas de pareja en nuestra sociedad. No obstante, sí sabemos que, debido a la cultura del sexo casual, una persona tiene varias parejas sexuales, lo que ha ocasionado que aumenten las tasas de ITS. Esto también lo abordamos en el capítulo 17.

En última instancia, todos queremos que nuestros hijos se conviertan en adultos capaces de tener relaciones amorosas con conexiones profundas y, si así lo desean, que practiquen sexo consensuado y placentero. Para llegar a ese punto, debemos conversar con ellos sobre sexo y las relaciones de forma inclusiva y reflejar cómo han cambiado los tiempos, incluso si nos resulta difícil, complicado e incómodo.

 CÓMO HABLAR DE ESTO

Vamos a adoptar una táctica que aborde lo elemental, los "grandes éxitos" sobre el tema del sexo, los ligues y el porno. Como hay demasiado que cubrir, subdividimos esta sección.

Cómo hablar de sexo

Comencemos con el consejo más importante y general: las charlas sobre sexo no es La Conversación (eso es muy años ochenta); al contrario, son muchas, *muchas* charlas en el curso de los años, con cada vez más lenguaje sofisticado e información más detallada a medida que van madurando. Para quienes esperaban que fuera cosa de una sola vez, lo sentimos.

Antes de empezar a conversar, asegúrate de que tu adolescente conozca la anatomía y fisiología básica de todos los géneros. El enfoque tradicional que limitaba la información al propio género ya no es vigente (¡y qué bueno!).

Conforme vayas progresando, necesitas cubrir la mecánica del sexo con distintas parejas potenciales. Nuestro enfoque de "cuatro tipos de sexo" —vaginal, oral, anal y masturbación— es una manera sencilla de adentrarse en estas aguas, pero haz lo que te funcione mejor. El tono de las conversaciones entre adultos y adolescentes sobre sexo depende de sus personalidades, temperamentos y estilos comunicativos, pero también del contexto (¿hay otros chicos cerca?), etcétera. Nuestras sugerencias son eso mismo, sugerencias. La trampa que hay que evitar es asumir que un adolescente sabe todo, no dejes que esa fachada de *cool* te engañe. Para comprobarlo: si jura que sabe algo, pídele que te lo explique.

Además de estos puntos elementales, compartimos estrategias generales. Pero antes de dar el salto, un último consejo: ¡no tengas miedo a equivocarte! ¿Recuerdas el poder de los segundos intentos? Si en un contexto lo vas a necesitar, sin duda será en éste. Intenta comunicarte de una forma, y si no te funciona vuelve a empezar. En cuanto se den cuenta de que no rehúyes el tema, empezarán a hablar más o, por lo menos, a escuchar.

No sexualices a los niños y las niñas pequeños

La hipocresía de nuestra cultura es sorprendente: con frecuencia se critica hablarles a las infancias sobre sexo porque "es muy pronto"; sin embargo, se sexualiza a los niños y a las niñas desde temprana edad. ¿Alguna vez has escuchado a alguien describir la amistad cercana de una niña de 3 años como un "enamoramiento"? ¿O a un pariente preguntarle a un niño de 9 años si tiene novias? Esperamos cambiar esa dinámica normalizando que la educación sexual, apropiada a la edad, comience antes y, al mismo tiempo, abstenernos de proyectar la sexualidad en niños pequeños. Y ya que estamos aquí, dejemos de imponer nuestras suposiciones heteronormativas.

Celebra los sentimientos, no los minimices

Es fácil olvidar que los *enamoramientos* y las atracciones generan sentimientos intensos a cualquier edad, así que no subestimes la probabilidad de que los sentimientos románticos carguen un gran peso. Cuando un chico llega a casa emocionado, desconsolado o confundido por una relación actual o que ya terminó, tómate sus emociones en serio. Comentarios despectivos como *Estás en secundaria, ¡supéralo!*, o *No es para tanto, ¡ni que estuvieras en edad de enamorarte!* socavan futuras conversaciones sobre relaciones amorosas importantes. Minimizar sus sentimientos también limita las oportunidades de que te vuelvan a buscar para hablar sobre altibajos sociales o emocionales.

Háblales del consentimiento desde pequeños y con frecuencia

Empieza a hablarles del consentimiento mucho antes de que el sexo se encuentre en su radar. Las charlas pueden ser sobre pedir y dar permiso para prácticamente todo: morder un sándwich, sentarse en el regazo de alguien, jugar con el pelo de alguien más, pedir prestada ropa. Esto afianza la consideración y la búsqueda de consentimiento años antes de hablar sobre sexo, ejercita el músculo de percatarse de los sentimientos de los demás y aumenta la probabilidad de que tome decisiones respetuosas en sus interacciones sociales. No sólo se traduce en mejor comunicación cuando se vuelvan sexualmente activos, también evita lo que la psicóloga Lisa Damour, especialista en la adolescencia, describe como el enfoque "ofensivo/defensivo" frente al sexo.

Todos merecen saber qué es el placer

Una cosa que no ha evolucionado mucho en estas generaciones es que las charlas sobre el placer dependen del género: los chicos suelen escuchar *todo* sobre el tema, y las chicas mucho menos. Pero no tiene que ser así y, para ser honestas, ¡no tendría por qué serlo! Asegúrate de que las conversaciones con todos los chicos, sin importar el género, hablen sobre las partes del cuerpo que se sienten bien cuando las tocan. Esfuérzate por presentar esta información sin pena, no asumas que los chicos están recibiendo esta información en sus clases de educación sexual, porque muchas no mencionan el clítoris ni la masturbación. Así que inclúyelos en algún punto, aprovecha cuando vayas manejando o caminando, cualquier cosa para evitar el contacto visual si te sientes incómodo. Si no sabes cómo empezar, prueba con esto: *¿No te parece superinteresante que haya una parte del cuerpo cuya única función es sentir placer cuando se toca?* (P.D. ¡Las personas que tienen clítoris merecen saberlo!)

Sé inclusivo y nunca asumas la orientación sexual de nadie, ni la de tu hijo o hija

A menos que un chico haya definido su orientación de forma explícita, no asumas nada. Y ya que estamos en esto, revisa tu lenguaje heteronormativo. Para algunos es difícil cambiar de hábitos, pero el lenguaje inclusivo prescinde de los juicios y la culpa, aumenta drásticamente la probabilidad de que ese adolescente sea receptivo y se abra. Además, es más fácil de lo que crees. *¿Alguien te gusta? ¿Sabes qué quieres en una pareja sexual? ¿Entiendes el concepto de respeto cuando tienes intimidad con una persona?*

Anticipa preguntas sobre tu propia historia sexual (porque te garantizamos que te van a preguntar)

Te aseguramos que tus hijos te van a preguntar sobre tu pasado. A veces preguntan generalidades, pero otras detalles específicos. Prepárate. Decide con anticipación lo que no quieres compartir (tienes todo el derecho del mundo a no compartir ciertas cosas con tus hijos). Después piensa cómo vas a responder sin mentir, porque si mientes y se dan cuenta dejan de confiar en ti. Así puedes validar una pregunta sin responderla: *Me da mucho gusto que tengas la comodidad de preguntarme, pero prefiero no compartirlo. Me puedes preguntar lo que quieras y a veces puedo decidir no responderlo.* Otras veces te sentirás cómodo compartiendo la información con tu hijo; sin embargo, asegúrate de hacerlo de forma apropiada para su edad. Quizá quieras compartir el contenido con ellos, pero no en ese momento. Por último, responde lo que te preguntan. Si no estás seguro, confirma: *Qué pregunta tan interesante, ¿por qué te dio curiosidad?*, para precisar. Tip de profesional: evita compartir de más; los niños pequeños casi nunca quieren saber toda la información que crees que están solicitando.

Cómo hablar de ligues

Es particularmente importante no juzgar al hablar sobre este tema. De lo contrario, tus hijos no querrán compartirte ni el más mínimo detalle, y olvídate de poder darles consejos en beneficio de su seguridad y salud. Hay algunas formas de lograr un equilibrio entre conversar sobre las relaciones que tienen y describir el tipo de relaciones que esperas que logren alcanzar:

Habla sobre el amor

A veces las conversaciones sobre el sexo son mecánicas o biológicas, pero debemos hablar también del amor y la conexión humana. Puede ser intimidante o agobiante contarles que el sexo puede ser hermoso y amoroso, pero es necesario comunicar estos conceptos clave, en particular para contrarrestar lo que hayan visto en el porno. Éste es un enfoque: *Ya sé que conoces la mecánica del sexo e incluso sus placeres, pero el sexo puede ser un acto superespecial entre dos personas que se aman.*

Enséñales que está bien hablar durante el sexo y con los ligues

Con frecuencia los medios —desde comedias románticas hasta el porno— retratan el sexo como un acto silencioso en el que participan adivinos que intuyen naturalmente cómo lograr que el otro tenga un orgasmo. Desengaña a tus hijos, ¡de inmediato! Sus parejas sexuales no pueden leerle la mente y la primera vez que estén con alguien no podrán tener un orgasmo en automático, incluso si están con alguien que les gusta mucho o a quien aman. Normalizar la comunicación durante el sexo fomenta un canal abierto para el consentimiento constante y entusiasta. *¿Te gusta así? ¿Se siente bien? ¿Quieres seguir o quieres parar?* También les enseña que en el sexo es igual de importante el viaje que el destino: los viajes en carretera se vuelven aburridísimos si nadie conversa.

No caigas en la trampa de "mis hijos nunca..."

El ritmo al que cambian los cuerpos, las experiencias, actitudes y relaciones de las infancias es asombroso. ¿No estaban hasta hace poco sentados en sus sillas embarrándose papilla en la cara? Depende de nosotros seguir el ritmo vertiginoso de sus transformaciones sociales, emocionales y sexuales, y, al mismo tiempo, conversar con ellos al respecto. Cuando se trata del sexo en general y del sexo casual en particular, no asumas que no están teniendo interacciones físicas y emocionales sólo porque no te lo han contado. De hecho, recuerda que muchos chicos no comunican nada a menos que les preguntemos, y aun así algunos no lo hacen, a menos que les preguntemos reiteradamente, sin juzgar y con amabilidad. Lo ideal es cubrir los temas importantes antes de que los experimenten. Despreocúpate de que hablar del sexo los orillará a tenerlo, pues sucede lo opuesto: educar a las adolescencias sobre el sexo los desacelera a experimentarlo. *No estoy segura de si ya surgió esto, pero quiero que conversemos antes de que pase. Siempre estoy aquí para charlar, pero éste es un primer planteamiento breve. Si llegas tarde a la fiesta, empieza ya. Sé que no hemos hablado de esto pero he estado leyendo sobre ligues y los casi algo. No estoy seguro de entender realmente qué son. ¿Me puedes explicar?*

Investiga sin interrogar

Es complicado determinar en qué parte de su trayectoria sexual se encuentra un adolescente sin que la conversación se convierta en interrogatorio. Empieza prescindiendo de la dinámica combativa, acusatoria, en pánico; mejor actúa casual y curioso: *Estoy leyendo un libro y mencionaron que... Estaba escuchando un pódcast y me surgió una duda... Vi un encabezado en las noticias y quería preguntarte si has oído hablar de...* Para ser más puntual, intenta: *¿En la escuela has visto este problema? ¿Tus amigos hablan de esto?* (¡No preguntes cuál!) *¿En tu equipo ha salido este*

SEXO, LA CULTURA DEL SEXO CASUAL Y EL PORNO

tema? Si deciden no contarte, no te desesperes y escucha, incluso si estás sudando. No te pongas mal y te les vayas encima a menos que quieras que cierren la boca enseguida.

Cómo hablar de porno

A la hora de plantear el sexo como un acto amoroso y respetuoso, la industria del porno supone un retroceso. Nos guste o no, la realidad es que en la actualidad las infancias están más expuestas al porno que nunca antes: lo consumen más jóvenes y buena parte del contenido, en general en video más que en fotografías, es violento y agresivo. *Playboy* no le llega ni a los talones. Si no ha surgido el tema antes de los 10 años, recomendamos tener una primera charla elemental para entonces; si los niños pequeños ya estuvieron expuestos, necesitan esta conversación cuanto antes. Aunque la idea de hablar con un niño de 10 años sobre este tema nos da ganas de vomitar, es más nauseabundo imaginar que la industria del porno —con su infinidad de videos misóginos y violentos que muestran a actores pagados con cuerpos absolutamente irreales— está educando a toda una generación. Sin importar lo incómodo, raro o vergonzoso que sea el tema, no es negociable. Éstas son nuestras sugerencias para entablar esta conversación.

Define tus conceptos

Es importante definir los conceptos que estás empleando para no confundirlos más. Por ejemplo, si vas a usar la palabra *sexo* para definir el porno, entonces explica qué es el sexo. Esto resulta especialmente difícil para algunos porque explicarlo podría acaparar toda su atención incluso antes de llegar al porno, así que ofrece una definición breve para pasar al plato principal. O bien, sólo habla de sexo en esa primera charla, y en la próxima cubre el porno. *Una de las maneras en las que las personas tienen sexo es poniendo el pene o la vagina dentro o sobre el cuerpo de alguien más.*

No asumas que ya saben qué es el porno

Muchos chicos han escuchado la palabra *porno* o *pornografía* en el transporte escolar o en casa de un amigo, entonces piensan que se supone que *deben* saber lo que significa. La mayoría infiere que es algo malo, pero hasta ahí llega su conocimiento. Tu primera conversación para introducir el tema puede empezar con una pregunta sencilla: *Quería preguntarte si has escuchado la palabra porno o pornografía*. Si la respuesta es positiva, pide que lo definan y después aclara o explica. Si dicen que no, empieza con algo fácil: *La pornografía quiere decir que las personas se toman fotos o videos de ellas u otras teniendo sexo.*

Explica por qué la pornografía es preocupante

Puede ser difícil verbalizar por qué los niños no deberían ver pornografía sin cubrir al mismo tiempo el sexo con una capa de vergüenza y juicio. Si tu objetivo es que con el tiempo tus hijos tengan relaciones sexuales significativas, necesitan ayuda para diferenciar lo que podrían ver en el porno de la intimidad de la vida real. *Cuando seas grande, el sexo puede ser algo maravilloso y consensuado entre una pareja que respeta el cuerpo y los sentimientos mutuos.* Esto contrarresta el porno violento y misógino. Es importante que las infancias entiendan que el porno no representa la integridad de las relaciones sexuales, sino un punto muy específico de ese mundo. Podemos describirles narrativas alternas que contrasten con lo que quizás hayan visto, pero lo ideal es que, a medida que maduren, escriban sus propias narrativas a partir de sus experiencias, no de lo que alguien publicó en línea.

El efecto del porno en la imagen corporal

Los actores porno profesionales de todos los géneros suelen tener cuerpos sin vello, depilados, aclarados, bronceados, de pies a cabeza, incluidos todos los orificios. El resultado es una imagen poco realista de la desnudez que incluye todo, desde el aumento de senos, la labioplastia (cirugía de la vulva), el tamaño excepcional del pene hasta anos aclarados. Resaltar la normalidad del cuerpo restaura las expectativas: *Ni tus senos ni tus labios vaginales deben ser simétricos, es normal que tengan tamaños y formas distintas.* O bien: *Los actores porno pueden ser elegidos a partir del tamaño de sus penes, los cuales no son representativos del tamaño promedio de un pene.* Lo creas o no, es muy importante explicarles a las y los adolescentes con total claridad que es natural y normal tener vello en los genitales, porque quienes han visto porno antes de mirar a una pareja sexual en la vida real se pueden sorprender. Dicho esto, cuidado con el enfoque, porque ese mismo adolescente podría estarse depilando partes del cuerpo que no ves y tus comentarios podrían parecerle humillantes.

Mantén la comunicación abierta, sin juicios

Muchos tienen la primera charla sobre porno *después* (conscientes o no) de que sus hijos ya lo vieron por primera vez. Si llegamos amenazando: *Si ves porno, ¡estás castigado para siempre!*, a un adolescente le resulta muy difícil reconocer que ya lo vio. Y si lo ven después de que su papá o mamá le dijeron *Te prohíbo rotundamente ver porno en la vida*, entonces es muy improbable que les comparta dudas o preocupaciones. La mejor estrategia para hablar con las chicas y los chicos sobre este tema es compartirles tus preocupaciones sin juicios, para que sepan que pueden conversar contigo las veces que sea necesario. Podría ser algo así: *Hemos hablado de por qué no es apropiado que veas porno, pero dicho esto, si llegas a verlo, siempre, siempre, puedes charlar conmigo si lo necesitas. No me voy a alterar.*

El porno para masturbarse

Todos merecen saber que ciertas partes del cuerpo se sienten bien cuando se tocan. La masturbación no tiene nada de malo, es una parte saludable de la sexualidad. Sin embargo, hay quienes se vuelven dependientes del porno para masturbarse. Es un fenómeno que afecta sobre todo a niños y hombres adultos (aunque no siempre) y puede presentar una serie de problemas sexuales y en las relaciones: disfunción eréctil, incapacidad de tener un orgasmo sin ver porno, desconexión de las parejas de la vida real y necesidad de versiones cada vez más y más extremas de estimulación visual. Cuando esto sucede, se le considera adicción al porno. Es importante hablarlo con los niños, no en una primera conversación, pero sí más adelante.

¿Ya estás agotado? Es un viaje muy largo. No olvides ir con calma, destacar el respeto y escuchar más de lo que hablas. No es fácil y, según tu propia experiencia, puede ser muy complicado tocar este tema con tus hijos. Pero con el tiempo y la práctica se vuelve más sencillo.

El tono de estas conversaciones será distinto según el contexto, lo importante es tenerlas. Meter la cabeza en un hoyo y fingir que no pasa nada es peor que tener una charla incómoda. Si te resulta imposible, encuentra a un adulto que sea parte de la vida de tus hijos para conversar con ellos: un hermano mayor, orientadora, tía o tío. La exposición al porno puede ser traumática. Y no siempre podemos evitarlo, pero si tenemos buena comunicación con ellos entonces podemos ayudarlos a entender qué vieron.

 QUÉ OPINAN QUIENES YA ESTÁN DEL OTRO LADO

B. C., él, 16 años

A propósito del porno

De niño, un verano fui con mi familia y todos mis primos a casa de mis abuelos. Mis primos son de mi edad, así que hacíamos todo juntos, como practicar deportes, nadar y ver mucha tele. Los controles remotos de las teles en casa de mis abuelos funcionaban a partir del iPhone 4. (Pregúntales por qué se les ocurrió que era una buena idea.) Estábamos chicos y no teníamos ni teléfonos ni iPads, entonces, mientras veíamos la tele, también jugábamos en los teléfonos y buscábamos a famosos. Cuando entramos a la página de Katy Perry, mi primo sugirió de la nada: "¿Y si la vemos desnuda?".

A esa edad me pareció chistosísimo. La gran Katy Perry, desnuda. La sola idea nos dio un subidón de adrenalina. De inmediato tecleamos las palabras en Safari y encontramos lo que estábamos buscando: a Katy Perry, desnuda. Vimos cientos de imágenes photoshopeadas de Katy Perry (que en ese entonces creí que eran reales): posando en la playa, en cuclillas sobre un pene, desnuda con otra mujer. Lo que se te ocurra. Nunca me había sentido así. Por supuesto que tuve una erección porque, ¿quién no la tendría?, pero no tenía idea de qué era eso. Todos nos quedamos hipnotizados y callados, no podíamos creer lo que estábamos viendo.

Días después, estaba solo y me puse a buscar en el teléfono fotos de desnudos de cualquier famoso que se me ocurriera. Me invadió el mismo sentimiento estimulante mientras buscaba en internet durante casi una hora, cuando de repente mi papá bajó a ver la tele. Entré en pánico. Apagué el teléfono y lo puse a cargar, pero nunca me salí de la aplicación. Aunque creí que me había salvado, lo primero que vio mi papá cuando abrió el teléfono fue a Beyoncé. En la playa. Sentada con las piernas abiertas. Enseñando los senos. Me llamó y me preguntó qué estaba viendo, respondí que seguro habían sido mis primos, porque soy muy bueno para mentir. Obviamente mi papá sabía qué estaba viendo y que estaba mintiendo, pero supongo que no quería hablar de lo que me había inspirado para buscar "Beyoncé desnuda", así que dejó que me fuera. Creí que me había salvado.

En ese entonces no lo sabía, pero fue mi primer encuentro con el porno, tenía como 6 años. Uno creería que el primer encuentro con el porno llega en la pubertad, a los 12 o 13 años, pero es imposible saberlo con anticipación. También es imposible vigilarlo. Ningún padre podría sentarse a tener una charla seria con su hijo de 6 años sobre el porno porque, al igual que a cualquier otro niño de 6 años, la idea de un pene me parecía *chistosísima*.

Creo que, de hecho, mis papás cubrieron muy bien el tema del porno. Hablaron conmigo para que entendiera cómo se hace el porno, cómo se trata a los actores y a las actrices y lo poco realista que es. También se tomaron la conversación en serio, pero me permitieron sentirme incómodo y reírme. Además, me hicieron sentir seguro. Me aseguraron que todo lo que sentía era natural y que debía aceptar todos mis sentimientos.

C. A., ella, 19 años

Sobre la cultura del ligue

Salir ya no es lo que era antes: claro y sencillo. La trayectoria de la relación entre dos personas ha cambiado por completo. Imagina lo que se retrataba en las comedias románticas de los años noventa —dos personas coqueteaban, salían a algunas citas, *a lo mejor* tenían una o dos relaciones sexuales casuales y luego una relación en toda regla— y mézclalo, revuélvelo, hazlo más casual, métele unas veinte relaciones sexuales casuales más, y agrega nuevos términos y jerga. Confuso, ¿verdad? También para nosotros lo es. Para ser honesta, la mayoría de las personas de nuestra edad participa en este método demencial y enrevesado de romance, y hay quienes —los menos, pero los hay— hacen lo posible por seguir la noción tradicional de "comedias románticas de los noventa" (aunque con más sexo).

Lo que antes pudo haberse considerado una cita —conocer a alguien, salir un par de ocasiones, ser casual— hoy ha tomado un camino más serio y tiene otro peso. Se refiere a que dos personas son exclusivas y son pareja, la relación por excelencia. Lo sé porque cuando a mis papás les mencionaba que a lo mejor un chico me gustaba o con quien a veces pasaba el rato, me preguntaban: *¿Están saliendo?*, a lo que respondía *grito ahogado* *¡Claro que no! ¿Están locos?* Así que hablemos de los nuevos vínculos entre los adolescentes.

Lo primero es "hablar" o ligar. Las citas como ir al cine o a cenar no son comunes entre las adolescencias si no están en una relación o por lo menos acordaron ser exclusivos. Lo más frecuente —si no se conocen en una fiesta y ligan a la hora de haberse conocido— es "hablar" en las redes sociales, textear o por FaceTime, y después pasar el rato con la persona. Pasar el rato casi siempre se refiere a acurrucarse, ver una peli y, adivinaste, tener sexo casual. Luego de varias semanas así, entonces pueden ser exclusivos, *no* salir, ser exclusivos. Esto quiere decir que no son pareja, pero no están teniendo sexo casual ni viéndose con nadie más. Luego de un rato, a lo mejor lo hacen oficial y empiezan a usar la palabra tabú, *salir*.

Cuando se trata de hablar de temas difíciles e incómodos, todos los padres tienen distintos enfoques. Al margen de su relación, es importante tener varias cosas en mente. La primera, nunca invalidar las emociones de tu hijo, ya sea tristeza, enojo, felicidad, temor, amor, etcétera. Sólo porque tu hijo sea ingenuo sobre el sexo y las relaciones, sea menos maduro o su cerebro no se haya desarrollado del todo, no significa que no entienda cómo se siente. Para él, el primer romance podría ser una de las cosas más importantes de su vida, no invalides cómo se siente.

S. H., él, 19 años

Sobre el sexo

En mi experiencia, hablar de sexo y salud sexual con mis papás es incómodo. Aunque son muy tolerantes con mis hábitos y opiniones, siempre será incómodo. Por ejemplo, en el último año de la preparatoria me dejaban invitar a chicas y pasaba el tiempo con dos chicas distintas a la vez. Las dos eran bajitas y delgadas, y cuando la segunda se bajó del coche mi mamá la vio. Después, en la noche me preguntó: *¿Te gustan las bajitas?* Este ejemplo subraya lo desagradable que me resulta que mis papás hagan comentarios sobre mis parejas sexuales. Me di cuenta de que me siento más cómodo hablando con ellos sobre el aspecto de la salud, pero más tenso si tocamos otros temas del sexo.

Tengo un hermano tres años menor que yo. Me confesó que se siente más cómodo charlando conmigo sobre sexo que con mis papás. A veces me considero educador de mi hermano porque me comparte aspectos de su vida sexual que jamás les compartiría a mis papás. Creo que cuando los papás muestran emociones mixtas con respecto a los hábitos sexuales de sus hijos pueden provocar que éstos ya no quieran contarles nada. Y a veces acaban confiando más en sus hermanos o amigos.

Capítulo 17

Anticonceptivos, ITS y ETS

Uno de los grandes errores en la educación sexual en Estados Unidos —para ser francas, en cómo hablamos de sexo con las adolescencias en casi cualquier contexto en este país— es el desequilibrio entre las conversaciones sobre una actividad saludable, normal y placentera (que no se suscita en la mayoría de los salones de clases) y todas sus posibles dificultades (lo cual es importante, pero con frecuencia se discute demasiado). Durante mucho tiempo la educación sexual ha sido alarmista.

Esto no es sin razón, porque las dos consecuencias negativas del sexo —embarazo no deseado o infecciones de transmisión sexual— son reales y tienen la capacidad de cambiarle la vida a alguien. Pero este enfoque esconde la idea central: el sexo será una parte integral y emocionante de la adultez. Precisamente por esto hicimos el esfuerzo consciente en este libro de separar la información sobre la prevención de un embarazo y la transmisión de enfermedades del capítulo sobre el sexo en general.

Muchos de nuestros sexólogos favoritos elogian a los neerlandeses en particular por su enfoque educativo sobre el sexo, el romance, el respeto y el consentimiento, abordan las partes aterradoras, pero no cada vez que se toca el tema. Con su educación sexual mucho más integral que la que tenemos en Estados Unidos, los neerlandeses han sido acertados, y las estadísticas lo demuestran: las adolescencias neerlandesas registran tasas menores de embarazos y menos abortos que las adolescencias estadunidenses, también contraen menos ITS (los adolescentes neerlandeses representan el 10 por ciento del número total de la población con ITS, a diferencia del 25 por ciento en Estados Unidos). En general, los neerlandeses reportan más satisfacción con el sexo que sus contrapartes estadunidenses.

Los neerlandeses demuestran que el enfoque integral de la información en torno al sexo marca una diferencia abismal cuando se trata de sus consecuencias más negativas. Los ejemplos del mundo real lo demuestran. Por cierto, los neerlandeses no eluden hablar de las desventajas del sexo, sólo que su enfoque es distinto. Para ellos, el vaso está medio lleno (*El sexo es maravilloso, pero es importante saber esto…*), mientras que nosotros, como país, lo vemos medio vacío (*¡El sexo puede provocar todas estas cosas espantosas!*). Cuando se trata de brindar información sobre el sexo, creemos que Estados Unidos debería aspirar a ser más neerlandés.

 ## EMPECEMOS CON LA CIENCIA

Este capítulo cubrirá dos temas importantes relacionados con el sexo: los métodos anticonceptivos y las ITS/ETS. Más que otro capítulo del libro, éste presenta el contenido como una avalancha de información y no como una narrativa, porque hay *mucho* que compartir. En el caso de los métodos anticonceptivos, vamos a enumerar los que existen, cómo funcionan, qué tan efectivos son. Después hablaremos de las infecciones de transmisión sexual (ITS) y de las enfermedades de transmisión sexual (ETS): cómo se contagian entre personas, cuáles son los síntomas, cuáles son tratables y qué implica un tratamiento. Nuestro objetivo es sencillo: como el conocimiento es poder, prepárate para volverte muy poderoso.

Métodos anticonceptivos

El objetivo de cada método anticonceptivo que describimos a continuación es evitar un embarazo. Sólo uno de ellos —el método de la barrera, que incluye condones para todos los géneros— también detiene el contagio de las ITS. Debido a que somos fieles creyentes en proporcionar de forma directa la información más importante, si quieres matar a dos pájaros de un tiro, la única forma de conseguirlo es usando una barrera. También podrías optar por la abstinencia —no tener sexo—, sin duda alguna la forma más segura de evitar un embarazo y las ITS. Pero el contenido de este capítulo está dirigido a quienes tienen sexo o planean tenerlo. La abstinencia consiste en planear *no* tener sexo.

Métodos de barrera: condones y barreras bucales

Un condón "masculino" se elabora de látex y está diseñado para ajustarse a la cabeza y la base del pene y cubrirlos. (Cuando la palabra *condón* se usa sola, casi siempre se refiere a las barreras diseñadas para penes.) Los condones se empacan de forma individual, se enrollan en forma de un hot cake, de 2.5 centímetros aproximadamente, y el borde de la circunferencia es grueso. La cabeza del pene entra por el centro del círculo; después, el condón se desenrolla y se estira hasta la base de un pene erecto.

El condón "femenino" debería cambiar de nombre y llamarse "condón interno" porque va por dentro. Este tipo de condón está diseñado para sexo vaginal o anal, y también es de látex. Pero tiene forma cónica, con un anillo grueso y cerrado en una punta —es la punta que se inserta en el interior, muy profundo— y un anillo delgado y abierto en la otra. Si te estás imaginando uno de esos conos naranjas de tránsito, así es la forma. Ahora, encoge el cono unos 18 o 20 cm e imagina que está hecho de látex delgado. Para insertar este condón, se aprieta el anillo pequeño y grueso para comprimirlo y hacerlo largo y plano. El anillo exterior y más grande se queda fuera para que cuando se use en la vagina cubra los labios mayores.

Las barreras bucales sirven para el sexo oral. Esta versión es la más sencilla de los tres métodos. Se trata de un rectángulo delgado de látex que hay que poner en la vulva o el ano antes de practicar sexo oral para proteger la boca de una persona y los genitales de la otra del intercambio de una ITS. Dado su diseño tan elemental, las barreras bucales se fabrican a partir de muchos materiales, como poliuretano e incluso papel film, de acuerdo con algunas páginas web. Para ser muy claras: no fomentamos el uso de materiales que no tengan aprobación para uso médico para prevenir las ITS o como métodos anticonceptivos, así que compra las barreras bucales en la farmacia, no las hagas con lo que tengas en la cocina. Dicho esto, puedes hacer una barrera bucal cortando un condón para pene en forma de rectángulo (corta a lo largo, empieza con la apertura) y usarlo para practicar sexo oral.

Estas tres versiones vienen en una variedad de colores, texturas, formas y sabores. Los inventores de los condones saborizados estaban haciendo todo lo posible para fomentar su uso durante el sexo oral, ¡así que no se burlen! Los condones siguen siendo el único método confiable para prevenir las infecciones porque bloquean físicamente el intercambio de flujos corporales como sangre, semen, secreciones vaginales y saliva: todos estos líquidos en los que prosperan y se reproducen las ITS. Al usarlos durante el sexo, éste es el más seguro.

Sin embargo, los condones no son perfectos. Porque se pueden romper, siempre hay que inspeccionarlos antes de usarlos (evita caer en la tentación de rasgarlos porque es muy fácil hacerlo). Los condones también caducan, por eso cada empaque debe tener impresa una fecha de caducidad. ¡Respétala! El látex viejo se puede romper durante el sexo; incluso si el condón estaba intacto al principio, podría rasgarse en el acto. Por último, el látex y muchos de los materiales alternativos se vuelven porosos cuando entran en contacto con ciertos químicos, en especial el ingrediente activo del espermaticida (nonoxinol-9) y productos a base de aceite (como aceite de bebé, aceite para cocinar, Vaselina y otras pomadas que contienen petróleo). Si las parejas deciden lubricarse antes o durante el sexo, es importante que el producto no sea a base de aceite, sino un lubricante a base de agua; lo encuentras en el pasillo de los condones.

Con respecto al uso de condones como único método anticonceptivo: su efectividad no es infalible. Los condones para el pene fallan 13 por ciento de las veces, los condones femeninos/internos, 21 por ciento. Cuando los condones se usan junto con otros métodos anticonceptivos, la combinación es casi perfecta. No importa si es condón + dispositivo intrauterino o condón + anticonceptivo oral o condón + cualquier otro método anticonceptivo: cuando el condón es parte de un enfoque doble, la probabilidad de un embarazo es casi inexistente. Por eso, los pediatras, ginecólogos y sexólogos pregonan el uso de los condones junto con cualquier otro método que incluimos en este capítulo.

Por último, qué hacer con el condón después del sexo: quítalo con cuidado y tíralo a la basura. No intentes tirarlo discretamente al escusado porque lo va a tapar.

Diafragmas, tapones cervicales y esponjas

Los diafragmas, los tapones cervicales y las esponjas también son barreras, pero sólo protegen la entrada al cuello uterino (o cérvix). Esto significa que previenen físicamente el embarazo al impedir que los espermatozoides lleguen al útero y más allá, pero no detienen el intercambio de fluidos corporales dentro de la vagina. Un repaso en caso de ser necesario: la vagina es un largo canal muscular; el cuello uterino se ubica en lo alto del canal, después están el útero, las trompas de Falopio y, por último, los ovarios. Tanto los diafragmas como los tapones cervicales se insertan en la vagina hasta el tope, cerca del cuello uterino. Los diafragmas suelen estar hechos de silicón y tienen la forma de domos poco profundos; los tapones cervicales parecen dedales grandes. Los dos funcionan mucho mejor cuando se utilizan con espermaticida.

En estos días los tapones cervicales no son tan comunes, pero los diafragmas se siguen usando pese a que su margen de error es de 17 por ciento. Esta cifra tan alta puede deberse a que tiene que utilizarse con espermaticida y la combinación debe dejarse por lo menos seis horas después de tener sexo (nunca más de veinticuatro). Con tantos otros métodos anticonceptivos en el mercado, es fácil ver por qué éste ya no se usa tanto.

Las esponjas funcionan como los diafragmas, pero ya contienen el espermaticida (un plus bienvenido). Dicho esto, tienen el mismo inconveniente con respecto al tiempo: deben dejarse dentro por lo menos seis horas después del sexo, pero nunca más de veinticuatro. Las tasas de error oscilan entre 14 y 27 por ciento, ¡más altas que los diafragmas!

Después de usar un diafragma o tapón cervical se pueden lavar y reutilizar. Pero las esponjas son desechables, se tiran después de un solo uso.

Espermaticidas

Como lo indica su nombre, estos productos matan el esperma. Vienen en distintas presentaciones: espumas, geles, cremas, plásticos protectores, supositorios y tabletas. Los espermaticidas se colocan directamente en la vagina, pero debe hacerse una hora antes de tener sexo, más tiempo disminuye su efectividad.

En estos días se utilizan en combinación con otros métodos anticonceptivos, como diafragmas o tapones cervicales. Algunas fórmulas funcionan bien con condón, pero otras lo pueden desintegrar. El margen de error de los espermaticidas cuando se usan sin otros métodos anticonceptivos es de aproximadamente 21 por ciento.

Métodos anticonceptivos hormonales: píldora, anillos, implantes e inyecciones

Para entender cómo funcionan los métodos anticonceptivos hormonales hay que tener conocimiento elemental del ciclo menstrual. Si se te olvidaron estos puntos complejos, regresa al capítulo 5. En síntesis: el ciclo hormonal durante el mes indica a los ovarios que maduren un huevo (óvulo) y luego lo ovulen. Si el óvulo no es fecundado, el cuerpo lo desecha primero y, poco después, el revestimiento del útero. La hormona luteinizante (HL), la hormona foliculoestimulante (FSH), el estrógeno y la progesterona tienen un papel fundamental en este proceso. La explicación más sencilla de cómo funciona un anticonceptivo hormonal es que éste mitiga el ciclo de estas hormonas, prácticamente inmoviliza el estrógeno o la progesterona (o los dos). Este bloqueo hormonal interrumpe la comunicación normal al cerebro que debería desencadenar el aumento y el descenso de HL y FSH; priva a los ovarios de su señal para ovular; evita que el útero se engrose o se desprenda de su revestimiento e incluso cambia el moco cervical para que los espermatozoides no lo puedan penetrar. Distintas combinaciones hormonales y dosis modifican cada uno de estos pasos, pero en general el ciclo menstrual depende por completo del aumento y la disminución de las hormonas; sin estos altibajos, se detiene el ciclo. Ésta es la magia de los anticonceptivos hormonales.

Para ser muy claras: durante el uso de anticonceptivos hormonales es normal tener sangrado similar al periodo, pero no es el periodo. No están desechando el robusto revestimiento uterino para madurar y ovular un huevo. Esto quiere decir que en este caso no es confiable la señal en la que muchas personas confían para demostrar que no están embarazadas: el sangrado.

La píldora o anticonceptivos orales (ACO)

El método anticonceptivo que más se utiliza y sobre el que más se habla es la píldora. La fórmula de estas pastillas varía: algunas tienen estrógenos (estradiol, etinilestradiol o la nueva formulación, estetrol, que no es una versión de la hormona sino un esteroide estrogénico que modula los receptores del estrógeno), combinado con la progestina (versión sintética de la progesterona). Las minipíldoras sólo contienen progestina. En el curso de los años se han desarrollado decenas de versiones de los ACO porque los cuerpos tienen sensibilidades únicas a las fórmulas de las hormonas y las dosis pequeñas cambian.

Las hormonas en los ACO sustituyen a las hormonas que produce el cuerpo, engañan al cerebro para que crea que los ovarios están produciendo una cantidad específica de estrógeno y progesterona. Esto es muy importante en términos del horario de las dosis: para maximizar la efectividad de un ACO, debe tomarse en torno a la misma hora todos los días (de día o de noche). De esa forma, la hormona circula de modo constante, por lo que los niveles hormonales no descenderán, el cerebro no notará el declive, no se reanudará el ciclo hormonal natural que se redujo considerablemente y no ocurrirá la ovulación. Por último, una advertencia sobre la trombosis: tomar hormonas incrementa el riesgo de padecerla. El tabaquismo lo aumenta aún más. De modo que al tomar ACO no se puede fumar ni vapear, a menos que quieras un coágulo letal en los vasos de las piernas, pulmones, corazón o cerebro.

El sangrado durante la toma de ACO no es menstrual —es decir, no representa el desprendimiento del robusto revestimiento uterino—, por lo que no debe interpretarse como señal inequívoca de que no hay embarazo. Las hormonas inducen este sangrado irregular, o bien, se trata de "sangrado intermitente", es decir, un desprendimiento minúsculo del exiguo revestimiento uterino que sigue creciendo durante la toma de ACO. Este desprendimiento minúsculo coincide con tomar las píldoras placebo (azúcar) que incluye un blíster de ACO. Como un periodo falso no tiene ningún beneficio, en estos días la mayoría de los blísteres tienen entre dos y cuatro píldoras placebo al mes, y muchas no tienen ninguna.

Los ACO son muy confiables, el margen de error es de 7 por ciento. Pero cuando se administran las píldoras a la misma hora todos los días, sin ningún otro medicamento que altere su metabolismo (es decir, "el uso perfecto"), ese margen disminuye a 0.3 por ciento. Recuerda que los ACO no protegen contra las ITS.

Anillos vaginales

Un anillo vaginal administra estrógeno y progestina. Este dispositivo circular y flexible se inserta en la vagina y permanece dentro del canal (muy al fondo para que sea imperceptible y no irrite) durante tres semanas; luego se retira y se tira; después de una semana, se puede insertar uno nuevo. Este método tiene los mismos pros y contras de un ACO de combinación de hormonas con una excepción importante: no necesitas recordar tomarlo todos los días. Pero sí hay que retirarlo después de tres semanas, lo que exige planificación y, por supuesto, hay que tener listo uno nuevo. El perfil de riesgo de un anillo es similar al de los ACO, los principales son trombosis y sangrado irregular. De modo que se requieren las mismas precauciones: no fumar ni vapear. El lado positivo: los periodos de retirada intermitente pueden ser más cortos y ligeros (y con menos cólicos) y los anillos no se asocian con el aumento de peso, mientras algunas fórmulas de ACO sí. El lado negativo: las hormonas de los anillos pueden adelgazar las paredes vaginales, lo que a algunas personas les causa relaciones sexuales dolorosas.

Implantes hormonales

Los implantes funcionan a partir del mismo principio que la píldora, sólo que no hace falta (ni recordar) tomarlos. Con este método anticonceptivo la hormona se precarga en una varilla pequeña y flexible, después ésta se inserta debajo de la piel del brazo superior no dominante. La liberación de la hormona —esta fórmula sólo contiene progestina— es de acción prolongada, muy prolongada. Los implantes tienen vigencia de unos tres años.

Este método tiene puntos muy positivos, empezando porque no hay que recordar tomar medicamentos ni insertar un aparato. Debido a esto, el margen de error es bajísimo, cerca de 0.1 por ciento. Es muy positivo para quienes no pueden tomar estrógeno, porque esta fórmula sólo contiene progestina. El aspecto negativo es que un médico debe colocar el implante y en ocasiones puede irritar o infectarse (como cualquier objeto extraño dentro del cuerpo). Desde luego, como no es una barrera, no protege contra las ITS.

Anticoncepción hormonal inyectable

Las hormonas inyectables son prácticamente idénticas a los implantes salvo que, en este caso, el medicamento se administra mediante una inyección cada tres meses. Al igual que los implantes, los inyectables sólo contienen progestina. La dosis no es igual de constante que los implantes, por lo que el margen de error es un poco más alto, de 4 por ciento. Al igual que los implantes, los inyectables no requieren que recuerdes tomarlos (salvo acudir al médico cuatro veces al año para recibir la inyección) y no contienen estrógeno, una ventaja para quienes no pueden tomar esa hormona. Además, no suponen ningún cuerpo extraño que pudiera infectarse.

Dispositivos intrauterinos (DIU)

Estos dispositivos han existido desde hace décadas, pero se popularizaron recientemente. Se trata de implantes pequeños, de alrededor de 2.5 centímetros, en forma de T, que se colocan dentro del útero (el cual tiene el tamaño aproximado de tu puño cerrado). Un DIU funciona de distintas maneras al mismo tiempo: 1) ocupa una cantidad considerable de espacio en el útero, proporcionando una obstrucción física para la implantación de un óvulo fecundado; 2) la presencia de un DIU causa cierto grado de inflamación local en el útero; se trata de una respuesta inflamatoria que es tóxica para los espermatozoides y los óvulos, y no favorece la implantación, y 3) también altera las trompas de Falopio, reduciendo la supervivencia de los espermatozoides y los óvulos en ellas. Los DIU tienen una vigencia de hasta diez años.

Hay dos tipos de DIU: de cobre y hormonales. Los de cobre incrementan el efecto inflamatorio local, lo que impide la viabilidad de los espermatozoides y la implantación más allá del impacto inicial con el dispositivo. Los hormonales (siempre algún tipo de progestina) engrosan la mucosa cervical, por lo que dificultan aún más el paso de los espermatozoides y, por lo tanto, que lleguen a un óvulo no fecundado.

A diferencia de los anticonceptivos hormonales —ACO, anillos, implantes e inyectables—, las hormonas del DIU no alteran el ciclo menstrual de manera fiable: los DIU de cobre no interfieren en la ovulación; en algunos casos los DIU hormonales detienen la ovulación, pero no siempre. Esto quiere decir que la mayoría de los ovarios siguen ovulando en la presencia de un DIU, por lo que los úteros siguen teniendo periodos, a veces incluso más abundantes que antes, con más cólicos y sangrado; en otras ocasiones sucede lo opuesto. Para algunas personas tener periodo es una ventaja porque les tranquiliza la certeza de saber que no están embarazadas, pero para la mayoría es un aspecto negativo, porque les encantaría saltarse el sangrado, el acné y los altibajos emocionales mensuales.

Una gran ventaja de los DIU: una vez dentro, ahí se quedan: no hay que recordar tomar pastillas ni acudir al médico con cierta frecuencia. El aspecto negativo es que pueden causar sangrado irregular (a veces diario y abundante) los primeros meses. También se reporta mucho el incremento de acné, altibajos emocionales, dolores de cabeza, inflamación y sensibilidad de los senos durante su uso. Y desde luego, los debe colocar un profesional de la salud, y debes saber que no protegen contra las ITS. El margen de error es mínimo: menos de 0.5 para los hormonales y cerca de 0.8 para los de cobre.

A propósito del "hilo" de los DIU: el dispositivo en forma de T se inserta en posición vertical; sus extensiones horizontales superiores van dentro del útero y la parte larga de la T, hacia abajo. De la base de la T cuelga un alambre que se llama hilo (¡pero es un alambre!) que atraviesa el cuello uterino. Cuando se retira el dispositivo, el médico tira del hilo. Sí, hay un TikTok viral de alguien que se quita el DIU por accidente. Primero, ¡no lo intentes! No es seguro: los DIU deben retirarse en un entorno médico. Segundo, ¡no! No es frecuente.

Anticonceptivos de emergencia

Si bien es muy importante que las personas conozcan la disponibilidad de los anticonceptivos de emergencia, *no* deben administrarse con regularidad como métodos anticonceptivos planificados. Se usan en caso de emergencia: cuando el condón se rompe, cuando no se tomó la pastilla o no se utilizó otro método.

Uno de estos métodos es tomar una dosis de ACO que casi imposibilite la implantación y haga del útero un ambiente inhóspito. Ésta es la ciencia que explica la píldora del día siguiente. Plan B es una de muchas marcas, todas ellas diseñadas para tomarlas únicamente dentro de las siguientes 72 horas del encuentro sexual sin protección (cuanto antes, más efectiva). Funciona administrando una dosis particularmente alta de levonorgestrel —la hormona que se utiliza en muchos ACO— para poner un freno a la HL, deteniendo así la ovulación. Una nota al pie muy importante: existe un debate sobre las dosis de Plan B y otros anticonceptivos de emergencia para las personas que pesan más de 70 kilos; por desgracia, todavía no existe mucha información al respecto.

Otro método es ponerse un DIU de cobre a los cinco días del encuentro sexual. Es mucho menos accesible y menos conveniente por muchas razones, pero sigue siendo una opción de emergencia.

Los anticonceptivos de emergencia se refieren a las hormonas que se administran a los pocos días del sexo sin protección para reducir la probabilidad de concepción e implantación. Es muy distinto de un aborto médico, que recurre a medicamentos vía oral para interrumpir un embarazo durante el primer y segundo trimestre. Tras la anulación de *Roe vs. Wade* y el limitado acceso al aborto en muchos estados de la Unión Americana, los médicos y defensores de los derechos reproductivos están difundiendo información sobre las dosis para los medicamentos abortivos utilizados con más frecuencia, misoprostol y mifepristona. Pero de nuevo, para que quede muy claro: no son lo mismo que los anticonceptivos de emergencia.

LOS ANTICONCEPTIVOS DE EMERGENCIA NO SON LO MISMO QUE UN ABORTO

Los anticonceptivos de emergencia evitan la fecundación o la implantación. Al tomar hormonas en las horas (a veces días) después de tener sexo sin protección, el espermatozoide y el óvulo no pueden fusionarse, o bien, el óvulo fecundado no puede implantarse en el revestimiento uterino. Ambos escenarios previenen el embarazo porque éste ocurre cuando se fecunda el óvulo y encuentra un entorno espacioso y con nutrientes abundantes donde pueda desarrollarse.

Por otra parte, el aborto ocurre varias semanas después de la fecundación e implantación. El aborto quirúrgico —también llamado dilatación y legrado— supone retirar físicamente el revestimiento uterino. El aborto médico depende de medicamentos que se administran vía oral para provocar que el útero se desprenda de su revestimiento, muy similar a un periodo. En ambos casos, si el óvulo fecundado ya se implantó y empezó a crecer en ese revestimiento (en este punto ya se denomina *embrión* o *feto*) será expulsado.

Es importante mencionar el aborto por un embarazo ectópico, que puede salvarle la vida a la madre. Un *embarazo ectópico* ocurre cuando el óvulo fecundado se implanta fuera del útero, en un lugar que no puede soportar el embarazo. Lo más común es que ocurra en las trompas de Falopio, pero también en el cuello uterino, abdomen o incluso el propio ovario. El diámetro de una trompa de Falopio mide cerca de un centímetro, similar a un chícharo; claramente no es lo suficientemente espaciosa para que un embarazo prospere. Si el óvulo fecundado se implanta ahí, con el tiempo crece y puede romper el tubo, lo que puede provocar sangrado y posiblemente la muerte. Si un embarazo ectópico se detecta a tiempo puede tratarse con un aborto médico, pero si ha progresado lo suficiente puede requerir una cirugía abdominal de emergencia.

Anticonceptivos permanentes o esterilización

Los métodos permanentes para prevenir un embarazo son cirugías que interfieren con la fecundación: la ligadura tubárica para las mujeres biológicas o la vasectomía para los hombres biológicos.

Ligadura tubárica

Este método, también conocido como "ligadura de trompas", supone una cirugía menor en la que se cortan y cosen las trompas de Falopio. De esta forma cualquier óvulo que descienda desde uno de los ovarios por una de las trompas de Falopio no puede encontrarse con los espermatozoides que entran a la vagina y suben por el útero para internarse en esa trompa, porque ya se cortó esa trompa. La cirugía es muy breve, casi siempre ambulatoria (a menos que haya complicaciones). El efecto es inmediato, pero la recuperación puede tomar varios días. El margen de error de la ligadura tubárica es de alrededor de 0.5 por ciento, porque a veces esas trompas no se separan por completo como hubiera querido el cirujano.

Vasectomía

Es el equivalente de la ligadura tubárica para el pene. En este caso se hace una incisión en el conducto deferente, el tubo por el que viaja el esperma de los testículos a la punta del pene. Al igual que la ligadura tubárica, esta cirugía es ambulatoria. El conteo de espermatozoides disminuye drásticamente, pero puede tardar doce semanas para que llegue a cero, así que hay que someterse a revisiones (sí, eyaculando en un contenedor). Algunas personas también presentan inflamación, lo que retrasa algunos días la actividad sexual. El margen de error es de 0.15 por ciento.

ITS y ETS

Respiremos profundo, ya terminamos con la sección de métodos anticonceptivos. Ahora es momento de pasar a las ITS y ETS. A diferencia de la conversación en torno a los métodos anticonceptivos, es más complicado abordar este tema de forma positiva. Sin embargo, puede hablarse sobre cómo prevenir las verrugas, las úlceras o llagas y el flujo verdoso sin demonizar el sexo ni asociarlo con algo asqueroso. En ello abundaremos más adelante. Primero, los hechos.

Empecemos con la diferencia entre una ITS y una ETS. En los dos casos la T y la S se refieren a lo mismo: *transmisión sexual*. La I es de *infección*, que sucede cuando un organismo —como una bacteria, virus o parásito— entra en el cuerpo. La E es de *enfermedad*: las manifestaciones físicas, en ocasiones sintomáticas, de la infección. Todas las ETS comienzan como ITS, pero muchas ITS no culminan en ETS.

Digamos que dos personas tienen sexo y una de ellas le transmite una infección bacteriana a la otra. Esas bacterias entran al organismo, después empiezan a crecer y multiplicarse. Ésta es una ITS. Es muy factible que la persona recién infectada no tenga idea de que tiene bacterias

257

en su cuerpo, porque son asintomáticas; de todas formas tiene una ITS y puede transmitírsela a alguien más. Digamos que esa persona empieza a tener síntomas: flujo de color extraño, dolor intenso en el abdomen bajo o una llaga en los genitales, entonces la ITS ya es una ETS.

La mayoría de las ITS entran al cuerpo de dos formas: mediante el contacto de piel con piel o el intercambio de fluidos corporales como la saliva, la sangre o el semen. Y permítenos aclararte que esto ocurre *siempre*. Se estima que, en el mundo, todos los días se transmiten un millón de ITS. Cualquiera que tenga sexo oral, vaginal o anal *sin protección* corre el riesgo de transmisión, es decir, sin usar una barrera como un condón.

A continuación, una lista de las ITS más comunes con una breve descripción, cómo se transmite, los síntomas comunes cuando se vuelve ETS y los tratamientos más frecuentes. Si buscas información más detallada —como una lista completa de cualquier manifestación física o de todos los tratamientos que hay para combatir una infección en particular— hay muchos recursos en línea excelentes. Recomendamos los micrositios de hospitales o centros médicos educativos, las direcciones de la mayoría terminan con *.org* o *.edu* en vez de *.com*. Aprovecha para incluir en tus pestañas favoritas los sitios con información médica general confiable. ¿No has encontrado uno bueno? Pídele recomendaciones a tu médico.

Clamidia

La clamidia es la ETS más común en Estados Unidos, la causa la bacteria *Chlamydia trachomatis*. Cerca de un cuarto de las mujeres infectadas y la mitad de los hombres infectados presenta síntomas como dolor al orinar, flujo vaginal o sangrado irregular, epididimitis (dolor intenso en un testículo), proctitis (inflamación en el recto), faringitis (dolor de garganta) y conjuntivitis (infección ocular). Una de las complicaciones más preocupantes de la clamidia es la enfermedad inflamatoria pélvica, que consiste en la infección del útero, las trompas de Falopio e incluso los ovarios; provoca intenso dolor abdominal y pélvico que, si no se atiende, puede causar infertilidad y cicatrización.

La buena noticia es que es tratable con antibióticos. Por desgracia, la gente no siempre sabe que la tiene. Es particularmente frustrante porque el diagnóstico de esta enfermedad no es difícil: un hisopado del cuello uterino, la vagina o la uretra e incluso una muestra de orina. Si el médico te confirma el diagnóstico, te recetará antibióticos, los más comunes son doxiciclina o azitromicina, aunque de acuerdo con las particularidades del paciente o la severidad de la enfermedad podría prescribir otro. Es común que una revisión médica rutinaria incluya un análisis de clamidia (a partir de una muestra de orina); este paso preventivo incrementa la probabilidad de detectarla antes de que se vuelva sintomática.

Gonorrea

Otra fuente de ITS es la bacteria *Neisseria gonorrhoeae*, que causa la constelación de síntomas conocidos como gonorrea. Resulta que la gonorrea puede presentarse sola o junto con la clamidia. Así es, a veces se transmiten dos ITS por el precio de una. Los síntomas de la gonorrea se parecen a los de la clamidia —flujo vaginal, inflamación del recto (a veces con secreciones de pus), sangrado vaginal, dolor e inflamación de un testículo y conjuntivitis—, por lo que no es fácil distinguirlas. (Una nota al pie interesante: la gonorrea causa más síntomas a los hombres que a las mujeres, algo atípico para la mayoría de las ETS.) Se detecta mediante un hisopado o examen de orina, y si el resultado es positivo se trata con antibióticos. De nueva cuenta, una revisión médica rutinaria puede incluirlo.

Herpes

Ésta es una infección muy conocida en gran medida porque las llagas del herpes son visibles o dolorosas, o ambas. También es muy conocida porque muchos la padecen.

El agente responsable de producirla es el virus del herpes simple (VHS), miembro de la familia del virus del herpes. Dato curioso: distintos tipos de virus del herpes causan muchas infecciones que no son de transmisión sexual (el virus de la varicela-zóster produce varicela y el virus de Epstein-Barr provoca mononucleosis aguda infecciosa), sin embargo, éste es el único virus del herpes que incluye *herpes* en el nombre. Hay dos tipos de VHS, tipo 1 y tipo 2. Los dos tipos se transmiten a través del sexo, así como del contacto de piel con piel, incluido el contacto entre un recién nacido y su madre durante el parto; cuando un recién nacido contrae herpes, se denomina herpes congénito.

El VHS-1 es la variante más frecuente de herpes: más de la mitad de la población mundial está infectada (hay estudios que sugieren que se trata de dos tercios). Sí, leíste bien. La presencia de esta infección está muy extendida: cálculos recientes predicen que, en todo el mundo 3,700 millones de personas menores de 50 años tienen VHS-1 y otros 500 millones tienen VHS-2. Hace años (en nuestra infancia) se creía que el VHS-1 causaba herpes labial o fuegos y que el VHS-2 era responsable de las lesiones genitales; pero esa clasificación de un herpes arriba de la cintura y un herpes debajo de ella es completamente falsa: los dos existen en ambos lugares. También se creía que el VHS sólo se transmitía cuando una lesión era visible, pero hoy sabemos que la transmisión subclínica ocurre, lo que significa que incluso sin tener una llaga, una persona puede infectar el virus a otra. Por eso es tan importante utilizar un método anticonceptivo de barrera, no sólo genital, también oral.

Una vez que el VHS entra al organismo, puede ser asintomático; pero cuando se hace presente, primero se manifiesta como erupción cutánea que comienza pareciéndose a un grano, luego se convierte en ampolla y, por último, en llaga. El *herpes primario* describe el primer brote; en general, se trata de un grupo grande de llagas. El *herpes reactivo* se refiere a los brotes subsecuentes, a veces con una llaga y a veces con varias. Las erupciones suelen aparecer alrededor de la boca o los genitales y, justo antes de que estallen, comienza un dolor punzante. El dolor es una señal clásica de una infección por el VHS, porque el virus vive en los nervios, permanece latente en las raíces nerviosas. Cuando el virus se reactiva en el curso de la vida (sobre todo durante periodos de mucho estrés), viaja por los nervios provocando que las fibras del dolor se activen antes de que aparezca una lesión. Quien haya tenido una llaga conoce muy bien la profunda incomodidad.

Si bien se pueden erradicar las bacterias con antibióticos, la mayoría de los virus deben seguir su curso. Algunos mueren con el tiempo, pero el VHS nunca desaparece del todo: vive en las raíces nerviosas el resto de la vida de una persona infectada. Sin embargo, existen medicamentos antivirales (como el aciclovir, Famciclovir y el valaciclovir) que mitigan el dolor y la frecuencia de las reactivaciones.

VIH

El virus de la inmunodeficiencia humana (VIH) surgió en la década de 1980. Se propaga a través del semen, las secreciones vaginales y la sangre, por lo que puede transmitirse entre parejas sexuales, de madre a hijo durante el parto y entre dos personas que comparten agujas. Ya no hay contagios por transfusiones de sangre porque ahora se analiza la presencia del virus en la sangre.

Los síntomas del VIH pueden ser extremadamente vagos, los principales son: fiebre, dolor de cabeza, dolor muscular, dolor en las articulaciones, salpullido, dolor de garganta e inflamación de los ganglios. Si no se atiende, el VIH puede causar estragos en el sistema inmunitario, lo que con el tiempo impide que una persona pueda combatir la mayoría de las infecciones. Cuando la enfermedad llega a este punto, se llama síndrome de inmunodeficiencia adquirida (sida).

En el curso de cuatro décadas de existencia, el VIH ha dejado de ser una sentencia de muerte para convertirse en una infección crónica que se controla mediante una combinación de medicamentos antivirales. El coctel particular de éstos depende de las necesidades del paciente. También existe un medicamento preventivo llamado PrEP (profilaxis de preexposición). Los medicamentos y las dosis se prescriben según el individuo.

VPH

El virus de papiloma humano (VPH) es la ITS que más se diagnostica en Estados Unidos (aunque la clamidia es la ETS más recurrente), con más de 40 diferentes subtipos circulando en un momento dado. El VPH es un problema mundial, la Organización Mundial de la Salud estima que tan sólo en 2020 se registraron más de 600,000 infecciones.

Si bien algunas cepas son benignas, a varias se les vincula con cánceres en el pene, cuello uterino, boca y garganta (esófago). Dos cepas en particular, VPH-16 y VPH-18, son responsables de más de la mitad de todos los cánceres que causa el VPH. Además, el VPH es la única ITS que puede prevenirse con una vacuna y, dado que el VPH puede causar cáncer, esto quiere decir que existe una vacuna (de hecho, tres: Gardasil, Gardasil-9 y Cervarix) para prevenir el cáncer, un magnífico avance científico. Las vacunas previenen ciertas cepas de VPH, las más virulentas.

El VPH suele ser asintomático. Sin embargo, cuando se presenta en el cuerpo lo hace mediante verrugas: genitales; en los dedos y las palmas de las manos; plantares, en las plantas de los pies; y planas en la cara o piernas. Estas verrugas se tratan con medicamentos tópicos (como imiquimod o podofilox) o bien se queman con ácidos (ácido salicílico o ácido tricloroacético). Cuando se descubre VPH durante la toma de Papanicolau —parte de una revisión vaginal rutinaria para las personas con actividad sexual que implica tomar muestras de la vagina y el cuello uterino para buscar infecciones como el VPH— se puede tratar con crioterapia (congelar), electrocauterización (quemar) o procedimiento de escisión electroquirúrgica con asa (LEEP, por sus siglas en inglés). Todos estos procedimientos suponen una colposcopia que utiliza un instrumento (colposcopio) que magnifica el interior de la vagina y el cuello uterino para verlos mejor y tomar una biopsia de cualquier punto preocupante.

Sífilis

La bacteria *Treponema pallidum* es causante de esta ITS, que se transmite por el contacto directo con una llaga, el intercambio de fluidos corporales durante el sexo o a través de la sangre. Si se detecta a tiempo, el tratamiento es sencillo: con penicilina. El problema es que incluso los médicos pueden diagnosticar mal la sífilis porque se puede manifestar de distintas formas, y en ocasiones "imita" otras infecciones.

La sífilis es muy común. Se estima que en el mundo hay 20 millones de casos en personas de entre 15 y 49 años. En Estados Unidos, en particular, la enfermedad ha fluctuado, pero en la década pasada las tasas han aumentado de manera constante, sobre todo entre las mujeres.

La sífilis se presenta en cuatro etapas: primaria, secundaria, latente y terciaria. En la sífilis primaria aparecen llagas pequeñas (llamadas chancros), y aunque duran entre tres y seis semanas, no siempre son perceptibles. Las llagas de la sífilis secundaria son más grandes y notorias, parecen verrugas, salen en la boca y la región genital, a veces se presentan síntomas como dolor muscular, pérdida de pelo o inflamación de los nódulos linfáticos. Estos síntomas pueden durar semanas o un año entero, pero son tan inespecíficos que pueden confundirse con influenza, úlceras bucales o irritación en la garganta. Durante la fase latente, la sífilis ya no presenta síntomas. En ocasiones así se manifiesta para el resto de la vida de una persona: la sífilis permanece latente y el médico puede asegurar que su primer diagnóstico ha sido equivocado cuando el paciente "mejora solo". Pero entre 15 y 30 por ciento de las personas que no reciben tratamiento, la sífilis latente progresa a la fase terciaria, la cual puede afectar el cerebro, sistema nervioso, vasos sanguíneos, ojos, corazón, hígado, huesos y articulaciones. En algunos casos, la sífilis terciaria causa problemas en uno de estos sistemas, pero hay personas que tienen problemas en todo el cuerpo. Una infección que alguna vez fue tratable, causa estragos permanentes en todo el cuerpo.

Tricomoniasis

Es la única ITS en la lista causada por un parásito. La tricomoniasis es más común entre las mujeres, y también es más probable que se vuelva sintomática en ellas. En ambos géneros causa la secreción de un flujo verdoso de mal olor (de penes y vaginas), rojez y comezón en los genitales, y dolor al orinar y durante el sexo.

La tricomoniasis se trata con medicamento antiparasitario en presentación de pastilla. El medicamento funciona, pero cerca de 20 por ciento de quienes la padecen pueden volver a infectarse a los tres meses. Los condones pueden prevenir la transmisión si se usan correctamente, pero el parásito se adhiere fácilmente a ellos; por esta razón, para que el método de la barrera funcione bien, deben retirarse correctamente.

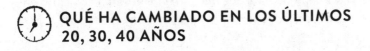

QUÉ HA CAMBIADO EN LOS ÚLTIMOS 20, 30, 40 AÑOS

Con respecto a los métodos anticonceptivos

Desde que nació la mayoría de los lectores de este libro, los anticonceptivos han tenido un auge. La Administración de Alimentos y Medicamentos (FDA) aprobó la primera pastilla hormonal en 1957; cabe destacar que se diseñó no para prevenir el embarazo sino para regular el periodo menstrual. En todo caso, hacia 1959, 500,000 mujeres la estaban tomando, aprovechando uno de sus "efectos secundarios": prevenir el embarazo (¡qué listas!). En 1960 la FDA aprobó el primer anticonceptivo oral (ACO) y al cabo de cinco años una de cada cuatro mujeres casadas menores de 45 años lo había probado en Estados Unidos; y 13 millones lo tomaban en todo el mundo. En los últimos sesenta años los ACO se han reformulado drásticamente para minimizar sus efectos secundarios y cumplir las necesidades de un sector de usuarias cada vez más variado, una cifra que hoy supera los 100 millones. Decir que la situación ha "cambiado" es quedarse corto.

En el mismo periodo evolucionaron otros métodos anticonceptivos, todos los que hemos descrito en este capítulo, además de los condones, de los que se tiene registro en la década de 1560 pero se patentaron casi trescientos años después, en 1844. La historia de las esponjas, los diafragmas, los anillos y sin duda los DIU es muy reciente y su impacto es masivo.

De modo que en lo que se refiere a métodos anticonceptivos, casi todo ha cambiado, por eso muchos adultos se sienten fuera de lugar. Está bien, esperamos que ya estés mejor informado o que por lo menos hayas tenido una introducción decente. La educación es continua porque el mundo de los anticonceptivos no dejará de evolucionar.

Es particularmente relevante porque, mientras escribíamos este libro, la Suprema Corte de Estados Unidos anuló la sentencia *Roe vs. Wade*, una decisión que se tomó en 1973 que garantizaba el aborto como un derecho constitucional. Debido a esto, las y los adolescentes necesitan conocer y entender cómo funcionan los métodos anticonceptivos que esbozamos en este capítulo para que puedan encontrar un equilibrio entre satisfacer sus necesidades sexuales y prevenir un embarazo.

Con respecto a las ITS/ETS

En décadas recientes no ha cambiado mucho respecto de las ITS o las ETS; el VIH y el VPH fueron las más "nuevas". Desde luego, hacia finales del siglo XX el VIH suscitó una ola de miedo, y con justa razón. Las escuelas vieron una de sus consecuencias. Antes del VIH, las clases de educación sexual —si es que existían— se centraban en la prevención del embarazo, pero en 1986, con la propagación de la epidemia del sida, el cirujano general de Estados Unidos exigió que la educación sexual incluyera información sobre sexo heterosexual y homosexual, así como información muy puntual sobre el VIH/sida. El temor a embarazarse o embarazar a alguien pasó a segundo plano frente al miedo de contraer una nueva ETS mortal. Durante 1986 el embarazo era reversible gracias a *Roe* pero el sida no. Hoy sucede lo contrario: la Constitución ya no protege el aborto y el VIH es una enfermedad crónica sumamente manejable.

Tras el surgimiento del VIH y desde entonces las conversaciones sobre cómo prevenir la infección han salido de las sombras y su divulgación se volvió cuestión de vida o muerte. Las escuelas mejoraron sus planes de estudios y los estados impusieron normas para la educación sexual. Padres y otros adultos que estaban criando niños y adolescentes reconocieron la importancia de esta información; la mayoría la incorporó a sus conversaciones familiares incluso cuando ellos mismos no tuvieron el ejemplo de cómo hacerlo en su propia infancia. Por desgracia, la clase de educación sexual sigue siendo la más desafortunada, la mayoría de las veces la imparte un profesor sin formación. Y las normas estatales existen, pero se hace poco para que se conozcan.

Pese a la ola de miedo que se vivió durante los años ochenta y los noventa, hoy en día la educación sexual se aborda con total apatía o incluso aversión, debido a problemas de las escuelas, como falta de recursos, de tiempo y desconcierto general, a lo que se suma el profundo cambio social que ha supuesto la llegada de internet, fuente de todo tipo de información. Además, las divisiones políticas cada vez más abismales en torno a la identidad de género y la orientación sexual han dado a los activistas conservadores la oportunidad de intentar cancelar *todo* tipo de educación sexual (a veces lo han logrado) en nombre de "proteger a las infancias". Se ha reducido la preocupación frente a ETS mortales al punto de causar reacciones violentas; algunos sexólogos aseguran que la gente no piensa lo suficiente en el VIH (u otra ITS) o para nada. Nadie diferiría en que la revolución en las terapias contra el VIH ha sido milagrosa, pero no es fácil vivir con una infección crónica y tomar medicamentos todos los días para controlarla. Se puede decir lo mismo de la sífilis, el VPH, el herpes y todas las demás.

Otro cambio fundamental —fuera del salón de clases, la casa e incluso la cama— es que las innovaciones científicas en los métodos anticonceptivos han dado como resultado una variedad de productos. Mientras tanto, se ha estancado la prevención de las ITS, sigue dependiendo por completo en el tradicional condón. Como consecuencia, las personas que apenas han iniciado su actividad sexual deben usar dos formas de protección para estar verdaderamente "seguras": DIU más condón, píldora más condón, esponja más condón. Es factible, pero sorprende que no hayamos redoblado esfuerzos para desarrollar la prevención de las ITS con el mismo fervor, sobre todo dada la cantaleta de que el sexo con condón no se siente igual de bien que el sexo sin él. ¿Acaso esa industria no debería estar innovando?

Por el lado positivo, en décadas recientes ha mejorado considerablemente el acceso a la detección de ITS y ETS. Lo más revolucionario es la introducción de pruebas de orina para identificar la clamidia y la gonorrea. Otras tecnologías como la prueba de amplificación de ácidos nucleicos (NAAT) y la reacción en cadena de la polimerasa (PCR) permiten dar un diagnóstico temprano de muchas ITS, siempre y cuando una persona tenga seguro médico. Y lo mismo ocurre con la prevención de las ITS con vacunas, en especial el VPH. La vacuna contra el VPH está dirigida a niños entre los 11 y los 14 años con la idea de inocularlos antes de que inicien su vida sexual. Este capítulo no cubrió la hepatitis B, pero esta infección también se transmite a través del contacto sexual y la sangre, y puede causar un tipo de cáncer (de hígado), también se previene mediante la inmunización. Las innovaciones médicas que diagnostican las ITS a tiempo o incluso las detienen por completo han sido milagrosas.

El sexo ha cambiado, tema que cubriremos con mucho detalle en el capítulo 16. Desde el sexo casual hasta la depilación, todo modifica la entrada de las adolescencias a la cultura sexual, sin mencionar las consecuencias. La popularización de múltiples parejas sexuales fuera de las relaciones comprometidas aumenta la propagación de las ITS/ETS entre sus participantes, lo cual explica los hallazgos de los CDC en el estudio *Youth Risk Behavior Study* de 2019: la clamidia, la gonorrea y la sífilis están al alza, se espera una actualización, pero el covid retrasó el estudio.

La situación ha cambiado mucho. Repetir las mismas advertencias que nos recitaban hace una generación ya no funciona, porque el panorama ha cambiado de forma tan drástica (pese a que, para fines prácticos, las necesidades de las adolescencias siguen siendo las mismas). Las charlas que tengamos con las y los adolescentes sobre las ITS/ETS y los anticonceptivos deben evolucionar a la par que los tiempos.

CÓMO HABLAR DE ESTO

Hablar sobre las ITS y ETS es muy incómodo porque exige reconocer que algún día ese adolescente tendrá relaciones sexuales con alguien más, y en términos estadísticos pasará mucho antes, no hasta el día de su boda. O tal vez ya tienen una vida sexual activa, por lo que es mucho más incómodo intentar ponernos al día con esta dinámica. Sin importar cuándo lo hagas o lo mucho que te incomode, ten en mente que las conversaciones sobre el sexo deben ser directas y de acuerdo con la edad; también deben abordar el embarazo y las enfermedades, y brindar la información necesaria para que se mantengan sanos, pero no tanta como para asustarlos. Recuerda, el objetivo es que tengan relaciones sexuales amorosas y significativas con sus parejas. Asustarlos en *todos* los frentes socavará ese objetivo y, sin duda alguna, evitará que te compartan sus dudas. Ayudarlos a entender qué temer y cómo tomar buenas decisiones es parte de un viaje complicado.

En general, los chicos disfrutan mucho entender cómo funcionan sus cuerpos y cerebros, así que explícales la ciencia (tienes muchas páginas repletas de pepitas de oro) sin juzgar. Ajusta las descripciones, proporciona detalles conforme a tu público: no sólo según su edad, sino también su nivel de sofisticación y experiencias. No te preocupes, todos nos equivocamos. Pero con práctica y mucha retroalimentación de los chicos aprenderemos a identificar mejor quién puede recibir qué información y cuándo.

Hablar sobre el embarazo exige hablar de sexo

Empieza por aquí porque las niñas y los niños están habituados a hablar de este tema desde la infancia. Tal vez tienen hermanos menores o su maestra tuvo un bebé hace poco; no es un concepto por completo extraño, incluso si hace años les contaste que el bebé *salió de la barriga de mamá* o *lo trajo la cigüeña*. Curiosamente, en nuestros talleres sobre pubertad, el tema del sexo pasa a segundo plano porque (según ellos) la información sobre la ovulación y la menstruación les resulta mucho más fascinante; a los preadolescentes les interesan mucho. Sin embargo, tarde o temprano todos los niños necesitan una versión con precisión científica de cómo se forman los bebés. Si te preguntan directamente, están listos. Si no te preguntan pero crees que necesitan saber, ¡es porque necesitan saber! No mientas, no inventes información, sé inclusivo, no sólo menciones las relaciones heterosexuales (la versión del pene que penetra la vagina). Éstos son algunos ejemplos para arrancar:

Para los más pequeños: *los bebés se hacen cuando un esperma se encuentra con un huevo y crecen juntos en la matriz.*

Para los que están listos para más detalles: *durante un tipo de sexo, el pene entra en la vagina y eyacula semen, ese semen puede fecundar un huevo, lo que lleva al embarazo.*

Para los que ya dominan o están familiarizados con lo elemental: *hay varios tipos de sexo: vaginal, anal, oral y la masturbación. Vamos a repasar cada uno. Recuerda: cuando tienes sexo vaginal sin condón u otro método anticonceptivo, los espermatozoides pueden fertilizar el óvulo y causar un embarazo.*

Sólo cuando estés seguro de que entiende cómo un espermatozoide puede fecundar un óvulo durante el sexo vaginal, entonces puedes proseguir a la prevención del embarazo. En el caso de las niñas y los niños más pequeños la distancia entre estas dos conversaciones puede ser de meses o años. En el caso de los mayores, en una sola charla se pueden cubrir ambos temas. A propósito de la conversación sobre los anticonceptivos:

Sé muy específico: "salirse" no es un método efectivo para evitar un embarazo. Explica que es muy frecuente que una cantidad pequeña de semen (llamada por algunos como preeyaculación) se filtra antes de la eyaculación completa y todo el semen tiene espermatozoides. Incluso si una persona puede sacar el pene de la vagina antes de eyacular, puede quedar semen en la vagina y la fecundación es posible.

Demuestra a los adolescentes de todos los géneros cómo poner un condón en un pene aunque te digan que ya saben. Si es demasiado incómodo, entonces vean juntos un video educativo; tenemos vínculos en la sección de recursos de nuestra página web: https://myoomla.com/pages/resources-we-love

Si una adolescente está usando algún anticonceptivo como la píldora o el DIU, mantén abierto el diálogo sobre su experiencia. No asumas que ya se terminó la conversación porque ya tiene una receta médica (o un dispositivo en el brazo o el útero). Los temas que hay que repasar son la toma de las pastillas el tiempo indicado, el riesgo de trombosis si fuma o vapea y, desde luego, el riesgo de contraer una ITS sin protección de barrera. Las chicas que padecen efectos secundarios con los métodos anticonceptivos —aumento de peso, sensibilidad en los senos, depresión— podrían dejar de tomarlos y correr el riesgo de embarazarse; o bien, podrían gestionar en silencio el dolor, la incomodidad y el sangrado abundante, lo cual puede ser muy difícil en cualquier edad. Anímalas a compartirlo y a no sufrir en silencio.

Manténganse actualizados sobre las leyes del aborto

El panorama legal ha cambiado drásticamente tras la derogación de la Suprema Corte de Estados Unidos de *Roe vs. Wade*, la decisión de hace cincuenta años que protegía a nivel federal el derecho a interrumpir el embarazo. Hoy cada estado determina sus propias leyes sobre el aborto. De inmediato, algunos estados prohibieron todo tipo de abortos, incluidos los casos de violación e incesto; otros garantizaron el derecho y el acceso al aborto; muchos tienen votos pendientes y cambiarán sus posturas en el lapso en que escribimos este libro y llegue a tus manos. Varios estados han amenazado con procesar a quienes pidan píldoras abortivas de otros estados; algunos planean rastrear la información de las aplicaciones que llevan el registro del periodo, y también de las farmacias, en busca de evidencia sobre la interrupción del embarazo con medicamentos. Tanto los adultos como las adolescencias deben mantenerse informados, en especial cuando ellas se trasladen a otro estado para asistir a la universidad. Sin importar el género, necesitan ayuda para pensar qué hacer si ellas o su pareja sexual se embaraza. Repasar las opciones es la responsabilidad de los padres y tutores, por difícil que parezca.

Ve más allá del pene y la vagina

No nos cansamos de enfatizar la importancia de cubrir todos los tipos de relaciones sexuales para ayudar a los chicos a estar sanos. Algunos de ellos no entienden que, aunque el sexo oral y anal no producen un bebé, sí implican el intercambio de fluidos corporales que pueden transmitir una ITS. Incluir diversas experiencias demuestra que no hay juicios, lo cual es clave para mantener el diálogo abierto en todo momento.

Hablar con las adolescencias sobre la forma más segura de practicar sexo anal es particularmente delicado para muchos adultos —sobre todo si parece tabú—, que tal vez nunca han hablado del tema con nadie. El sexo anal es mucho más frecuente de lo que muchos creen: como vimos en el capítulo 16, un estudio de 2018 reportó que 11 por ciento de los encuestados entre 15 y 19 años (hombres y mujeres) habían tenido sexo anal. No hablar del tema puede tener implicaciones de seguridad. Por ejemplo, el sexo anal a menudo provoca desgarres minúsculos en la piel del ano, lo que proporciona pequeñas aberturas para que las ITS entren al cuerpo. Ser consciente de este hecho puede fomentar el uso de condón. Algunas chicas también informan que se sienten obligadas a practicar sexo anal: no quieren hacerlo, pero creen que tienen que hacerlo. Hablar sobre esto es muy importante para su seguridad física y emocional.

Por otra parte está el sexo oral, que queda en tierra de nadie: se suele considerar vírgenes a los chicos que han tenido sexo oral pero no vaginal ni anal, pero estos vírgenes pueden contraer cualquier ITS de la lista si no usan protección. Las barreras bucales y los condones durante el sexo oral son objeto de burla durante las clases de educación sexual, pero entender que el sexo oral transmite infecciones puede incrementar el uso de barreras y disminuir el contagio de enfermedades.

Siempre apela a sus necesidades, sobre todo en conversaciones difíciles

Cuando Vanessa llevó a su hijo mayor, entonces de 12 años, a recibir su primera vacuna contra el VPH, él se negaba a vacunarse. (Nota al margen: detesta las inyecciones.) Así que Vanessa le pidió a su pediatra: "Por favor, ¿podrías explicarle por qué esta vacuna es tan importante?".

Sin titubear, el pediatra se dirigió al hijo de Vanessa y le preguntó:

—¿Quieres que te salgan verrugas en el pene?

—¡No! —gritó.

—Genial, esta vacuna ayuda a prevenir que te salgan verrugas en el pene —respondió el doctor y después lo vacunó.

Es importante apelar a las necesidades cognitivas, físicas y emocionales, sin importar el tema. Pero cuando se trata de algo extraño y aterrador —como una ITS—, este enfoque es crucial. Si el doctor hubiera explicado que el virus del VPH puede causar cáncer cervical, el mensaje podría no haberle llegado al niño de 12 años: con toda certeza no sabía qué era un cuello uterino y, de saberlo, entonces sabría que no tiene cuello uterino, por lo que el cáncer era una posibilidad remota. Pero ¿verrugas en el pene? *Eso* sí le llegó. La mejor estrategia es abordar temas muy serios (y quizás aterradores) con un enfoque con el que se puedan identificar.

Que la incomodidad no te estorbe

Para los adultos puede ser aterrador pensar en sus hijos teniendo sexo. No obstante, sin importar si se trata de sexo o de cualquier otro tema que cubrimos en este libro, no podemos permitir que el temor controle la conversación. Enseñarles sobre ITS, ETS, métodos anticonceptivos, es igual de necesario como aterrador, pero dejarlos en la ignorancia es francamente peligroso.

Lo hemos dicho muchas veces, pero en este caso es aún más necesario: para abordar las consecuencias del sexo se requieren muchas (¡muchas!) charlas durante mucho tiempo. Una conversación interminable será confusa y agotadora para todos los involucrados.

Empieza por el tema que te parezca más sencillo o urgente: la prevención de infecciones o del embarazo. Recuerda expresarte con palabras que no asuman la orientación sexual del adolescente y cubrir todos los puntos básicos: nunca se sabe cuándo pueden decidir experimentar sexualmente o tener una pareja que ya esté experimentando.

Por último —y esto funciona de maravilla—, cuando hables de un tema que te incomoda, manifiéstalo verbalmente: *Me cuesta trabajo abordar esto. No me crie en una casa en la que habláramos de sexo, para nada. Pero es superimportante conversar sobre él para que estés sano y seguro. ¡Así que aquí vamos!*

Lo más importante es seguir conversando

Lo decimos en cada capítulo del libro, pero nuestra recomendación para seguir hablando del tema aquí es particularmente relevante. Hablar funciona porque abre una puerta. Un adolescente o niño que le teme a la reacción de un adulto puede tomar decisiones insensatas y peligrosas para evitarla. Los chicos que saben que sus padres o tutores están dispuestos a escucharlos seguirán tomando malas decisiones, pero es mucho más probable que reconozcan sus errores y los compartan antes de que la situación empeore. Si alguna vez le has preguntado a un chico por qué dijo o hizo algo que no tenía ningún sentido, es probable que responda: *Creí que mis papás se iban a enojar conmigo.* Asegúrate de que sepan que lo más importante es su salud y seguridad y, con ese fin, pueden compartirte cualquier problema, incluso si piensan que te vas a enojar.

En última instancia, hablar sobre métodos anticonceptivos e infecciones saca a relucir los mayores temores de los adultos. A veces la incomodidad surge por el simple hecho de que el adolescente está teniendo relaciones sexuales; en otras ocasiones teme un embarazo no deseado o que contraiga una ITS. Vamos a terminar este capítulo como lo empezamos, recordándote que el objetivo es el sexo seguro y placentero. Algunos adolescentes lo pospondrán, pero otros ya lo tienen sin que sepamos. En cualquier caso, tu labor es mantenerlos sanos y seguros sin importar cuándo y cómo lo hagan.

 ## QUÉ OPINAN QUIENES YA ESTÁN DEL OTRO LADO

R. E., ella, 21 años

Sobre anticonceptivos

En el último año de la preparatoria recuerdo estar sentada con una amiga y escuchar una alarma en su teléfono. La alarma era para recordarle que debía tomar sus anticonceptivos. Sentía que todo el mundo los tomaba, como si "todas las chicas *cool*" los estuvieran tomando menos yo. Y me sentí excluida. Años después me pregunto si me sentí excluida porque mi falta de interés en los anticonceptivos se debía a que no los necesitaba o si quería ser parte del grupito de las alarmas y las pastillas, o las dos cosas.

Me costaba mucho trabajo hablar de todo lo que tuviera que ver con mi cuerpo, los romances y mi crecimiento. No quería que me vieran como una "mujer" y adulta, pero ahora tenía ganas de tomar anticonceptivos. El verano antes de irme a la universidad mencioné el tema en una cita médica. Quería ser parte del "club de los anticonceptivos". Como fui un retoño tardío y también bailarina, a mi médico le gustó la idea de que empezara a tomar anticonceptivos en esta transición a la universidad, con el cambio que supondría mi nivel de actividad física. Estaba superemocionada.

Mi mamá regresó al consultorio y mi médico anunció la gran noticia: "¡Va a tomar anticonceptivos!". Mi mamá parecía un poco confundida y me empezó a preguntar detalles sobre mi decisión. No quería hablar del asunto, me sentía incómoda. Pero de haber podido hablar de ello, quizás hubiera estado más preparada para lo que siguió después.

Empecé a tomar anticonceptivos. Al principio iba todo sobre ruedas, hasta que llegué a la universidad y sentí que mi piel había cambiado mucho. La ropa no me quedaba bien y físicamente me sentía incómoda. Le di tres meses pero las cosas empeoraron. Así que mi médico me cambió de medicamento. Empecé a sentirme mejor, pero no al cien. A diario estaba enojada y triste. Mi mente era un mar de tinieblas. Después de conversar con mi médico y mi mamá, decidí ponerme un DIU hormonal. Fue la decisión adecuada para mí y, a diferencia de mi decisión inicial, en este caso sí lo pensé y hablé sobre ella.

T. A., ella, 19 años

Sobre ITS y ETS

En tercero de secundaria nos obligaron a asistir a una asamblea para informarnos por qué debíamos tomar anticonceptivos, que incluía evidencia fotográfica de herpes genital. Esa asamblea siempre será una de las más memorables de mi vida. Cuando aprendes sobre las ITS y las ETS, cuando ves los efectos que tienen en el cuerpo, se convierten en un temor muy real. Básicamente así empieza y termina la conversación, incluso si tienes los ojos cerrados y los abres para ver la pantalla un segundo.

Dos años después de ese día espantoso, una amiga y yo decidimos hacer nuestro trabajo final de biología sobre el sistema reproductivo. La tarea era crear un juego de mesa educativo sobre un sistema del organismo y diapositivas para mostrar un tema puntual de ese sistema.

Nuestro juego se llamó *Dr. Diagnóstico: paternidad planificada*, y no es por nada, pero era una obra de arte. A cada jugador se le asignaba una pieza en forma de tampón para desplazarse por el tablero. Cuando llegaban a un bloque debían tomar una tarjeta de paciente, con el nombre, la edad, el género asignado durante el nacimiento y sus síntomas. El jugador tenía que diagnosticar al paciente con una ITS o ETS (o bien, decirle a la paciente que estaba embarazada), y si acertaban seguían adelante.

Nuestras diapositivas mostraban información pura y dura, incluimos muchas fotos que eran todo menos artísticas. Decidimos presentar las ITS y ETS para recordarles a nuestros compañeros la presentación de hacía dos años. Con muchas imágenes vívidas, volvimos a traumatizar a todos; a lo largo del tiempo que pasamos investigando, la sola idea de la gonorrea me hacía temblar.

De acuerdo con la escuela a la que vayan tus hijos, ésta puede impartir clases de salud reproductiva, pero asumamos que no. Incluso si eres la segunda o tercera persona que les habla de ETS e ITS, la charla tendrá la misma relevancia (y quizá los asustará todavía más y, dado este tema, no está nada mal).

Prepárate para que sea incómodo, pero acepta que así será. Es esencial para todos (no sólo para tus hijos) conversar sobre las diferencias entre ETS curables e incurables, la importancia del método de la barrera y por qué es tan importante hablar con su pareja (y hacerse pruebas). ¡A lo mejor también te recuerda algunas cosas!

Mi mamá se dedica a escribir y dar charlas sobre la pubertad y el sexo, pero hablar sobre ETS e ITS siempre nos pone nerviosas. Dicho esto, entendemos la importancia de estas conversaciones, así que he aprovechado sus conocimientos para hablar con mis amigos. Gracias a ellas, todos nos mantenemos sanos y seguros, y es justo lo que quieren los papás para sus hijos, ¿no?

Capítulo 18

Orientación sexual

En el curso de la historia y en muchas culturas (quizá la mayoría) se ha debatido qué atracciones son virtuosas —incluso permitidas— y cuáles no lo son. De alguna forma, los sentimientos de atracción, innatos en cada individuo, viven en la esfera pública: siempre ha habido muchas opiniones sobre quién puede y debe gustarle a una persona, a quién puede y debe amar, con quién salir, tener sexo o casarse. Con el tiempo, estas nociones se traducen en edictos religiosos, normas culturales y leyes, en ocasiones apoyando la libre expresión y en otras castigándola.

 ## EMPECEMOS CON LA CIENCIA

La atracción sexual surge por primera vez durante la pubertad. Sí, hay niños prepuberales de 5 años que dicen que les gusta X o que se quieren casar con Y, pero son expresiones de cercanía emocional, no de interés sexual, que, sin embargo, su entorno refuerza (*Ay, qué encantador que estos dos jugaron a casarse*). Los sentimientos auténticos que alimentan las necesidades sexuales son químicos y dependen de niveles más altos de testosterona, estrógeno y otras hormonas que empiezan a aumentar durante la pubertad.

De modo que los chicos empiezan a pensar sobre interacciones sexuales durante la pubertad. El sistema límbico —hogar de muchas conductas de motivación, felicidad, riesgo y recompensa, clásicas de la secundaria o preparatoria— está repleto de receptores andrógenos, es decir, la testosterona y sus primos son capaces de subirle el volumen a esta zona del cerebro, lo que se manifiesta primero como enamoramientos (la atracción unilateral, aunque puede ser recíproca) y, con el tiempo, como deseo sexual. Desde los primeros días, las y los preadolescentes y adolescentes sienten deseo y quieren ser objeto de deseo. La forma en que deciden actuar según ese deseo evoluciona con el tiempo.

A la vez que se suscitan estos cambios emocionales en el cerebro se suscitan los cambios físicos. En ocasiones, debido a los sellos distintivos de la pubertad —estirones, aumento de peso y aparición de curvas, vello corporal, sobre todo facial, y crecimiento de los senos—, con frecuencia hacen que una chica o chico sea considerado más atractivo que otro.

La ciencia de la atracción es muy vaga cuando se trata de las y los preadolescentes y adolescentes. Tenemos mucha información sobre el deseo sexual hormonal entre los adultos, pero es un tema de estudio más delicado en el caso de los adolescentes, sobre todo cuando son tan jóvenes que ni siquiera son capaces de articular sentimientos asociados con el deseo. Ahora intenta añadir preguntas sobre la orientación sexual... ¡Exacto! Por eso no hay muchas estadísticas.

Sin embargo, cada vez hay más información sobre la orientación sexual de las adolescencias mayores, que vamos a abordar en estas páginas. Y si bien en todo el mundo los individuos no heterosexuales siguen siendo objeto de estigma y discriminación abrumadoras, también vivimos en un momento de drásticos cambios culturales que están contribuyendo a normalizar las distintas orientaciones sexuales, lo que a su vez los anima a hablar con franqueza.

Como siempre, vamos a empezar definiendo conceptos. Las palabras relacionadas con la orientación sexual pueden confundir a quienes no crecieron usándolas. Más todavía, las abreviaturas para describir a las personas que se identifican como minorías sexuales —es decir, cualquiera que no sea heterosexual— son una lista cada vez más extensa que incluyen *tanto* la orientación sexual *como* la descripción de género. Mientras escribíamos este libro, la versión más inclusiva y frecuente sigue siendo LGBTQIAA+.

Antes de describir cada letra nos gustaría comentar sobre el mismo enfoque que se le daba a la combinación de la orientación sexual y la identidad de género de grupos minoritarios. Al principio tenía sentido, pero da la impresión de que este enfoque se está quedando corto. Todos los individuos a los que agrupa este acrónimo diverso han enfrentado décadas (más bien siglos... ¡milenios!) de ostracismo social, desde acoso hasta discriminación, crímenes de odio y asesinato. Unir su causa bajo una bandera —la del arcoíris— significó que las cifras aumentaran, lo cual fortaleció su capital social y político. Desde un punto de vista financiero, la recaudación de fondos es más eficiente cuando el objetivo es un grupo numeroso: los donadores pueden dar más recursos o tiempo a una causa, los defensores de los derechos tienen una base más numerosa y los votantes se benefician de las economías de escala. El problema es que la orientación sexual y la identidad de género son dos temas completamente distintos, y agruparlos ha creado mucha confusión, en especial para las generaciones que crecieron sin conocer estos conceptos. Stephanie Brill y Rachel Pepper, autoras de *Infancias trans*, describen esta distinción divinamente: "El género y la orientación sexual son dos aspectos diferentes, más relacionados, del yo. El género es personal, mientras que la orientación sexual es interpersonal. Si bien son dos aspectos separados de cada individuo, están definidos a partir del género, ¡lo cual puede ser confuso! La orientación sexual de una persona refleja el género (o géneros) de quien (o quienes) le atraen".

Por eso dividimos los dos temas en dos capítulos: porque *son* diferentes. Las preocupaciones, los retos y las necesidades de las personas que pertenecen a estos dos grupos pueden ser muy distintos. En todo caso, comparten más de lo que divergen, en especial en lo que se refiere a su estatus social; por lo que ahora, y con razón, las palabras que se utilizan para describirlos están interconectadas.

QUÉ SIGNIFICA LGBTQIAA+

L = lesbiana, una mujer a quien le atraen otras mujeres, ya sea en el plano emocional, romántico o sexual. Las mujeres y las personas no binarias pueden utilizar este término para describirse.

G = gay, una persona a quien le atraen miembros del mismo género, ya sea en el plano emocional, romántico o sexual. Hombres, mujeres y personas no binarias pueden usar este término para describirse.

B = bisexual, una persona a quien le atrae más de un sexo, género o identidad de género, ya sea en el plano emocional, romántico o sexual, aunque no necesariamente de forma simultánea, o del mismo modo o mismo grado; a veces se utiliza como sinónimo de *pansexual*.

T = transgénero, es un término genérico para describir a las personas cuya identidad o expresión de género, o ambos, difiere de las expectativas culturales basadas en el sexo que les asignaron al nacer. Ser transgénero no implica tener una orientación sexual específica, por lo que las personas transgénero pueden identificarse como heterosexuales, gays, lesbianas, bisexuales, etcétera.

T también = transexual, un término más anticuado que se originó en las comunidades médicas y psicológicas que aún utilizan algunas personas que han cambiado —o quieren hacerlo— su cuerpo mediante intervenciones médicas (incluyendo, pero no exclusivamente, hormonas o cirugías o ambas). A diferencia de *transgénero*, *transexual* no es un término genérico y muchas personas transgénero no se identifican como transexuales.

Q = queer, término que se utiliza con frecuencia para expresar un espectro de identidades y orientaciones a contracorriente de la cultura dominante; es un término multifuncional que incluye a personas que no se identifican exclusivamente como heterosexuales o tienen identidades de género no binarias fluidas, o ambos. Este término se utilizó en un principio como un insulto, pero se lo reapropiaron muchos integrantes del movimiento LGBTQ+.

C [q] = cuestionándose, término que se utiliza para describir a las personas que están explorando su orientación sexual o identidad de género.

I = intersexo, personas que nacen con una amplia variedad de diferencias en sus rasgos sexuales y anatomía reproductiva, tales como disimilitudes en sus genitales, cromosomas, gónadas, órganos sexuales internos, producción hormonal, respuesta hormonal, rasgos sexuales secundarios.

A = asexual, se refiere a una falta total o parcial de atracción sexual o a una falta de interés en tener actividad sexual con otras personas. La asexualidad cae en un espectro y las personas asexuales pueden experimentar poca atracción sexual, nula o condicional.

A también = aliado, término para describir a una persona que apoya activamente a las personas LGBTQ+ y que abarca a aliados heterosexuales y cisgénero, así como a aquellos de la comunidad LGBTQ+ que se apoyan entre sí (ejemplo, una lesbiana que es aliada de la comunidad bisexual).

P (se asume en el +) = pansexual, término para describir a alguien que tiene el potencial de sentir atracción en el plano emocional, romántico o sexual por personas de cualquier género, aunque no necesariamente al mismo tiempo, del mismo modo o en el mismo grado. A veces se usa como sinónimo de bisexual.

Fuentes: PortlandOregon.gov y Lambda Legal

Cada individuo define su orientación sexual a partir de tres elementos distintos: atracción, identidad y conducta. Por ejemplo, a un hombre podrían atraerle otros hombres, pero se identifica como heterosexual y sólo tiene vínculos sexuales con mujeres. O bien, a un hombre podrían atraerle otros hombres, pero se identifica como heterosexual y tiene vínculos íntimos limitados con hombres, pero sexo con penetración sólo con mujeres. O un hombre que podrían atraerle las mujeres, pero siente atracción por un hombre en particular y, tenga vínculos sexuales o no con él, se identifica como bi. Podríamos idear muchas otras versiones de las atracciones, la identidad y la conducta de este hombre. Queda claro que la semántica es confusa y en ocasiones subjetiva, pero es fundamental reconocer que la atracción no siempre es lo mismo que identidad y que la conducta puede corresponder a una, pero no siempre corresponde a ambas.

Las investigaciones recientes sugieren que, a diferencia de generaciones previas, para la mayoría de las adolescencias, la atracción —ya sea sexual o romántica— y la actividad *no* sexual es el principio que define la orientación sexual. Debido a que los estigmas obligan a las adolescencias a definirse según categorías a las que no pertenecen, no necesariamente revelan estas atracciones a investigadores o a nadie más. Es difícil reunir estadísticas precisas si no se plantean estas preguntas de forma clara, e incluso en ese caso, es comprensible por qué no existen respuestas.

Hay otro factor que complica las investigaciones: sólo porque la orientación sexual se desarrolla durante la adolescencia no significa que será estable y duradera toda la vida. ¡Claro que no! ¿Quién no conoce a alguien —ya sea en persona o una figura pública— cuya orientación sexual resultó fluida en el curso de su vida? Parece que hoy en día la identidad sexual es un rasgo menos estable que antes: adolescentes y veinteañeros expresan mucha más ambigüedad que generaciones previas, y es más probable que se redefinan en el curso de su vida. Un estudio que se realizó en 2019 en el sureste de Estados Unidos reveló que casi 20 por ciento de los adolescentes reportan cambios en la orientación sexual con la que ellos mismos se describieron (las mujeres superan por mucho a los hombres) e incluso más reportan cambios en su atracción sexual. La fluidez se ha vuelto un aspecto importante de la orientación sexual.

Si las definiciones están cambiando, en especial la generación Z está rompiendo con etiquetas heteronormativas e incluso binarias, entonces podría argumentarse que sería pertinente dejar de etiquetar a las personas, sobre todo porque los estudios demuestran que las minorías sexuales experimentan disparidades drásticas en la salud, no como resultado de su orientación sexual sino por la marginalización social. Se les discrimina a partir de sus atracciones y conductas sexuales y, como resultado, los riesgos entre las minorías sexuales incluyen todos éstos:

- Tasas más altas de depresión, autolesiones, ideas suicidas e intentos de suicidio.

- Mayor prevalencia de consumo de nicotina, alcohol y otras drogas (hasta tres veces mayor).

- Mayor probabilidad de tener un trastorno alimentario, sobre todo atracones y purgas.

- Mucha mayor probabilidad de ser los blancos del abuso físico, abuso y agresión sexual, como violencia sexual en la pareja, y acoso en la escuela.

Esperamos que un día desaparezcan las etiquetas y los estigmas. Pero ahora que son el pan nuestro de cada día, identificar a las personas que se encuentran en mayor riesgo brinda la oportunidad de intervenir a tiempo para protegerlas.

QUÉ HA CAMBIADO EN LOS ÚLTIMOS 20, 30, 40 AÑOS

Un par de cambios inmensos ha modificado cómo nos expresamos —y pensamos— sobre la orientación sexual. El primero llegó a principios de los años ochenta con la aparición del VIH/sida, una infección mortal que afectaba, en gran medida, a los hombres gays y bisexuales, así como a consumidores de drogas intravenosas y personas que recibían transfusiones de sangre. El virus de inmunodeficiencia humana (VIH) se transmite a través de los fluidos corporales y la sangre. La constelación de síntomas asociados con el síndrome de inmunodeficiencia adquirida (sida) surgió por primera vez en 1981, pero la enfermedad recibió su nombre hasta 1982, y el VIH, el virus responsable de causar el sida, fue nombrado así hasta 1986, una señal de lo poco que supimos de este virus mortal durante tantos años. En cuanto se identificó la correlación entre el VIH y el sida, se marginó a quienes corrían más riesgo. Los hombres gays y consumidores de drogas intravenosas en particular enfrentaron una discriminación despiadada, lo que los llevó a las sombras, pero al mismo tiempo incitó el surgimiento de un nuevo movimiento en defensa de los derechos civiles. Si bien aún no se ha descubierto la cura para el VIH, ya es una enfermedad tratable: la gente vive con esta enfermedad crónica, que ya no es letal. En parte por este progreso (y en parte por los otros cambios sociales descritos anteriormente), hoy en día se les teme menos a las personas con VIH/sida, pese a que las minorías sexuales siguen enfrentando desigualdades.

El próximo terremoto social que provocó cambios en el estatus de la orientación sexual fueron las leyes del matrimonio igualitario. Durante la primera década de 2000 varios estados empezaron a legalizar el matrimonio entre el mismo sexo. Tras este cambio legislativo, mejoró la salud mental de las minorías sexuales: un estudio que se publicó en 2015 mostró una reducción de 7 por ciento en intentos de suicidio entre las minorías sexuales en estos estados. El mismo año, en un caso denominado *Obergefell vs. Hodges*, la Suprema Corte de Estados Unidos protegió el matrimonio entre dos personas del mismo género como derecho federal bajo la cláusula sobre Protección Igualitaria de la decimocuarta enmienda a la Constitución de Estados Unidos. Este fallo estableció una igualdad de condiciones para *todos* los matrimonios y enunció la definición legal de matrimonio como un contrato entre dos personas, no un contrato entre dos personas heterosexuales. El fallo eliminó el estigma y normalizó las orientaciones sexuales que alguna vez se consideraron fuera de la ley.

Los efectos de estos avances médicos y fallos legislativos permean en las escuelas y las comunidades, en donde se han popularizado organismos defensores. En décadas pasadas, muchas comunidades escolares han incrementado drásticamente su apoyo a los alumnos LGBTQIAA+: los CDC reportan que casi 80 por ciento de las escuelas de cuarenta y tres estados son espacios seguros para las minorías sexuales y más de 95 por ciento ha adoptado políticas que prohíben el acoso infligido hacia estos alumnos. Los alumnos que acuden a escuelas que cuentan con grupos de apoyo como alianzas gay-heterosexuales, reportan menos amenazas de violencia, menos ausencia escolar a causa de la inseguridad y menos ideas e intentos suicidas, a diferencia de los alumnos que asisten a escuelas sin estos grupos de apoyo.

Todo esto reconfigura las experiencias sociales y sexuales de las adolescencias y adultos jóvenes. Se estima que en Estados Unidos hay dos millones de adolescentes lesbianas, gays y bisexuales que tienen entre 13 y 17 años. Cuando las figuras públicas comparten sus vidas abiertamente homosexuales sin que eso perjudique su éxito, los chicos que los admiran no tienen motivos para pensar que la orientación sexual sea un obstáculo para sus logros. Hace casi veinticinco años, un año después de que Ellen DeGeneres saliera del clóset, se canceló su *sitcom* homónimo. En estos días, presentadores de noticieros, estrellas de la televisión y el cine, iconos musicales y atletas profesionales se han manifestado públicamente como gays. Hoy, la prensa rosa publica bodas del mismo sexo, así como familias constituidas gracias a donantes de esperma, adopción y gestación subrogada. Los personajes de alto perfil que son públicamente gays presentan muchos paradigmas públicos para los chicos no heterosexuales que antes no existían, empoderando el dicho: "Si puedes verlo, puedes serlo".

CÓMO HABLAR DE ESTO

Si bien nos dedicamos a hablarles a preadolescentes y adolescentes muy diversos —incluidos en todo el espectro de la orientación sexual—, nuestras experiencias vitales son como mujeres heterosexuales cisgénero. Por lo tanto, en un capítulo que se centra en las minorías sexuales, nos parece importante compartir consejos de las personas que han vivido esas experiencias. Dicho esto, buena parte del contenido de este libro se centra en las experiencias vitales de una generación muy distinta de la nuestra. Si algo esperamos que haya quedado claro a estas alturas es que no tenemos que compartir exactamente las mismas experiencias para escuchar, apoyar y amar a nuestros hijos. Así podemos lograrlo, sin importar nuestra propia orientación sexual y coincidencias con las infancias y las adolescencias en tu vida:

Sé inclusivo

Una forma de crear un entorno cálido para las personas de todas las orientaciones sexuales es recurrir al lenguaje inclusivo. Con los pequeños empieza por poner énfasis en que las personas de todas las orientaciones sexuales pueden conformar familias amorosas, incluso si los niños "se producen" de varias formas: vía donadores de esperma, adopción, gestación subrogada o fertilización in vitro (IVF). Cuando crezcan, no asumas que les atraen las personas del sexo opuesto, utiliza lenguaje neutro. Por ejemplo, si tu hija te cuenta que tiene un enamoramiento, responde: *¡Qué bien? ¿Cómo se llama? ¿Qué le gusta hacer?* Si te das cuenta de que tu adolescente está pasando mucho tiempo en videollamadas con una persona misteriosa, en vez de preguntarle: *Uuuu, ¿tienes novia?*, intenta: *Me di cuenta de que has estado chateando mucho. ¿Es alguien especial o sólo una amistad?*

No tendríamos que mencionarlo, pero lo haremos: es fundamental tener cero tolerancia frente a los insultos homofóbicos. Pon un alto inmediato y explica por qué son ofensivos. Muchos niños responderán con: *Era broma*, y tal vez así fue, pero nunca es gracioso ni aceptable.

Otra forma de crear una atmósfera inclusiva es conversar sobre *todas* las variantes del sexo, no sólo del sexo vaginal heterosexual. No sabemos cuál sea la orientación sexual de un adolescente determinado (ni siquiera si ya la tiene clara), así que la única forma de enseñarles sobre el sexo seguro y placentero es incluir muchas opciones. Los chicos nunca deberían sentir que quien les atrae o el modo en que expresan su atracción están mal, son motivo de vergüenza o deben esconderlo.

Supera tu incomodidad

Entendemos que es incómodo, pero cuando te sinceras con los preadolescentes y adolescentes logras desarmarlos y te quitas la presión de ser una especie de autoridad absoluta. También les inyecta sentido del humor, muy necesario, a las conversaciones difíciles. *Me están sudando las axilas y me late el corazón muy rápido, pero voy a hacer lo mejor que pueda.*

Si te preguntan algo sobre sexo que no sepas cómo contestar, no pasa nada. Responde: *No estoy seguro, déjame buscar la respuesta* o *Qué buena pregunta, la voy a consultar con otros adultos y te cuento.* Pero retómalo. No hay nada peor para la comunicación que no cumplir la promesa de retomar un tema. Cuando crecen y van teniendo más clara su orientación sexual, si es distinta de la tuya, ayúdales a fomentar relaciones con mentores, otros adultos que tengan esa experiencia, o recursos y grupos de apoyo en su comunidad. El conocimiento y la afirmación en torno a la orientación sexual puede provenir de muchos lugares.

Acepta la fluidez

Algunos adultos quieren etiquetar a sus hijos, no les importa que sean heterosexuales u homosexuales, pero anhelan poder definirlos. La realidad es que la orientación sexual no siempre funciona así. Algunas personas son bisexuales, otras son pansexuales, algunas son queer o la están cuestionando, una categoría aún más amplia, y algunas tienen identidades sexuales fluidas toda su vida. Esto puede confundir a los adultos que los aman, pero recordemos que el objetivo es que los chicos se conviertan en adultos con relaciones amorosas, respetuosas, significativas y placenteras sexualmente. La etiqueta de cualquier tipo de relación no cambia este resultado. Es innecesario presionar a un adolescente (o a una persona de cualquier edad) para que elija o articule un camino cuando no está seguro. Permíteles ir por su propio camino, mientras los apoyas en todo momento. *Siempre te voy a apoyar... Qué semana, ¿quieres que hablemos de algo?*

Involúcrate en la escuela

Las investigaciones sugieren que la salud emocional y física de los alumnos LGBTQIAA+ mejora significativamente en entornos escolares que brindan apoyo por medio de organizaciones de alumnos, profesorado, personal y administradores, que sean espacios seguros con planes de estudios de educación sexual inclusiva y un entorno que consistentemente prohíbe el acoso o la violencia. Para los chicos, luchar por sus derechos puede ser abrumador, sobre todo si no se sienten seguros física o emocionalmente. Los adultos pueden ayudar a las comunidades escolares a implementar y mantener estos esfuerzos con el fin de garantizar el bienestar de todos los alumnos.

Si crees que tu hija o hijo es lesbiana, gay, bi, pan...

Nos encanta este consejo de la autora de *Padres de hijos gay. Un libro de preguntas y respuestas para la vida diaria*: "Si crees que tu hijo es gay, el mejor enfoque es crear un entorno seguro y tolerante. Si *es* gay, esto le ayudará a reunir el valor suficiente para hablar contigo cuando haya comprendido mejor su propia identidad".

El lenguaje, la educación y las actitudes inclusivas son importantes, al margen de la identidad sexual de un chico. Pese a que te mueres de ganas por conocer su orientación sexual, los expertos recomiendan *no* preguntárselo de forma directa. Incluso si la sabe, tal vez no está listo para hablar del tema. O tal vez todavía no está seguro y la presión para responderte es demasiada. Así podrás cerrar una puerta que tanto te costó abrir. Además, ¿cuándo fue la última vez que se presionó a un chico heterosexual cisgénero para compartir esa preferencia con sus amigos cercanos y familiares? El desequilibrio es evidente. Comunícale que estás listo para escuchar cuando quiera hablar, y proporciona recursos sin intenciones ocultas.

Si salen del clóset contigo

Algunos papás se asombran cuando su hijo les dice que es gay o bisexual; otros llevan años esperando que lo haga oficial; muchos están en medio. Sin importar tu postura, la respuesta que casi todos los chicos quieren escuchar es muy sencilla: *Te amo y me enorgullece ser tu papá/mamá... ¿Cómo puedo apoyarte en este viaje?*

Los expertos que trabajan con adolescentes LGBTQIAA+ tienen consejos importantes sobre qué *no* hacer cuando un chico sale del clóset.

No cambies tu dinámica con ellos: siguen teniendo el mismo sentido del humor, los mismos intereses, gustos en la comida y todo lo demás. Alterar la relación puede hacer que se sientan rechazados, aunque ésa no sea la intención.

No se trata de ti: no importa si estás lamentando lo que imaginabas que sería su vida o si estás celebrando una declaración que llevabas mucho tiempo esperando, descarga tu reacción con otro adulto, no con tu hijo. A él o *ella* le toca escribir la historia de su orientación sexual, dale esa oportunidad desde el primer momento que te lo comparte.

No les preguntes si van a cambiar de opinión: esto implica que no aceptas su decisión. Incluso si te preocupa lo que supone tener una hija o un hijo gay, comparte esa preocupación con otro adulto, no con el chico que tuvo la valentía para salir del clóset.

No te aísles: forma parte de PFLAG (padres, familias y amigos de lesbianas y gays, por sus siglas en inglés), que apoya a familias y aliados de niños y adolescentes LGBTQIAA+, o busca otro grupo de apoyo o comunidad con los que puedas compartir tus pensamientos y experiencias sin censura.

QUÉ OPINAN QUIENES YA ESTÁN DEL OTRO LADO

T. E., él, 21 años

Salir del clóset no fue un suceso único ni un momento de claridad. Muchos creen que se reduce a decir o hacer algo. Hay quienes afirman, con mucho dramatismo, que se trata de una acción que define quién eres para toda tu vida. Sin embargo, no es tan sencillo. Para mí lo más difícil de salir del clóset fue darme cuenta de que estaba cuestionando mi sexualidad. Desde niño supe que mis ideas sobre el amor eran diferentes, pero siempre creí que terminaría teniendo una vida "tradicional", enamorándome y casándome.

A partir de las películas, los libros y los programas de televisión que consumía sólo tuve un modelo de las relaciones románticas y el matrimonio. Estos medios me decían cómo debía vincularme y la vida que debía tener. Pocas cosas mostraban que se podía vivir y ser feliz de otras formas.

En cuanto a la gente de mi vida, se volvió más difícil estar con quienes me conocían mejor (o eso creían). Tenían una idea fija de mí porque me conocían desde niño. Me asustaba la idea de revelarme como una persona distinta ante alguien que creía conocer todo sobre mí. ¿Cómo iban a reaccionar? ¿Se enojarían? ¿Se confundirían?

Por fortuna, otra fuerza me permitió darme cuenta del poder que tenía para reevaluar mi identidad. Esta fuerza externa fue cuando me cambié de escuela y me mudé de estado en segundo grado de secundaria. Fue una oportunidad para empezar desde cero en una nueva comunidad, donde nadie tenía nociones preconcebidas sobre mí. Me di cuenta de que podía recrearme de forma más auténtica sin preocuparme por la reacción de la gente. A partir de esta experiencia pude superar el obstáculo más difícil y aceptar mi sexualidad; primero: *yo mismo*.

Poco a poco empecé a salir del clóset con mis nuevos amigos. Por suerte, muchos habían pasado por lo mismo, habían cuestionado y explorado la idea de su propia sexualidad. Estas personas podían apoyarme y darme consejos a partir de sus experiencias. Después de un año estaba listo para contarles a mis papás.

Recuerdo sentarme en la orilla de la cama de mi mamá. No tenía miedo de que reaccionara mal. Sabía que era muy tolerante, ella cree que las personas deben ser quienes quieren ser o amar a quienes quieren amar. Pero tenía mucha vergüenza. Sin embargo, enseguida lo superé, le dije que me gustaban los chicos y nos abrazamos. Fue un momento muy importante para mí, pero estoy convencido de que salir del clóset no tendría por qué ser un momento de revelación tan solemne, sobre todo para los demás, cuando es una experiencia para uno mismo. Espero que las y los adolescentes y las personas en general lleguen a un punto en donde salir del clóset no tenga que empezar con: *Mamá, necesito contarte algo*. En cambio, *salir del clóset* podría ser algo tan sencillo como *Está guapo*, cuando un chico está viendo la tele con su mamá, y ya, es todo.

Cuando reflexiono sobre mi propia experiencia al descubrir mi sexualidad, me considero muy afortunado de estar en mis circunstancias. Tengo una familia que me apoya. Fui a una escuela diversa y tolerante que me brindó un entorno seguro en el que pudiera descubrirme. Fue fácil para mí, y sé que no es el caso de muchos. Tuve la suerte de que mis papás fueran amorosos y que mis amigos entendieran lo que estaba viviendo.

He visto situaciones mucho peores con mis amigos. Una de ellas les contó a sus papás que le gustaba una niña y le prohibieron volver a verla.

Cuando teníamos 15 años le dijeron: "¿Cómo es posible que te gusten las niñas? No puede ser que apenas te des cuenta si T supo que era gay toda su vida". Todo en esa frase está mal. En ese entonces tuve la suerte de salir del clóset antes y llegar al punto en el que parecía que siempre supe quién era y quién me gustaba. En casos extremos, hay personas que salen del clóset y las corren de sus casas y tienen que sobrevivir por su cuenta. No muy lejos de mi preparatoria había un refugio para personas sin hogar, para adolescentes LGBTQ+ cuyos padres los habían corrido de sus casas.

Creo que es muy importante que la gente, sin importar su sexualidad, tenga la oportunidad durante su infancia de repensar su identidad. Por ejemplo, mudarse o ir a un campamento de verano o encontrar la forma de estar con una nueva comunidad que no te conoce. He descubierto que muchas personas a quienes se les dificulta salir del clóset han ido a la misma escuela desde preescolar y no han tenido la oportunidad de empezar de nuevo, de tener "un borrón y cuenta nueva" para su identidad.

Para mi suerte, tuve el apoyo de mis dos papás y mis amigos, pero es muy importante contar con una red de amigos si no puedes confiar en tus papás. En mi caso, también me sentí apoyado por consejeros y maestros. Admiraba mucho a mi orientadora de la preparatoria; es una mujer casada con otra mujer y gracias a ella conocí un modelo realista y cercano del amor. Cuando viví con una familia en España me hice amigo de los líderes de nuestro programa y uno de ellos era gay. Me enseñó mucho sobre cómo sentirme cómodo y seguro siendo un hombre gay. Por supuesto, mi grupo de amigos significó un recurso sin el cual no hubiera sobrevivido en la escuela. Nos dábamos consejos de todo y compartíamos libros, series y películas que creíamos que nos ayudarían a entendernos mejor.

Capítulo 19

Identidad de género

En el curso de la historia del mundo nunca ha existido un concepto único del género. Documentos históricos y antropológicos así lo revelan, al igual que las culturas contemporáneas del mundo en las que los individuos siguen abordando el género a su manera. A veces parece que ha habido un cambio radical en el lenguaje que utiliza la sociedad moderna de Occidente, pero estos conceptos han existido desde hace milenios. Para los principiantes, la identidad de género es compleja, pero es importante informarse porque ésta se ha vuelto fundamental en el tema del bienestar de las adolescencias.

Sin duda, como un coche nuevo que empieza a devaluarse desde que sale de la agencia, por lo menos parte de la terminología y la orientación que ofrecemos ya será anticuada para cuando se publique el libro. Está bien, porque para muchos de los que están leyendo la confusión en torno a la identidad de género responde a décadas de nunca hablar (o pensar o saber) del tema. Hace una generación en la sociedad estadunidense no se hablaba abiertamente de este tema, la mayoría ni siquiera sabía de su existencia. Hoy, en cambio, algunos chicos cambian sus pronombres, adoptan nuevos nombres que se adaptan mejor a su identidad de género o se realizan una transición completa; sin embargo, gran parte de esto apenas se está incluyendo en una escala social más amplia. Para los adultos, este panorama del género ha cambiado más que casi todo lo demás que cubrimos en estas páginas, por eso depende de todos conocer el lenguaje e informarnos sobre qué significa el género y qué no.

EMPECEMOS CON LA CIENCIA

Cuando nace un bebé se le asigna el sexo a partir de sus genitales externos: un bebé con pene, escroto y testículos (a veces no, si los testículos no han descendido) es masculino; un bebé con labios mayores y labios menores alrededor de una apertura vaginal es femenino. La mayoría de las veces los órganos son como imágenes de un libro de texto, por lo que esta asignación de sexo es muy directa.

En los años noventa, cuando Cara estudiaba para ser pediatra, pasó cientos de horas en salas de partos revisando a recién nacidos tras segundos de haber salido de la matriz. En ocasiones el obstetra declaraba el género, pero la mayoría de las veces la labor recaía en el pediatra que había recibido al bebé tras un parto veloz. Los ultrasonidos y la amniocentesis prenatales eran cosa de todos los días, así que muchos padres sabían con anticipación si tendrían un niño o una niña. En todo caso, la revisión de los genitales encabezaba la lista de salud, detrás de la respiración, el latido fuerte y diez dedos de las manos y diez de los pies. Luego de una revisión rápida, Cara declaraba: *¡El bebé está sano!* o *¡La bebé está muy alerta!* No era exactamente *¡Es niño!* o *¡Es niña!*, pero en retrospectiva, usar la concordancia de género al nacer tenía mucho peso. En aquel entonces esta carga no era evidente salvo en uno de cada 2,000 nacimientos, cuando un bebé mostraba ciertos rasgos de sus genitales mucho más grandes o más chicos que lo esperado o con genitales ambiguos y no quedaba claro si era masculino o femenino.

El principio fundamental para entender la conversación en torno al género es éste: el sexo que se le asigna a una persona al nacer es diferente de su identidad de género. A continuación enumeramos términos que provienen de una mezcla de fuentes; entre ellas el libro *Infancias trans* y varias páginas web de la Comisión para los Derechos Humanos. La identidad de género es el sentido psicológico de una persona sobre sí misma: quién es a partir de su correspondencia (o falta de ella) con las características físicas de distintos géneros. Dicho de otra forma, la identidad de género de una persona es su profundo sentido interior de ser mujer, hombre, o una combinación de ambos, un punto medio, o ninguno, que resulta de una interacción multifacética de rasgos biológicos, factores ambientales, conocimiento de sí mismo y expectativas culturales. El pensamiento tradicional ofrecía dos géneros —opciones binarias—, masculino y femenino. Pero hoy en día la mayoría acepta la idea del espectro de género no binario, que incluye una multitud de identificaciones y expresiones, entre ellas las personas que no sienten que tienen género. Este espectro engloba los siguientes:

No binario: las personas que no se suscriben a un género binario; algunas existen entre o más allá del modelo binario de hombre-mujer; otras utilizan el término indistintamente con otros, como *queergénero*, *género fluido*, *género no conforme*, *género diverso* o *género expansivo*.

Cisgénero: una persona que se identifica con el género que se le asignó al nacer y expresa las normas definidas culturalmente.

Transgénero: una persona cuya identidad de género no corresponde con el sexo que se le asignó al nacer; una sensación que se mantiene persistente, consistente e insistente con el paso del tiempo.

Género expansivo: una persona cuyos intereses, expresión de sí misma y conductas no encajan con las expectativas sociales que hay alrededor de ese género; un término genérico para las personas que no siguen los estereotipos de género.

Género diverso: un término categórico amplio que incluye a las personas transgénero, no binarias y de género expansivo.

Disforia de género: no describe a una persona, es más bien un término clínico que define la aflicción causada cuando el género asignado de una persona de género diverso y su identidad de género no están en sintonía: se puede describir como un sentimiento de incongruencia, que hay algo raro en relación con su género; también lo utilizan psiquiatras y psicólogos como diagnóstico.

Al definir estos términos, vale la pena destacar lo siguiente: la identidad de género de una persona no es lo mismo que su orientación sexual. Esto puede ser confuso para muchos porque la sociedad suele mezclar ambas. Para recordar la diferencia, grábate esta explicación sencilla: el género no tiene nada que ver con a quién le atrae una persona, y la orientación sexual tiene todo que ver con eso. Si quieres más detalles sobre la orientación sexual, regresa al capítulo 18.

A diferencia de la atracción sexual, que empieza a materializarse durante la pubertad con el incremento de las hormonas, a cualquier edad pueden surgir los cuestionamientos sobre el género. Hay tres etapas en las que estos cuestionamientos son más fuertes: la primera infancia, el inicio de la pubertad y la adolescencia tardía. Por supuesto, abundan las historias sobre los adultos que descubren su verdadero género (quizás el ejemplo reciente más famoso sea el de Caitlin Jenner), pero lo más frecuente es que se presente en la infancia o adolescencia. Al igual que tantos otros temas en este libro, la edad a la que los chicos expresan sus identidades determina cómo los adultos en su vida los pueden apoyar mejor. También indica muchos aspectos del cuidado afirmativo de género, término general que describe cómo los profesionales de la salud, terapeutas y padres o tutores pueden apoyar a los chicos a partir de mecanismos inclusivos, de psicoterapia a terapia hormonal, desde servicios médicos, quirúrgicos hasta sociales.

Nadie conoce con exactitud la cifra de juventudes transgénero en la Unión Americana. En 2017 un estudio que realizaron los CDC en diez estados y nueve distritos escolares urbanos reveló que, en promedio, 1.8 por ciento de las adolescencias se identifica como transgénero. Un estudio menor de 2022 que realizó la UCLA revela una cifra menor, de 1.4 por ciento. Lo que queda claro es que las adolescencias representan una porción grande de la población transgénero: cerca de una de cada cinco personas que se identifica como trans tiene entre 13 y 17 años. A partir de estas cifras podemos extrapolar que hay cerca de 300,000 adolescentes transgénero en Estados Unidos, y muchos más cuando se suma la categoría de chicos de género expansivo.

En última instancia, el objetivo para cualquier adolescente de cualquier género es encontrar una expresión de sí mismo más integral y feliz. Las estadísticas a continuación se centran sobre todo en los aspectos negativos: en los riesgos físicos y psicológicos que enfrentan las adolescencias de género expansivo. No lo confundamos con una catástrofe. Hay estudios que muestran con claridad los beneficios de las comunidades inclusivas y del cuidado al género afirmativo; necesitamos más estadísticas acerca de este rubro. Pero si nuestra labor es mantener a las infancias saludables y seguras, es fundamental que también conozcamos los riesgos que enfrentan

La información de los CDC revela tasas significativamente altas de depresión, ansiedad, abuso de sustancias, trastornos alimentarios, victimización, autolesiones y suicidio entre las infancias transgénero, a diferencia de las cisgénero. De acuerdo con un estudio de 2019 que publicó The Trevor Project, en 2018 uno de cada tres jóvenes transgénero intentó suicidarse, casi un tercio reportó ser víctima de violencia sexual y más de la mitad manifestó haber tenido un periodo depresivo que duró dos semanas o más. En la bibliografía científica se debate la asociación entre la diversidad de género y los retos para la salud mental, sobre todo la depresión y los índices de suicidio: algunos estudios concluyen que se trata de causa y efecto (por ejemplo, la disforia de género causa depresión); otros argumentan que coexisten y están correlacionados, pero no hay suficiente evidencia que señale que la incongruencia de género *cause* estos problemas de salud mental más que la propia adolescencia. Sin duda, surgirán muchas más estadísticas (y debate).

Las conversaciones en nuestra sociedad en torno al género han cambiado de manera radical en las últimas décadas; incluimos los conceptos en el apartado de "Qué ha cambiado en los últimos 20, 30, 40 años". También los tratamientos. Antes de adentrarnos en los debates sobre las terapias es importante entender la ciencia elemental de cada una.

Las infancias y adolescencias género-diversas que buscan maneras para que su expresión de género corresponda con su identidad de género optan por dos sendas terapéuticas, una social y otra médica. La transición social busca resolver la congruencia social: los cambios de nombre y de pronombres entran en esta categoría, así como las transformaciones externas en la apariencia, como el corte de pelo y la ropa. Este camino supone psicoterapia, así como el apoyo de la familia, la escuela y la comunidad. El enfoque médico busca la congruencia fenotípica, es decir, cambiar los rasgos físicos visibles con la prescripción de medicamentos como bloqueadores puberales y hormonas; en ocasiones cirugía género-afirmativa para abordar los sentimientos de vivir en un cuerpo de género equivocado. Estas dos vías de atención existen en paralelo, y algunas infancias recorren una, otra o ambas a la vez; algunas comienzan su viaje y luego se detienen rápidamente, mientras que otras avanzan tan lejos como pueden. Lo que sigue son los detalles sobre todos estos enfoques.

Intervenciones sociales

Cambios de pronombres y nombres

Utilizar el nombre y los pronombres que una persona haya elegido marca la diferencia para apoyarla. Estudios demuestran que cuando respetamos los nombres y los pronombres que eligen las y los adolescentes, es menos probable que experimenten síntomas de depresión, ideas o intentos suicidas.

Servicios de salud mental

Una pieza clave para apoyar a las juventudes trans y que cuestionan su género es el cuidado de la salud mental, no sólo para las infancias y juventudes género-diversas, también para sus familias y tutores. Las y los terapeutas tienen un papel imprescindible en la vida de las infancias y adolescencias trans y que cuestionan su género, desde mediar en las conversaciones, ofrecer orientación anticipada hasta identificar problemas urgentes de salud mental. Para muchos, el modelo para el cuidado de las juventudes con disforia de género es recibir apoyo de salud mental y una valoración integral antes de proceder con un tratamiento médico.

Por desgracia, el proceso de encontrar profesionales de la salud mental y empezar un periodo de terapia puede ser cuestión de meses, a veces años si hay otros problemas coexistentes, y muy pocos profesionales están capacitados para este trabajo. A veces es prácticamente imposible que las familias encuentren a un terapeuta con las aptitudes y el espacio necesarios en su práctica, y mucho menos asequible. Sumémosle la inversión de tiempo requerida simultáneamente con la progresión de un niño a través de la pubertad, que los aleja aún más del género con el que se identifican. Los objetivos discrepan cuando las infancias y adolescencias género-expansivas deben pasar muchos meses en terapia antes de dar el siguiente paso médico, mientras desarrollan las características sexuales secundarias externas del género con el que no se identifican. Dicho esto, nadie niega el beneficio de contar con el apoyo de la salud mental, en especial porque los mayores riesgos para los niños no conformes con su género son las emergencias de salud mental, como las autolesiones.

Apoyo del entorno

El entorno de un individuo —su familia, amigos, escuela y comunidad local— puede afectar profundamente la experiencia del cuestionamiento y expresión de género. Las infancias y adolescencias transgénero reportan índices más altos de acoso escolar, tanto en persona como en línea, así como victimización violenta. De acuerdo con un estudio de 2017 de los CDC sobre la identidad y la victimización de las infancias y adolescencias transgénero, casi un cuarto de ellos reportó que los obligaron a tener relaciones sexuales y más de un cuarto haber experimentado violencia en el noviazgo. Por otro lado, las infancias y adolescencias género-diversas que cuentan con el apoyo de sus familias tienen menos probabilidades de padecer depresión, ideas suicidas y autolesiones. Se ha demostrado que los entornos y las comunidades género-afirmativas fomentan el bienestar emocional.

Intervenciones médicas

Bloqueadores puberales

Los bloqueadores puberales son medicamentos que pueden utilizarse para retrasar la pubertad; en ocasiones brindan una pausa para jóvenes que cuestionan su género y no están seguros de qué dirección tomar; en otras detienen el avance de la pubertad codificada genéticamente, o de nacimiento. Estos medicamentos llegan a los receptores GnRH situados en la glándula pituitaria, en lo más profundo del cerebro. Al principio estimulan la liberación de HL y FSH de la glándula al ocupar el receptor. Cuando los receptores están ocupados durante un tiempo suficiente se vuelven insensibles y dejan de estimular la producción de HL y FSH, lo que en última instancia conduce a una disminución en la producción de esteroides sexuales (estrógeno y progesterona de los ovarios, testosterona de los testículos). Después de varias semanas o meses cesa la progresión del desarrollo sexual. Por lo tanto, una mujer biológica que experimenta disforia de género simultáneamente con el crecimiento de senos puede tomar un agonista de GnRH para detener la progresión del crecimiento de los senos; los senos generalmente se mantienen en su tamaño actual, aunque se han reportado casos de regresión (encogimiento o incluso desaparición) cuando los bloqueadores de la pubertad se inician con suficiente antelación. La GnRH actúa aquí como el principal interruptor de encendido y apagado, lo que también significa que la interrupción de la medicación agonista de la GnRH permite la reactivación del circuito de retroalimentación y la reanudación del desarrollo puberal.

Las progestinas también pueden usarse como bloqueadores puberales, aunque no funcionan tan bien como los agonistas de la GnRH. Las progestinas antiandrogénicas para pacientes hombre-a-mujer y las progestinas proandrogénicas para pacientes mujer-a-hombre alteran las características sexuales secundarias, como el crecimiento del pelo y la distribución de la grasa. También detienen la ovulación y la menstruación. Las progestinas son menos costosas que los agonistas de la GnRH, por lo que son más populares. Pero no son tan efectivas porque no actúan en el circuito de retroalimentación central de la pubertad (GnRH → HL/FSH → estrógeno/progesterona o testosterona).

El comienzo de la pubertad para jóvenes transgénero o que cuestionan su género puede ser sumamente traumático, pues los aleja aún más de su identidad de género. Dicho esto, tomar la decisión con un equipo de profesionales de la salud para empezar el tratamiento de bloqueadores puberales, en vez de hacerlo en soledad o con la ayuda de un solo médico, incrementa la probabilidad de que se satisfagan las necesidades físicas y emocionales del individuo.

Los bloqueadores puberales pueden salvarle la vida a un joven que empieza a autolesionarse (como cortarse), desarrollar fobia a la escuela, depresión, ansiedad o expresar ideas suicidas. También pueden ser importantes para las chicas y los chicos que no padecen trastornos de salud mental pero que insisten en detener la progresión hacia la pubertad. No obstante, no se recomiendan estos medicamentos *antes* de que empiece la pubertad, incluso si las niñas o los niños han tenido clarísimo su estatus transgénero desde preescolar. Especialistas que trabajan en este campo coinciden en que los bloqueadores puberales pueden detener la pubertad una vez que haya empezado, pero no se deben administrar antes de que empiece. Más aún, se trata de una solución temporal: le da a la familia uno o dos años para contemplar opciones para el cuidado género-afirmativo; algunos jóvenes los toman más tiempo, pero no se recomienda su uso prolongado.

Una última nota importante sobre los bloqueadores puberales: los agonistas de la GnRH tienen un papel central en los estirones de la adolescencia. De hecho, el descenso de hormonas (en particular del estrógeno y la testosterona) tiene el efecto más directo, pero cuando los agonistas de la GnRH detienen su producción, las y los chicos que están tomando bloqueadores no dan el estirón. Durante el tratamiento pueden tener menor estatura que sus contemporáneos en una etapa en la que muchos ya de por sí se sienten marginados socialmente. Pero en cuanto dejan de tomarlos continúan su desarrollo. En teoría, los bloqueadores no deberían afectar la altura que alcanzan en la adultez; en todo caso podrían crecer más. Esto se ha confirmado en estudios de niñas y niños con pubertad precoz (inicio precoz anormal) que toman agonistas de la GnRH para retrasar su progreso hacia la pubertad: siguen creciendo despacio, pero de manera continua, mientras se les administran los medicamentos, y luego la mayoría da el estirón cuando los dejan de tomar.

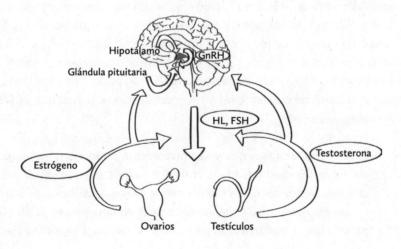

Terapia hormonal

Un paso muy importante para lograr la congruencia de género —para que el género expresado de un individuo coincida con su identidad de género— es ingerir o inyectarse hormonas que el cuerpo no produce. La terapia hormonal reequilibra la proporción hormonal natural de una persona al complementarla con hormonas que correspondan con su identidad de género. Una mujer trans con testículos y sin ovarios no tiene la capacidad de producir el estrógeno suficiente para desarrollar senos; del mismo modo, un hombre trans con ovarios y sin testículos no puede producir suficiente testosterona de manera natural para que su voz se vuelva grave o desarrollar masa muscular magra. La terapia hormonal puede crear estos cambios deseados.

Algunos estudios sugieren que cuando se inicia la terapia hormonal de forma oportuna, disminuyen los riesgos de padecer problemas serios de salud mental más adelante. Un estudio pequeño de 2021 que se realizó a adolescentes trans entre los 13 y los 20 años se centró en el cuidado género-afirmativo, incluidos los bloqueadores puberales y las hormonas, y reveló una reducción de 60 por ciento en casos de depresión moderada o severa y una disminución de 73 por ciento en las ideas e intentos suicidas.

Cirugía género-afirmativa

Los procedimientos quirúrgicos género-afirmativos pueden ayudar a los individuos a realizar una transición anatómica para tener el género con el que se identifican. Algunos los denominan "cirugías de reasignación de sexo". La mayoría de los centros médicos recomiendan cumplir 18 años (edad de consentimiento) para someterse a una cirugía de este tipo, pero varios grupos defensores han presionado para acelerarlo hasta tres años, de acuerdo con las leyes y recomendaciones de muchos países del mundo.

> **Extirpación de los senos y reconstrucción mamaria o aumento de los senos:** los individuos transmasculinos pueden optar por una mastectomía, que consiste en la extirpación del tejido de los senos. A veces se deja una cantidad pequeña del tejido como parte de la reconstrucción para crear un pecho de aspecto más

masculino. Los individuos transfemeninos pueden optar por una mamoplastia de aumento con implantes salinos o de silicón y complementar el tamaño de los senos con terapia hormonal.

Reconstrucción genital: las personas transmasculinas pueden optar por una faloplastia, que implica la reconstrucción para crear un pene y un escroto en lugar de una cavidad vaginal. Se extiende la uretra (el tubo que transporta la orina) a través del pene nuevo, con frecuencia un pene prostético inflable e implantes de testículos salinos o de silicón. Antes de la faloplastia, una cirugía llamada histerectomía-salpingooforectomía extirpa los órganos femeninos internos (útero, trompas de Falopio y ovarios, respectivamente). Las personas transfemeninas pueden optar por una orquiectomía (extirpación de los testículos) y vaginoplastia (reconstrucción de los genitales para crear una bolsa vaginal).

 ## QUÉ HA CAMBIADO EN LOS ÚLTIMOS 20, 30, 40 AÑOS

Casi todos los temas que cubrimos en este capítulo han cambiado en el curso de los últimos 20, 30, 40 años, y siguen cambiando. La ciencia que estudia el género se ha transformado, así como las apreciaciones de los obstáculos sociales, emocionales y culturales que enfrentan los individuos género-diversos. Quizás el cambio más significativo se ha manifestado en la edad: más chicas y chicos que nunca están hablando de temas de género, cuestionando el propio o declarando abiertamente sus diferencias de género.

Hace una generación —incluso hace cinco años— nadie se presentaba con sus pronombres. Hoy es la norma. Muchos eligen ella, él o elle, pero hay quienes los combinan (ella/elle o él/elle).

Otro cambio, aunque más gradual, ha sido la aceptación de la expresión personal agénero o una mezcla de todos. La ropa, el peinado, la joyería y más se han vuelto mucho más género-expansivos. Las chicas y los chicos que llamaban la atención —un niño pequeño que se ponía un vestido o una niña poco femenina— generan menos interés en estos días, gracias a celebridades como Harry Styles que llevó al *mainstream* sus declaraciones de estilo género-expansivo.

En parte como resultado de estos cambios y en parte como respuesta a ellos, las opiniones sociales en torno a las adolescencias trans han cambiado drásticamente en el curso de quince años. Algunos jóvenes género-diversos siguen sufriendo acoso o teniendo miedo o ambos, pero la afirmación y aceptación ya son más comunes. Han surgido muchos tipos de apoyo en las comunidades, las escuelas y las redes sociales, sobre todo en las aplicaciones de redes sociales que reflejan una nueva sensibilidad ante muchas de las dificultades que enfrentan las y los chicos que no son cisgénero, como problemas de imagen corporal, trastornos alimentarios, depresión, ansiedad, acoso y victimización. Todo esto se ha traducido en una mayor aceptación general del cuidado género-afirmativo y en un profundo compromiso de muchos para ayudar a las infancias y adolescencias que cuestionan su género a encontrar la felicidad, sin importar cómo se identifiquen.

Esto no quiere decir que todo Estados Unidos apoye a los chicos y sus familias en temas de género, para nada. Pero incluso hace una década la receptividad social general del tema era otra. Hoy, al haber más chicos y chicas que se identifican como transgénero o que cuestionan su género, ya no es opción ignorarlo. Un estudio de 2021 mostró que menos de 3 de cada 10 personas apoyan la legislación estatal que prohíbe el cuidado género-afirmativo. Hay tres posturas equilibradas: poco más de un tercio cree que la sociedad ha ido demasiado lejos al aceptar a las personas transgénero; poco más de un tercio piensa que la sociedad no ha ido lo suficientemente lejos y el resto considera que vamos bien.

Dicho esto, aunque la cultura en general ha progresado para aceptar (o no rechazar por completo) a las personas género-expansivas, sigue albergando elementos de furiosa oposición cultural, política y legal. Tan sólo en 2022 se suscitaron controversias turbulentas en torno a la enseñanza de identidad de género en las clases de educación sexual de ciertos estados, hubo esfuerzos legislativos para prohibir las cirugías médicas género-afirmativas y se recrudeció el debate en torno a si los atletas transgénero pueden competir bajo la identidad de género que expresan. Grupos defensores están trabajando con fuerza para encaminar estas conversaciones, como lo muestra la declaración de políticas de 2018 de la Academia Americana de Pediatría (AAP) sobre la importancia del cuidado género-afirmativo; en 2022 la AAP redobló su apuesta de cara a los esfuerzos legislativos por intentar bloquear el enfoque multidisciplinario para apoyar a las infancias transgénero y género-diversas en varios estados.

Si las conversaciones prominentes sobre el género se sienten muy novedosas, en particular con respecto a las niñas y los niños, es por algo. La primera clínica pediátrica de género en Estados Unidos se abrió en el Hospital Pediátrico de Boston en 2007, apenas hace quince años. No es mucho tiempo para digerir lenguaje y nociones, ya no digamos las normas médicas, lo cual explica los debates en ocasiones virulentos en torno a las estrategias de cuidado género-afirmativos como la terapia hormonal. Para algunos debería empezarse hasta que la niña o el niño cumpla 16, hay quienes no están de acuerdo con esta línea de tiempo cronológica y creen que debe depender de las circunstancias individuales de cada paciente. Mientras escribimos este libro en 2023, la edad promedio para empezar a tomar hormonas oscila entre los 14 y los 16 años, muchos (mas no todos) comienzan con bloqueadores puberales. Para cuando este libro se publique, las cifras —y opiniones— habrán cambiado de nuevo.

Buena parte de las críticas que enfrentan los tratamientos se centran en la detransición, individuos que empezaron el proceso de transición y lo revirtieron. Una cosa es que una niña o un niño adopte nuevos pronombres un par de años y luego cambie de opinión, y otra por completo distinta es que se someta a una cirugía y le suceda lo mismo. La detransición no se ha estudiado muy bien (y con razón, dado que la transición a edades cada vez más tempranas es nueva), pero un estudio reciente que se realizó entre cien detransitores reveló estos motivos:

- 38 por ciento creía que su disforia de género fue causada por un trauma o un trastorno mental subyacente.

- 55 por ciento pensaba que no recibió una evaluación adecuada de un médico o profesional de la salud mental antes de iniciar la transición.

- 23 por ciento citó ser víctima de discriminación después de la transición o tener dificultades para aceptarse como lesbiana, gay o bisexual.

- A 49 por ciento le preocupaba las posibles complicaciones médicas de la transición.

- 60 por ciento se sintió más cómodo identificándose con su sexo de nacimiento.

 ## CÓMO HABLAR DE ESTO

Abordar cualquier tema complejo, sobre todo uno que desconocemos, se parece a volar sobre el Triángulo de las Bermudas: existe la posibilidad aterradora de que pilotemos tan mal que nunca salgamos. Muchos adultos reconocen sentirse incomodísimos hablando de género, les preocupa equivocarse y les confunde el lenguaje siempre cambiante. *¿Y si les doy la información incorrecta? ¿Y si por accidente digo algo ofensivo? ¿Y si salen a relucir mi ignorancia o prejuicios?* No hay un método perfecto para entablar estas conversaciones (lo que seguro a estas alturas ya te resulta familiar porque lo hemos repetido en varios capítulos de este libro), pero siempre es mejor partir de la curiosidad, la empatía y la humanidad. No olvides reconocer cuando te equivocas, retomar el tema y aprovechar tus segundas oportunidades, porque es un hecho que te vas a equivocar en este territorio desconocido.

Las adolescencias pueden ser maestras

Pregunta a los jóvenes que conozcas sobre pronombres y distintas identidades de género, vas a aprender y, al mismo tiempo, abrir líneas de comunicación. La mayoría de los jóvenes se sienten cómodos y libres en el universo del género y, para ser honestas, lo que para los adultos es importante para ellos no. Puede ser difícil saber por dónde empezar sin sonar falso o como un total ignorante, así que éstas son algunas recomendaciones: *Me di cuenta de que en tu salón hay alguien que está usando otro nombre, ¿me cuentas?*, o *La mamá de tu amigue me contó que ahora se considera no binario, quiero respetar sus pronombres. ¿Cuáles está usando?*

Las adolescencias dirigen su propio viaje

Para las adolescencias género-diversas, transgénero y no binarias o género-expansivas vivir en una zona gris es parte del proceso. Muchos adultos quieren etiquetar el género de una chica o un chico o anticipar cómo lo va a manifestar. Pero no siempre pueden responder estas preguntas. Si bien algunos nunca dudan de su identidad desde una edad temprana, otros no la tienen clara hasta finales de la adolescencia, cuando son más capaces de analizar las sutilezas del género y la orientación sexual. Hay quienes nunca tienen la necesidad de etiquetar qué o quiénes son, se sienten cómodos en una identidad de género fluido sin elegir una descripción o pronombre en particular. Algunos seguirán expresando su género auténtico sin intervenciones médicas; otros no se sentirán como ellos mismos sin tratamientos hormonales y cirugías que permitan la expresión corporal de género. Se trata de *sus* identidades, *sus* cuerpos, *sus* vidas, nuestra necesidad de tener claridad o poner nombres no debe impulsar el proceso, incluso cuando hay decisiones (como intervenciones médicas) que exigen la participación de un adulto.

Para preguntar sobre sus ideas y sentimientos sin imponer los propios, intenta con esto: *Me he dado cuenta de que hace poco cambiaste de estilo, me da curiosidad, ¿cómo te has sentido?*, o *El otro día que pasé por ti a la escuela escuché que alguien te llamó por tu nombre de antes, ¿cómo te sentiste?*, o *La próxima semana vamos a ver a la abuela y quería preguntarte si antes de ir quieres que hable con ella de algo.*

Respeta los pronombres y los nombres que eligen

De acuerdo con diversas investigaciones, para las personas género-diversas supone una diferencia enorme cuando los demás usan sus pronombres y nombres que corresponden con su género. Y es lo mismo a la inversa: cuando no se respetan los pronombres y los nombres, las personas se sienten negadas o rechazadas, sobre todo cuando se trata de alguien de su círculo cercano. Todos nos equivocamos y este tema no es la excepción: a veces padres, profesores, orientadores, parientes, incluso amigos se equivocan con los nombres y los pronombres. Si eso sucede, reconoce el error y aprovecha una segunda oportunidad. *Lo siento mucho. Me equivoqué con tus pronombres. Voy a poner mucha atención para que no vuelva a pasar*, o *Perdón por llamarte por tu nombre antiguo; por favor, avísame si lo vuelvo a hacer por accidente.*

Encuentra modelos género-diversos

Las infancias y adolescencias género-diversas necesitan modelos a seguir, en especial si viven en comunidades donde la diversidad de género no es bienvenida, visible o celebrada. Hasta cierto punto, nuestra labor es encontrar a adultos de confianza para ellos y ayudarles a hallar personas con las que puedan hablar de temas importantes y no tan importantes. A todos los chicos en esta tierra les viene bien tener un mentor que no sea el padre o tutor que los está criando. Cuando se trata de encontrar a estos adultos de confianza, identifica a alguien que pueda ayudar a los chicos género-diversos con preguntas generales y puntuales como éstas: *¿Qué haces cuando la gente se equivoca con tus pronombres? Quiero empezar a vendarme los senos pero no sé cómo. ¿Cómo puedo tener intimidad con otra persona si me siento tan incómodo con mi cuerpo?*

Sé aliado y defensor

La labor de todo padre, tutor o adulto de confianza siempre es la misma: mantener a las chicas y los chicos seguros y saludables. Sin importar su identidad de género, ni ningún otro rasgo, es nuestra tarea más importante. En el caso de las infancias y las adolescencias que cuestionan su género, sobre todo los que necesitan ayuda con la congruencia social o médica, así puedes ayudar:

- Asegúrate de que sus médicos tengan conocimiento sobre las infancias y las adolescencias género-expansivas y también la experiencia en su tratamiento durante la adolescencia.

- Enfrenta la discriminación o crueldad, no importa si viene de otros adultos (familiares incluidos) y otros chicos.

- Sé la persona a la que acudan cuando estén preocupados, confundidos o solitarios; brinda un entorno que proteja su bienestar emocional.

Sé realista

No toda la gente es tolerante con las infancias o adolescencias génerodiversas. Incluso dentro de la familia, no contarás con el apoyo de todos, y sus reacciones pueden ser desagradables, hirientes o crueles. A veces, por mucho que duela, su reacción es intencional. No podemos cambiar las creencias de los demás, pero sí podemos proteger a nuestros hijos e incluso educar a la gente en el proceso.

- Pide permiso a la chica o el chico implicado y después cuéntales a las otras personas que asistirán a la reunión sobre su nueva identidad de género. Es difícil que la gente se comporte apropiadamente cuando no está preparada; dale la oportunidad de demostrar su apoyo.

- A veces la chica o el chico implicado querrá liderar la conversación y responder preguntas sobre su género, pero prepárate para interceder ante cualquier conducta preocupante o cruel.

- Ten paciencia con los obstáculos generacionales, culturales y religiosos que pueden dificultar que la gente comprenda la identidad de género.

- Si necesitas intervenir, comienza recordándoles a todos los presentes que el objetivo es que todos los chicos se sientan amados y apoyados por la gente de su entorno.

Háblales de todo tipo de sexo

Recuerda que el género no tiene nada que ver con la atracción; la orientación sexual tiene todo que ver con ella. Sí, puede ser desconcertante hablar de sexo con un adolescente que no ha consolidado su género. Pero como lo abordamos en el capítulo 16, *todas* las infancias y adolescencias deben aprender sobre *todos* los tipos de sexo. El conocimiento engendra seguridad y voluntad, incluso si las cosas están fluyendo. Todas las personas tienen el derecho a entablar relaciones íntimas significativas, sin importar su identidad de género.

No olvides a las hermanas y los hermanos de los adolescentes género-diversos

Cuando un hijo o una hija en la familia acapara demasiado tiempo y energía —por cualquier motivo— los demás pueden padecerlo. Algunos hermanos se sienten obligados a portarse "bien" para no complicar más la vida en casa; otros se sienten invisibles, avergonzados o resentidos. Darles tiempo a todos les da la oportunidad de tener toda tu atención. Así podrán contarte sus cosas. A veces sólo necesitan desahogarse. ¿No lo hacemos todos?

QUÉ OPINAN QUIENES YA ESTÁN DEL OTRO LADO

K. B., él/elle, 17 años

En mis primeros años de adolescencia nunca me sentí cómoda conmigo misma. Más o menos a los 12 o 13 años, empecé a ponerme ropa de niño o de género neutro. También en esta época mi salud mental empeoró mucho, a tal grado que empecé a autolesionarme. Estaba tan desconectada de mi salud mental y mi psique que ni siquiera me daba cuenta. Mi percepción de lo que estaba sucediendo era que se trataba de la pubertad y la angustia propias de la adolescencia.

Pasaron algunos años y me pude adaptar y vivir con la irregularidad. Después, en la preparatoria, una etapa en la que se supone que tienes que conocerte mejor, seguía siendo la misma persona, sólo con más años. La preparatoria fue una nueva experiencia para mí porque nunca había ido a una escuela pública. Había mucha más gente que en mi anterior escuela, y era mucho más diversa. Antes había asistido a una escuela *chárter** durante siete años, muy aislada y cerrada; no tenía muchas oportunidades para ampliar mis experiencias de vida. En la preparatoria tuve la oportunidad de conocer a nueva gente y nuevas identidades.

Sin embargo, esa experiencia terminó antes de tiempo por la pandemia. Al estar sola, acompañada únicamente de mis pensamientos durante muchos meses, mi salud mental volvió a caer en una espiral. En casa me la pasaba en la cama sin hacer nada, sin hablar con nadie. Sin distracciones ni nada más en que pensar, empecé a reflexionar sobre mí misma. Gracias a mi trato con las personas queer en la escuela, entendía mejor los conceptos de género e identidad personal. Uno de los amigos con quienes me comunicaba en línea me ayudó a resolver quién era en el fondo.

La primera vez que me di cuenta de que podría ser un chico lloré sin parar. Resulta que toda mi vida hasta ese momento había sido un error. Yo me había equivocado. Pero ahora que sabía lo que era correcto, todo lo que había pasado tenía sentido. La revelación sobre mi género fue liberadora, y pude implementar los cambios mentales para coincidir con mi verdadera identidad. Era un chico. Tras descubrir el origen de mis problemas pude seguir adelante y buscar la ayuda que necesitaba para tomar una nueva dirección. Incluso ahora, cuando recuerdo a mi yo de antes, mi nombre y mi género de antes, arrugo la cara por la aversión. No puedo creer que viví como niña. Como se dice: en retrospectiva todo se ve claramente.

---

* Según el modelo educativo estadunidense, es una escuela que recibe recursos estatales, pero opera con autonomía del sistema educativo estatal. (*N. de la T.*)

Capítulo 20

Amistades e influencia social

Durante la secundaria y la preparatoria es complejo y a la vez normal, desde el punto de vista de su desarrollo, que cambien las amistades de los adolescentes. Es probable que el mejor amigo que tuvo desde el kínder no conserve ese estatus en la adolescencia. Y no causa sorpresa dado los protagonistas de esta historia: adolescentes que experimentan metamorfosis físicas simultáneas, aunque no necesariamente paralelas; altibajos hormonales colosales, que tienen cerebros que no han terminado de madurar y presiones académicas; todo esto mientras en el fondo se enfrentan a las dinámicas familiares. A los propios adultos se les dificulta gestionar sus amistades; para los preadolescentes y los adolescentes el resultado puede ser una revuelta social completa.

La perspectiva lo es todo. En el curso de la pubertad los adolescentes pueden experimentar con nuevas identidades, entrar a nuevas escuelas, descubrir nuevos intereses. Estos cambios los llevan a conectar más con unas personas y menos con otras. Lo que para un adulto parece una dinámica inestable, para los adolescentes significa entablar nuevos lazos. El punto de este capítulo, ante todo, es reformular cómo entendemos sus amistades e influencias sociales para hacer un buen trabajo salvaguardando su seguridad y salud. A fin de cuentas, es nuestra única labor, no escoger a sus amigos, no rondar como un vigía en una fiesta, no dictar de quién se pueden enamorar ni qué hacer con esos sentimientos, sino mantenerlos sanos y salvos; en otras palabras: ayudarles a reconocer la importancia de la amistad y el poder de la influencia de esas amistades.

EMPECEMOS CON LA CIENCIA

Antes de pasar a la ciencia social, empecemos con la cerebral: casi la mitad de los capítulos de este libro se refieren a la madurez incompleta del cerebro preadolescente y adolescente. En caso de que te los hayas saltado, repetimos el punto principal: el sistema límbico se ubica en el centro del cerebro y es el responsable de los impulsos, las sensaciones que hacen sentir bien (placenteras) y los riesgos; en los años de secundaria ya terminó de madurar, esto quiere decir que manda y recibe señales extremadamente rápido. A la corteza prefrontal, la parte racional que piensa en las consecuencias, le queda otra década o dos para terminar de madurar, por lo que recibe mensajes muy lentamente y con frecuencia no puede reaccionar a tiempo para seguirle el paso a la zona central del cerebro. Una de las explicaciones más sencillas de por qué los preadolescentes y adolescentes son impulsivos o corren riesgos se reduce a que sus sistemas límbicos están al mando. (En el capítulo 11 hay más detalles sobre el desarrollo cerebral.)

Lo que no hemos mencionado tanto, hasta ahora, es el poder del grupo social en el área central del cerebro. Resulta que las amistades amplían los centros que motivan a correr riesgos y sentir placer. Esto sucede cuando los amigos están en el mismo lugar, conviviendo después de la escuela, en una fiesta o cuando están juntos virtualmente. De hecho, no es un fenómeno exclusivo de las adolescencias: ¿alguna vez has participado en una conversación fascinante —en la vida real o por mensajes de texto— que te nubla el juicio? Sí, nosotras también. Apenas la semana pasada. Pero nuestro cerebro puede cortar este ritmo más rápido que los cerebros adolescentes... casi siempre.

Se ha documentado ampliamente el poder del grupo social. Las amistades mejoran la calidad de vida de los adolescentes, pues son una influencia positiva en todos los aspectos de su vida: desde su rendimiento académico hasta su bienestar general. Al mismo tiempo, los lazos de amistad reducen el riesgo de padecer depresión. Se cree que estos beneficios duran toda la vida, se traducen en el buen funcionamiento psicosocial de la adultez e incluso suman años de vida, dos fenómenos distintos que están relacionados.

¿Cómo influyen los amigos en el cableado y la activación de las neuronas del cerebro? Esta pregunta ha generado muchos estudios en el curso de dos décadas. Los científicos han analizado distintas partes del cerebro en diferentes escenarios para medir el efecto de las amistades y con todo tipo de herramientas, como cuestionarios o resonancias magnéticas. En un estudio clásico se le pide a un grupo de personas que haga algo —entre adolescentes puede suponer jugar un videojuego— con y sin amigos. A veces esos amigos están presentes, en ocasiones se unen virtualmente y en otros momentos el investigador simplemente sugiere que los amigos están mirando desde cerca, cuando en realidad no están. En los tres escenarios la presencia real o asumida de las amistades da como resultado una mayor actividad metabólica en el sistema límbico de los adolescentes, una señal de que esta parte del cerebro está consumiendo combustible (o sea, glucosa) para alimentar a las neuronas activas, mientras el adolescente decide qué hacer. En el experimento clásico, el adolescente está jugando un videojuego de carreras de autos, y cuando se agregan amistades al contexto él incrementa la velocidad promedio, así como los índices de accidentes y los riesgos que corre para sumar puntos y ganar el juego. Una nota muy interesante: las velocidades más rápidas, que dan como resultado tasas de accidentes más altas, en realidad ralentizan el automóvil virtual, lo que a menudo los lleva a obtener un puntaje más bajo. Pero el sistema límbico toma decisiones que en el momento se sienten bien —en el instante— sin sopesar las consecuencias a largo plazo, como lo que podría suceder dos o tres minutos después de llegar a la meta.

El concepto de pensar en grupo preocupa mucho a padres y tutores. A fin de cuentas, recordamos muy bien el contexto de una fiesta repleta de adolescentes tomando, fumando y ligando (o besándose, como le decíamos antes) sin supervisión. Hasta que llegaron los smartphones, este contexto de sábado por la noche —incluido un grupo gritando: ¡Fondo! ¡Fondo! ¡Fondo! o algún equivalente— era una de las principales preocupaciones de los padres. Pero ahora las redes sociales se han convertido en una frontera alternativa de presión social. Quizá los adolescentes que se comunican mediante sus dispositivos no están teniendo sexo en persona, pero a lo mejor se están enviando *nudes*. O en vez de tomar cerveza están haciendo algún reto imbécil o incluso potencialmente mortal que les presentó un algoritmo: el desafío del arte de las quemaduras de sol, el reto de la caja de leche, el desafío *Bird Box*, el reto de *Tide Pods*, el reto del enchufe eléctrico. No es necesario describirlos, con el título te das una idea de la idiotez. Aun así, muchas chicas y chicos participan en ellos.

Este tipo de comportamiento suele atribuirse a la *presión social*, un término negativo que surgió durante la juventud de la generación X. Pero la presión social también puede ser positiva: grupos de estudio que resultan en mejores calificaciones para todos; retos de fitness o entrenamientos en equipo que se traducen en campeonatos deportivos o de salud; líderes estudiantiles que animan a los demás a ser parte de proyectos de servicio. Abundan los ejemplos de estas fuerzas positivas y nos invitan a emplear el término *influencia social* en vez de *presión social*. La biología funciona de la misma manera: las malas ideas incitadas por amigos activan el sistema límbico tanto como las buenas ideas y los proyectos colaborativos. Todos los adultos implicados en la crianza saben que si quieren que una niña o un niño haga algo, la mejor manera es encontrar a otro que haga eso mismo (leer, lavar los trastes, acostarse a una hora razonable, lo que sea) para dar el ejemplo. En estos casos de influencia social positiva, casi no importa que la corteza prefrontal se quede atrás, porque las implicaciones a corto y largo plazo son igual de buenas.

Sabemos que las amistades activan el sistema límbico adolescente. ¿Sabes quiénes no lo activan? Los adultos. Esto se traduce en la molesta dualidad milenaria de que les interesen muchísimo las cosas novedosas que hace la gente de su edad, no nuestras reglas aburridas; que prioricen las interacciones sociales frente a las responsabilidades en casa, los estudios, las labores comunitarias o convivir con la abuela. Se suscitan predecibles juegos de poder por todo: tiempo de pantalla, toques de queda, tareas escolares, responder textos, etcétera. Cuando gana su mundo social, las consecuencias pueden ser dramáticas. Tomemos como ejemplo la experimentación con la nicotina, el alcohol o las drogas: la influencia social tiene un papel fundamental y si bien muchos adolescentes van a probar cosas y concluirán la adolescencia prácticamente ilesos, algunos caerán en las adicciones.

Las charlas sobre la toma de decisiones pueden parecer repetitivas (¡porque lo son!). Sin embargo, hay evidencia que demuestra que repetir estas conversaciones, sobre todo representar cómo lidiar en escenarios sociales, puede crear una especie de memoria muscular en el cerebro. Para moderar el poder de la influencia social en el sistema límbico podemos implementar estrategias como esperar antes de tomar una decisión impulsiva o planear una respuesta ante un escenario común (¿*Me mandas una* nude? ¿*Quieres un toque?*). Si un adolescente no tiene que depender de su lenta corteza prefrontal para generar una respuesta porque ya la practicaron juntos, se disminuye el poder de la influencia social negativa.

Antes de seguir, vamos a contemplar cuántas amistades *necesita* una o un adolescente: una. Se requiere de una sola relación sólida, profunda y significativa para protegerse del aislamiento y disfrutar de los beneficios de la camaradería. Dada la representación de la vida adolescente en el cine —sobre todo—, esta afirmación no parece atinada, pero lo es. Se necesita una amistad para estar bien. El estudio de 2018 "With a Little Help from Your Friends" reveló que tener una amistad íntima y que te apoye —una sola amistad de calidad— es más importante para las adolescencias que el número total de amigos. Es importante tener en cuenta que una red social extensa incrementa las probabilidades de que una persona tenga amistades individuales sólidas, pero los adolescentes con una amistad cercana tienen la protección de los estragos sociales y mentales de no tener ninguna.

QUÉ HA CAMBIADO EN LOS ÚLTIMOS 20, 30, 40 AÑOS

En el curso del tiempo, el constructo de la amistad no ha cambiado mucho. Dicho esto, en estos días, si se compara, el panorama social puede parecer irreconocible. Los smartphones han alterado todos los aspectos de la vida social de las infancias y adolescencias, ¡pero no todo es malo! La tecnología fomenta conexiones sociales importantes entre los preadolescentes y adolescentes, lo que quedó de manifiesto durante los días oscuros de la pandemia por el covid, cuando los dispositivos funcionaron como salvavidas para las infancias y adolescencias (y los adultos). Sin duda, estas herramientas también pueden exacerbar la soledad, especialmente entre los usuarios más jóvenes, ya que algunas aplicaciones permiten a los chicos ver a sus amigos pasando el rato sin ellos y otras aplicaciones muestran un mapa (literal) de todos juntos. Los efectos negativos no se limitan a los preadolescentes y adolescentes (los adultos también los sienten). Aunque a los cerebros en desarrollo se les pueda dificultar tener una perspectiva o analizar la realidad, en estos días tanto padres como profesionales que trabajan con preadolescentes y adolescentes elogian los beneficios de los dispositivos al tiempo que maldicen su existencia.

No obstante, las redes sociales exigen una mención aparte. Las estadísticas son claras para las adolescencias con dificultades sociales: pueden empeorar su situación. Un estudio de 2019 que se publicó en *JAMA Psychiatry* reveló que tres o más horas en las redes sociales al día aumenta los problemas de salud mental. Ese mismo año, la organización Common Sense Media reportó que el adolescente promedio pasaba entre cinco y siete horas al día en estas aplicaciones. En otras palabras, hay un grupo minúsculo de adolescentes en las redes sociales que no corre estos riesgos.

Los creadores de las redes sociales lo saben. En 2021 *The Wall Street Journal* filtró un estudio interno de Facebook que mostraba el efecto de Instagram en las adolescencias. Éste es un ejemplo de lo que reveló el *WSJ*: "Entre las adolescencias que reportaron ideas suicidas, 13 por ciento de los usuarios británicos y 6 por ciento de los usuarios estadunidenses responsabilizaron a Instagram". Esto no significa que todas las aplicaciones de redes sociales sean mortales (no lo son) ni que el medio no tenga cualidades positivas (las tiene). De hecho, hoy en día cada dato negativo parece ir acompañado de un dato positivo igualmente convincente, que demuestra la importancia de la interconexión, el apoyo y la amabilidad que pueden ocurrir y de hecho ocurren en línea. Pero los efectos de las aplicaciones son distintos: la cultura de Instagram de la belleza y los *likes* es particularmente tóxica para los adolescentes, en especial para las chicas, mientras que las tonterías visuales de TikTok son lúdicas y divertidas (desde luego, hasta que un adolescente cae en una madriguera de videos negativos que le propone el algoritmo). Todas las aplicaciones de redes sociales comparten el común denominador de mostrar lo que todo el mundo está haciendo *sin ellos*, con detalles intensos y en tiempo real. ¿Su ex mejor amiga?: ligando en SnapMap. ¿Sus compañeros de equipo?:

grabando un video en TikTok. ¿La fiesta a la que no los invitaron?: en las historias privadas de la gente. Esta característica de las redes sociales les suma una dificultad a las amistades que en nuestros tiempos era inimaginable; antes discutíamos nuestras turbulencias sociales todos los lunes en la mañana en la escuela, pero hoy los desaires ocurren en tiempo real y no hay respiro, a menos que los adolescentes borren la aplicación.

Otro aspecto negativo de la vida en los dispositivos es la cultura del acoso. Antes los ataques verbales y físicos se desarrollaban en los pasillos, los baños y los estacionamientos de las escuelas, y ahora se difunden por medio de notificaciones en un chat grupal, lo cual propaga la humillación más rápido y más lejos. Todo, desde *nudes* hasta burlas crueles, llega a todos los círculos sociales o comunidades completas a una velocidad asombrosa. Las consecuencias son devastadoras, lo que explica el surgimiento de organizaciones en los últimos quince años —coincidiendo con el lanzamiento del teléfono inteligente— dedicadas a crear conciencia sobre los peligros del acoso escolar. La realidad es que los padres o tutores de las infancias o adolescencias que son víctimas de acoso se involucran, pero los adultos relacionados con los acosadores difícilmente ven o reconocen la conducta. Es difícil cuando el acoso es virtual y todavía lo es más cuando las contraseñas impiden a los adultos estar al tanto o ellos crean cuentas fantasma. Incluso si se puede desbloquear un teléfono, seguir la conducta en línea de un adolescente puede ser un trabajo de tiempo completo, y pocos tenemos el espacio mental para revisar todos los mensajes y aplicaciones a diario.

La legislación ha hecho un intento desesperado por llevarle el ritmo a la tecnología. En el caso del acoso, las víctimas pueden buscar protección y los agresores enfrentan consecuencias. Pero ciertas zonas son algo turbias. En sus orígenes, el objetivo de las leyes en torno a la pornografía infantil era proteger a los niños y las niñas de los depredadores adultos, pero hoy en día estas leyes se usan en contra de los propios chicos para castigarlos e incluso enjuiciarlos por mandar o compartir la foto de otro chico. Dada la lentitud con la que avanzan las leyes y la rapidez con la que evoluciona la tecnología, las normas vigentes no protegen adecuadamente a las infancias y adolescencias en todos los lados de esta ecuación. A las escuelas y los padres les corresponde informarles a los chicos sobre temas como tomarse y compartir fotos de desnudos.

Recuerda un momento tu adolescencia: ¿te imaginas tener este intercambio con tus papás? ¿Podrías concebir tener un teléfono? ¿O un teléfono que no estuviera fijo a la pared? ¿Uno que pudiera tomar fotos (y de una calidad tan excelente que es algo ridículo) y que reproduzca tu música favorita? ¿Te habrías imaginado la euforia de recibir un hilo de mensajes de texto o la solicitud de amistad de quien estabas enamorado y qué hubieras hecho con ese aparato? Si te estás preguntando cómo llegamos hasta aquí en un capítulo dedicado a las amistades, *esto* es lo que ha cambiado en estas décadas. La intersección de la amistad y las pantallas es complicada y confusa y ha creado múltiples retos para todos, las infancias, adolescencias y los adultos en la misma medida.

CÓMO HABLAR DE ESTO

Si a los adultos se les dificultan las amistades cambiantes de las infancias y adolescencias, ¡imagina cómo se sienten ellas! Hay muchas razones válidas por las que ciertas chicas y chicos dejan de pasarla juntos en la secundaria y la preparatoria, pero el cambio no es fácil. Cuando su desarrollo pubescente es completamente distinto —uno crece en todos los sentidos y el otro ni ha empezado; una busca relaciones románticas o sexuales y a la otra no le interesan para nada— pueden perder intereses en común. La experimentación con el vapeo o el alcohol, con los riesgos (parece que robar en tiendas nunca ha pasado de moda) o cosas tan sencillas como distintos gustos musicales, cinematográficos o de contenido en línea, pueden generar tensiones entre las amistades. Esto no quiere decir que los adolescentes que se separan no volverán a ser amigos *nunca* más, sólo que por ahora no les interesa tanto.

Estas turbulencias sociales no sólo afectan a los preadolescentes y adolescentes, también a los padres. Los adultos tienen la costumbre de aferrarse a un ideal del "mejor amigo" para sus hijos y les preocupa cuando cambia esa dinámica. Y si las familias se volvieron más cercanas cuando sus hijos pequeños se hicieron amigos, surge la incomodidad cuando la relación entre los chicos cambia. Los adultos no pueden inmiscuirse en las amistades de sus hijos o hijas. Por mucho que lo intentes, no funciona. Mejor haz esto:

Muestra empatía

Cuando los adolescentes se muestren emocionales ante los cambios en su amistad, evita comentarios del tipo: *No es para tanto... Ya supéralo... Cuando seas adulto no te vas a acordar.* Para ellos es muy importante y, para tu información, por supuesto que se van a acordar cuando sean adultos. Es mejor ser empático: *Lo siento mucho... Ay, no... Aquí estoy si necesitas compañía.* Después acompáñalos en silencio por si te quieren compartir detalles.

No interrogues

Si te das cuenta de que tu hija o hijo no está saliendo ya con su amistad cercana, en vez de iniciar una investigación completa procede con curiosidad y fomenta futuras conversaciones: *Me di cuenta de que no se han visto mucho, me preguntaba si pasó algo.* Si no te comparte mucho, recuérdale: *Ya sabes que estoy aquí si quieres hablar.*

No lo fuerces

Por evidente que parezca la solución para el problema de un adolescente, sobre todo en lo que respecta a las dinámicas de sus amistades, por favor no intentes arreglarlo. Forzar la situación —por ejemplo, planear una cena con la amistad en cuestión— podría empeorarla. A veces ser una caja de resonancia en vez de un participante activo es la mejor estrategia. Averigua si está dispuesto a escuchar sugerencias, pero si la respuesta es no, respeta su decisión.

Ayuda a encontrar opciones

Cuando un adolescente es abandonado sin contemplaciones por otro, la reacción es dolor, soledad y confusión. Puede que no esté dispuesto a conversar sobre ello, pero una buena distracción siempre ayuda. Sin exagerar, intenta planear cosas, como ir a los bolos, ver una película o visitar a antiguos amigos.

Monitorea el uso de los dispositivos electrónicos

Por desgracia, las redes sociales permiten a los adolescentes seguir en tiempo real todos los eventos sociales de los que *no* son parte. Esta rumia en las redes no deja nada bueno. Intercede y asegúrate de que haya reglas consistentes (y hazlas cumplir) sobre el uso de las pantallas. Estrategias sencillas (como cargar los aparatos fuera de la habitación en la noche) ayudan a que no pasen horas sin dormir viendo de qué se están perdiendo.

Cuando no te gusta una amistad

Tal vez uno —o varios— es irrespetuoso o está experimentando con drogas o alcohol, o no es leal ni considerado. De nuevo, tu claridad no necesariamente ayuda en la situación, y si expresas cómo te sientes, lo más probable es que tu hija o hijo haga lo contrario. Recuerda cuando tus papás te prohibieron salir con alguien: te enamoraste al instante. La mejor postura es el autocontrol y el comentario mesurado, que parecerá imposible cuando lo único que quieres es gritar: *Ese niño es un idiota y el peor amigo.* Éstos son algunos trucos para evitarlo:

Reflexiona sobre tu reacción: piensa por qué estás reaccionando de forma tan negativa. Puede haber muchos motivos: detonantes de tu pasado, prejuicios y una postura protectora, información (muchas veces, rumores). Incluso si tus instintos no se equivocan, tomarte tiempo para reflexionar te ayuda a verbalizar tus comentarios de forma más constructiva.

Distintas familias, distintas reglas: cuando las reglas en una casa parecen ser opuestas a las de otra pueden acarrear conflictos. La realidad es que dos familias nunca tomarán las mismas decisiones ni pondrán los mismos límites. Intenta no juzgar a la otra familia; a menos de que estés dispuesto a ponerle fin a la amistad, hazte a la idea de que cuando tus hijos estén de visita en otra casa, no van a seguir las reglas de la tuya. Es difícil, sí, sobre todo cuando regresan a casa y quieren negociar las reglas de tu familia.

Aborda temas serios: es adecuado hablar sobre temas serios si te preocupa una de las amistades de tu hija o hijo. Si te inquieta su salud mental, si ves señales de acoso o uso de sustancias, convérsalo sin juzgar. Puede ser algo así: *Te quería preguntar si has notado algo distinto en X. Me di cuenta que cambió su... Me dio curiosidad porque últimamente no ha venido.*

Si te preocupa que tu hija o hijo sea víctima de acoso: en este caso puede ser difícil saber qué está pasando. Quizá les dé vergüenza reconocerlo, tengan miedo de las consecuencias o les preocupe que les digan soplones. En vez de decirle: *Voy a matar a ese cabrón que te trató mal* —que lo único que provocará es que tu hija o hijo no te vuelva a compartir nada—, intenta aproximarte con un enfoque más amable y sin juicios: *Te noto raro;* después espera pacientemente a que responda. Los chicos necesitan saber que estamos de su lado, así que mantén la comunicación abierta. Un *Aquí estoy siempre si quieres compartirme algo* les quita la presión, les transmite que no tienen que hablar en ese momento. Si te preocupa que sea víctima de acoso, acude a un profesional de la salud mental o a las autoridades de su escuela. El acoso no siempre termina, puede tener efectos inmediatos y duraderos en la salud mental.

Ayúdalos a gestionar la influencia social (o presión social)

Conocemos el dicho "si todos se avientan de un puente, ¿también tú?". Si somos honestos, los preadolescentes y adolescentes responderían con un *sí*. Con estas estrategias los chicos pueden tomar mejores decisiones cuando sus amistades los lleven por caminos dudosos:

Cuenta hasta diez o haz tres respiraciones profundas: esto funciona para todos los implicados, adultos y adolescentes. Refuerza la importancia de hacer una pausa y les enseña a detenerse un segundo antes de actuar, sobre todo cuando todos le están gritando: "¡Hazlo! ¡Hazlo!". También le da a su corteza prefrontal la oportunidad de ayudarlos a tomar una mejor decisión.

Practica qué pueden decir: conversa sobre las palabras que pueden usar (de acuerdo con su edad) para librarse de situaciones incómodas. Anticipa que va a rechazar rotundamente tus primeras sugerencias, no importa. Llegarán a algo con lo que se sientan cómodos.

Representen la situación: todos detestan este consejo, pero cuando lo llevan a cabo reconocen que sí funciona. Nómbralo como quieras: práctica, ensayo. La idea es practicar cómo objetar llegado el momento. Empieza con algo fácil: *¿Qué harías si...?* *¿Cómo manejarías...? ¿Qué podrías decir si...?* y llena los espacios con cualquier tema actual (mentir, robar, fumar, tener sexo casual, lo que se te ocurra). Utilicen las frases que ya practicaron para que vean cómo se sienten.

¡Aprovecha los teléfonos! En una situación particularmente complicada, un adolescente puede textear a un amigo (aunque esté ahí mismo) o a un adulto de confianza. Para aprovechar al máximo esta estrategia, inventen una frase en código para que quien reciba el mensaje sepa que tiene que dejar lo que está haciendo para ayudar a ese adolescente.

Ve al baño: un clásico para salir físicamente del lugar.

Cubre en detalle las palabras exactas que pueden usar: con frecuencia, los preadolescentes y adolescentes saben qué hacer, pero no saben *cómo* hacerlo ni cómo verbalizarlo sin cometer un paso en falso social. Los adolescentes viven con temor ante las reacciones de sus amistades o intereses románticos; precisamente eso los puede motivar a correr un riesgo (beber, vapear, tener sexo) en lugar de enojar a la otra persona. Nuestra respuesta instintiva es: *Si tu amiga te dice que se va a molestar contigo por no hacer una estupidez, entonces tal vez es hora de reconsiderar la amistad y no la decisión.* Esto es lo que aconsejan los adolescentes mayores a los más pequeños para no caer ante la presión social:

Si les ofrecen vapear: *No, gracias, ahorita no.*
Si les ofrecen alcohol: *No puedo, mi entrenador me mata.*
Si les ofrecen tener sexo: *Vienen por mí en cinco minutos.*

Si les ofrecen drogas: *Me enoja, pero mis papás me hacen pruebas de detección de drogas.*

 QUÉ OPINAN QUIENES YA ESTÁN DEL OTRO LADO

B. H., ella, 21 años

Hay personas que pueden ser lo mejor que te ha pasado en la vida, pero también lo peor. He conocido a las dos y sé que es muy común tener que lidiar con gente que no te trató tan bien, por decirlo amablemente.

En mi infancia era una niña promedio. Me encantaba leer (presumía leer veinte libros en un verano), jugar videojuegos con mi hermano y hacer cosas con mis primos los fines de semana. Sin embargo, me sentía demasiado estadunidense para estar viviendo en Hong Kong, pero no lo suficiente para estar viviendo en Los Ángeles, en donde nací. Nos mudamos a Hong Kong cuando tenía seis años y regresábamos a L.A. todos los veranos. Siempre sentía que no encajaba. Pero fue más claro en quinto de primaria.

No encajaba: mi mandarín no estaba tan bien y mi inglés era mediocre. Quería ser amiga de los expatriados y también de los chicos de Hong Kong. Me debatía entre las dos direcciones, lo cual es difícil a esa edad. Por suerte siempre tuve el apoyo de mis dos mejores amigas.

En la escuela un grupo particular de niñas me odiaba. No sé ni cómo empezó, pero recuerdo que me atormentaban diciéndome "gorda" (aunque tenía el peso normal de una niña de 10 años) y "fantasma" en mandarín, un insulto para referirse a las personas de tez blanca o a los extranjeros en general (aunque soy de origen cien por ciento chino). Era muy diferente, muy estadunidense. Pero tampoco encajaba con los chicos que no eran chinos, porque soy china.

Aunque era muy pequeña para tener una cuenta en Facebook, abrí una porque todos tenían. Recuerdo cuando recibí los primeros comentarios en línea. Todos los días me llegaban comentarios crueles. La gente hablaba sobre mi peso, mi apariencia, mi carácter y más. Los comentarios en internet pasaron a la escuela, donde también recibía miradas crueles. Hoy en día sigo recordando algunas de esas palabras. Aprendí que no todo el mundo está de tu lado y que hay que confiar en quienes demuestran una y otra vez que son buenas personas.

Esto me dio perspectiva. Me di cuenta de que 1) nunca quiero tratar a nadie como me trataron y 2) tengo que valorar a los amigos de verdad. Esta experiencia traumática me enseñó a tener empatía y empecé a valorar las buenas amistades en mi vida.

Los niños pueden ser crueles y me habría gustado ser más fuerte. También me hubiera gustado haberle contado antes a alguien. El acoso no terminó, y a veces no se detiene a pesar de la intervención de un adulto. Una tía me siguió en Facebook y se dio cuenta de los comentarios. Después confrontó a mi primo (quien iba en mi escuela) y le preguntó qué estaba pasando. Le contó lo que sabía y mi tía se lo dijo a mis papás. Para mis papás fue la gota que derramó el vaso, culparon a esos niños por mi conducta errática que no entendían. No querían criarme en una cultura donde me sintiera tan ajena, así que nos mudamos a Estados Unidos. Primero fue aterrador porque seguía siendo extranjera: demasiado china para los chicos estadunidenses de la escuela. Pero fui más feliz. Conocí a otros chicos asiático-estadunidenses con quienes me identifiqué y encontré un hogar en la comunidad.

Me hubiera gustado que mis papás entendieran lo mal que la pasé, pero era difícil compartírselos porque lo subestimaban, decían que eran cosas normales de adolescentes. Si hubieran visto o escuchado los comentarios extremadamente racistas o sexistas que me decían en la escuela, tal vez la historia habría sido distinta.

T. E., él, 21 años

Una amistad es una conexión única, y muchos subestiman la influencia que puede tener en la vida de una persona y su identidad. Una amistad es única porque no te une la sangre ni la obligación. Valoras sinceramente la compañía del otro y ambos quieren apoyarse. En el curso de la vida, las amistades ayudan a establecer y crear nuestros valores e intereses. Por eso es tan importante saber reconocer los distintos tipos de amistad, las buenas y las malas. Creo que cuando aprendemos a identificar a las amistades que sacan lo mejor de nosotros y nos brindan un espacio seguro para ser nosotros mismos, serán un apoyo de por vida.

Sin embargo, dicho esto, he tenido muchas amistades perjudiciales en mi vida, sobre todo en mi infancia. Esas relaciones suelen basarse en factores negativos como los celos, la popularidad y las inseguridades. En mi caso, en ese momento se sentía bien y me convencía pensando que eran los amigos que quería tener, no los que debía tener.

Una de esas amistades era una chica cruel que parecía controlar a muchos de sus amigos. Era demasiado predecible: la típica chica cruel cuyo comportamiento distante se origina en inseguridades. Pero lo difícil no era reconocer a esas personas. Creo que todas las películas de esa época giraban en torno a las chicas malas de la preparatoria que siempre pagaban las consecuencias y que en realidad tenían vidas horribles. ¿Entonces por qué, a pesar de tener esa información, el atractivo de las chicas malas y populares de la preparatoria sigue ejerciendo influjo en los adolescentes?

Por supuesto, era el personaje de una chica mala. Tenía el pelo teñido de rubio y se pintaba con delineador de ojos. Se vestía como si fuera más grande. Pero también me hacía sentir la persona más importante del mundo. Me contaba secretos de gente que conocíamos. Tenía una clase con ella y siempre llegaba veinte minutos tarde y se iba primero que todos. Cuando te quería contar algo, parecía que el maestro dejaba de existir. Parecía que no le importaba nadie más que ella. En general hablaba mal de los demás, de cómo se expresaban, cómo se vestían o si participaban mucho en clase. Un miércoles cualquiera por la mañana, me contaba que había llegado a las 3 a.m. a su casa y que sus papás no se habían dado cuenta. Pero detrás de ese alarde se ocultaba una inseguridad profunda y la falta de una familia que la cuidara.

Si quería hablar mal de alguien, me buscaba a mí primero. Y por supuesto, yo me sentía muy importante. Pero enseguida me di cuenta de que cuando ella no estaba, esa energía criticona y negativa me seguía a todas partes. Empecé a pensar como ella. Esto también incluía su conducta. Les mentía a sus papás con frecuencia. Cuando le preguntaban en dónde estaba, qué estaba haciendo o con quién estaba, les mentía. Y yo empecé a hacer lo mismo. Era divertido, como un juego. Con ella probé el alcohol y empecé a ir a fiestas cuando mis papás creían que estaba en pijamadas.

Como suele pasar, fue necesario ser el receptor de su juicio y odio para darme cuenta de que esta amistad no era saludable. Mucho de lo que compartía con ella no era lo que para mí significaba tener una amistad basada en la lealtad. Me percaté de que la cantidad de energía que le estaba dedicando a esa relación no era recíproca. No me sorprendió que el día que la confronté enseguida negó todo y le dio la espalda a una amistad que para mí había sido tan importante.

Después de eso le dediqué mi energía a otras amistades y me di cuenta de que otra vez cambió mi forma de pensar. Con estas nuevas amistades ya no me importaba tanto mi apariencia ni cómo actuaba en ciertos contextos sociales. Hice más amigos, y más diversos, y sabía que aquella amistad me había limitado en muchos aspectos. Mis nuevas amistades sacaron mis características únicas, no intentaban ser *cool* ni encajar con nadie. Empecé a experimentar con la fotografía y la escritura.

Al pensar en mis amistades actuales más cercanas, son personas que me quieren por todas mis cualidades. Saben que me preocupo por todo, que soy muy protector de mi gente o de mi perspectiva del mundo, y me quieren por eso. Nunca se molestan si quieren hacer algo y yo no. Estas relaciones se basan en el respeto y la lealtad.

Es difícil encontrar estas relaciones. Muchas veces creemos saber lo que queremos, pero los prejuicios nos nublan la vista. Nunca se desvanecerá la seducción de la popularidad y es difícil darse cuenta de qué nos hace bien a largo plazo. Cuando conozco a gente nueva me pregunto: *¿Cómo me siento cuando estoy con esta persona? ¿Saca mis cualidades más positivas?*

La única forma de entender el verdadero valor de una chica mala de la preparatoria es vivir las consecuencias y la traición en carne propia. Creo que la opinión de los papás tiene el efecto opuesto. Cuando mi mamá me decía con quién no llevarme, entonces yo quería pasar todavía más tiempo con esa persona. El atractivo de la chica mala de la preparatoria depende mucho del subidón de adrenalina de hacer algo que siente un acto de rebeldía, diferente. Sin embargo, cuando te traiciona o te mete en algún problema, te das cuenta de que esa sensación de rebeldía no es tan divertida.

Para mí fue el momento en el que me convenció de ir a una fiesta y tuve que llamar a la policía porque una amiga terminó con una congestión alcohólica. Se había desmayado en el piso e intenté que mi otra amiga me ayudara, pero se fue y me dejó solo en esa situación. En ese momento, cuando ya se había desvanecido la adrenalina, me di cuenta de que las consecuencias de haberles mentido a mis papás y escaparme tendrían un efecto negativo a largo plazo y de que en un momento de verdadera necesidad no tenía a nadie en quien confiar.

Creo que mis papás hubieran podido gestionar mejor las conductas impulsivas o mis amistades. Los papás tienen que entender que todos los adolescentes van a querer romper las reglas. Cuanto más intenten controlar la rebeldía, más querrá rebelarse un adolescente. En mi caso, si mi mamá me hubiera recogido de la fiesta o me hubiera hablado sobre la cantidad de alcohol que debía tomar, a lo mejor la experiencia no habría sido tan mala. Si mi mamá lo hubiera sabido, tal vez yo no habría salido a hurtadillas.

Después de esa experiencia, aprendí a evaluar las amistades. Antes creía que cualquier persona que conocía y me caía bien acabaría siendo mi mejor amiga. Que los mejores amigos te motivaban a hacer locuras y a salir de tu zona de confort. Quería tener una amistad íntima con todo el que me caía bien. Pero me di cuenta de lo difícil que es conservar más de diez relaciones. Al final aprendí que es más fácil mantener varios niveles de amistades, que incluyen tres o cuatro mejores amigos y muchos amigos cercanos y conocidos.

Hoy mis mejores amigos están en mi círculo cercano. Es gente con la que puedo convivir en cualquier contexto y en quien puedo confiar. Después siguen mis buenos amigos, cuya compañía disfruto pero a quienes no siempre les cuento mis secretos más íntimos ni les pido consejos. A partir de este modelo aprendí a tener una amplia red de amistades muy diversas. Después siguen los conocidos, a quienes saludas al pasar o con los que trabajas o estudias. Al entender el valor de la amistad descubrí lo importante que es establecer las expectativas que se tienen para cada persona.

Bibliografía

A continuación compartimos una lista de libros, artículos, páginas web y otros recursos invaluables que consultamos para escribir este libro. Para algunos capítulos la lista de obras es escasa (o inexistente). Esto se debe a que este libro es resultado de una investigación que no se limita a los materiales impresos, también es producto de una carrera en pediatría de veinticinco años (Cara) y décadas trabajando como escritoras, oradoras y educadoras sobre la pubertad (ambas). Por lo tanto, mucha información y consejos de cada tema se derivan de nuestras conversaciones, consultas, entrevistas, capítulos de nuestro pódcast *Puberty Podcast* y talleres. Nos habría encantado tener una bitácora vigente de todos los recursos que han contribuido a nuestro aprendizaje y conocimientos en el curso de estos años, pero no ha sido así. Sin embargo, recurrimos a los siguientes recursos para escribir este libro.

CAPÍTULO 1. EL PANORAMA COMPLETO: EMPIEZA ANTES, DURA MÁS

Dick, Danielle M., Richard J. Rose, Lea Pulkkinen y Jaakko Kaprio. "Measuring Puberty and Understanding Its Impact: A Longitudinal Study of Adolescent Twins". *Journal of Youth and Adolescence* 30, núm. 4 (agosto de 2001): 385-400. http://dx.doi.org/10.1023/A:1010471015102

Greenspan, Louise, y Julianna Deardorff. *The New Puberty: How to Navigate Early Development in Today's Girls*. Nueva York, Rodale, 2014.

Hayward, Chris, Joel D. Killen, Darrell M. Wilson, Lawrence D. Hammer, Iris Litt, H. C. Kraemer, F. Haydel, A. Varady y C. B. Taylor. "Psychiatric Risk Associated with Early Puberty in Adolescent Girls". *Journal of the American Academy of Child and Adolescent Psychiatry* 36, núm. 2 (febrero de 1997): 255-262. http://dx.doi.org/10.1097/00004583-199702000-199700017

Kaltiala-Heino, Riittakerttu, Matti Rimpelä, Aila Rissanen y Pivi Rantanen. "Early Puberty and Early Sexual Activity Are Associated with Bulimic-Type Eating Pathology in Middle Adolescence". *Journal of Adolescent Health* 28, núm. 4 (mayo de 2001): 346-352. https://doi.org/10.1016/s1054-139x(01)00195-1

Natterson, Cara. *Decoding Boys: New Science behind the Subtle Art of Raising Sons.* Nueva York, Ballantine, 2020.

Striegel-Moore, Ruth H., y Fary M. Cachelin. "Etiology of Eating Disorders in Women". *The Counseling Psychologist* 29, núm. 5 (junio de 2016): 635-661. https://doi.org/10.1177/0011000001295002

CAPÍTULO 3. SENOS, BUBIS Y BOTONES MAMARIOS

Carlson, Lauren, Vanessa Flores Poccia, Bob Z. Sun, Brittany Mosley, Imke Kirste, Annette Rice, Rithi Sridhar, Tairmae Kangarloo *et al.* "Early Breast Development in Overweight Girls: Does Estrogen Made by Adipose Tissue Play a Role?". *International Journal of Obesity* 43, núm. 10 (octubre de 2019): 1978-1987. https://www.nature.com/articles/s41366-019-0446-5

Centros para el Control y la Prevención de Enfermedades. "Adult Obesity Facts". Consulta: 11 de febrero de 2023. https://www.cdc.gov/obesity/data/adult.html

Centros para el Control y la Prevención de Enfermedades. "Childhood Obesity Facts". Consulta: 11 de febrero de 2023. https://www.cdc.gov/obesity/data/childhood.html

CAPÍTULO 5. PERIODOS

Rees, M. "The Age of Menarche". *ORGYN* 4 (1995): 2-4, PMID 12319855. https://pubmed.ncbi.nlm.nih.gov/12319855

CAPÍTULO 6. PELO

Auchus, Richard J., y Robert L. Rosenfield. "Physiology and Clinical Manifestations of Normal Adrenarche". *UpToDate*, 6 de julio de 2022. https://www.uptodate.com/contents/physiology-and-clinical-manifestations-of-normal-adrenarche

Beck, Sheryl, y Robert J. Handa. "Dehydroepiandrosterone (DHEA): A Misunderstood Adrenal Hormone and Spine-Tingling Neurosteroid?". *Endocrinology* 145, núm. 3 (1 de marzo de 2004): 1039-1041. https://doi.org/10.1210/en.2003-1703

Liimatta, Jani, Pauliina Utriainen, Raimo Voutilainen y Jarmo Jääskeläinen. "Girls with a History of Premature Adrenarche Have Advanced Growth and Pubertal

Development at the Age of 12 Years". *Frontiers in Endocrinology* 8 (31 de octubre de 2017): 291. http://dx.doi.org/10.3389/fendo.2017.00291

CAPÍTULO 7. ACNÉ FACIAL, EN LA ESPALDA, EL PECHO Y EL TRASERO

Centros para el Control y la Prevención de Enfermedades. "Fast Facts: Preventing Adverse Childhood Experiencies". Última revisión: 6 de abril de 2022. https://www.cdc.gov/violenceprevention/aces/fastfact.html

Magruder Hospital. "Community Health Assessment 2020". Consulta: 25 de abril de 2023. https://www.co.ottawa.oh.us/DocumentCenter/View/1337/2020-Community-Health-Assessment-PDF

Maninger, Nicole, John P. Capitanio, William A. Mason, John D. Ruys y Sally P. Mendoza. "Acute and Chronic Stress Increase DHEAS Concentrations in Rhesus Monkeys". *Psychoneuroendocrinology* 35, núm. 7 (agosto de 2010): 1055-1062. http://dx.doi.org/10.1016/j.psyneuen.2010.01.006

CAPÍTULO 8. OLOR CORPORAL

Schwerin, Mac. "The Pungent Legacy of Axe Body Spray". *Vox*, 19 de febrero de 2020. https://www.vox.com/the-highlight/2020/2/12/21122543/axe-body-spray-teenage-boys-ads

Utriainen, Pauliina, Sally Laakso, Jani Liimatta, Jarmo Jääskeläinen y Raimo Voutilainen. "Premature Adrenarche. A Common Condition with Variable Presentation". *Hormone Research in Paediatrics* 83, núm. 4 (febrero de 2015): 221-231. https://doi.org/10.1159/000369458

CAPÍTULO 9. ESTIRONES, AUMENTO DE PESO Y CURVAS

Blizzard, R. M., P. M. Martha, J. R. Kerrigan, N. Mauras y Alan D. Rogol. "Changes in Growth Hormone (GH) Secretion and in Growth during Puberty". *Journal of Endocrinological Investigation* 12, núm. 8, suplemento 3 (febrero de 1989): 65-68, PMID 2809099. https://pubmed.ncbi.nlm.nih.gov/2809099/

Delemarre-van de Waal, Henriëtte A., S. C. van Coeverden y J. Rotteveel. "Hormonal Determinants of Pubertal Growth". *Journal of Pediatric Endocrinology and Metabolism* 14, suplemento 6 (2001): 1521-1526, PMID 11837509. https://pubmed.ncbi.nlm.nih.gov/11837509/

Ritchie, Hannah, y Max Roser. "Obesity". OurWorldInData.org. Consulta: 13 de febrero de 2023. https://ourworldindata.org/obesity

Rochira, Vincenzo, Elda Kara y Cesare Carani. "The Endocrine Role of Estrogens on Human Male Skeleton". En "The Endocrine Role of the Skeleton". Del Fattore, Andrea, Cristina Sobacchi, Martina Rauner y Amélie Coudert, eds. *International Journal of Endocrinology*, edición especial (24 de marzo de 2015). https://doi.org/10.1155/2015/165215

Solorzano, Christine M. Burt, y Christopher R. McCartney. "Obesity and the Pubertal Transition in Girls and Boys". *Reproduction* 140, núm. 3 (septiembre de 2010): 399-410. https://doi.org/10.1530/REP-10-0119

CAPÍTULO 10. SUEÑO

Adamska-Patruno, Edyta, Lucyna Ostrowska, Joanna Goscik, Barbara Pietraszewska, Adam Kretowski y Maria Gorska. "The Relationship between the Leptin/Ghrelin Ratio and Meals with Various Macronutrient Contents in Men with Different Nutritional Status: A Randomized Crossover Study". *Nutrition Journal* 17, núm. 118 (28 de diciembre de 2018). https://doi.org/10.1186/s12937-018-0427-x

Shepard, John W., Jr., Daniel Buysse, Andrew L. Chesson, William C. Dement, Rochelle Goldberg, Christian Guilleminault, Cameron D. Harris *et al.* "History of the Development of Sleep Medicine in the United States". *Journal of Clinical Sleep Medicine* 1, núm. 1 (febrero de 2005): 61-82. http://dx.doi.org/10.5664/jcsm.26298

Thomas, Liji. "Ghrelin and Sleep". *News-Medical*. Última actualización: 26 de febrero de 2019. https://www.news-medical.net/health/Ghrelin-and-Sleep.aspx

Yang, Fan Nils, Weizhen Xie y Ze Wang. "Effects of Sleep Duration on Neurocognitive Development in Early Adolescents in the USA: A Propensity Score Matched, Longitudinal, Observational Study". *Lancet Child and Adolescent Health* 6, núm. 10 (octubre de 2022): 705-712. https://doi.org/10.1016/S2352-4642(22)00188-2

CAPÍTULO 11. DESARROLLO CEREBRAL

Hawkins, Jeff, y Subutai Ahmad. "Why Neurons Have Thousands of Synapses, a Theory of Sequence Memory in Neocortex". *Frontiers in Neural Circuits* 10, artículo 23 (30 de marzo de 2016). http://dx.doi.org/10.3389/fncir.2016.00023

Portnow, Leah H., David E. Vaillancourt y Michael S. Okun. "The History of Cerebral PET Scanning: From Physiology to Cutting-Edge Technology". *Neurology* 80, núm. 10 (marzo de 2013): 952-956. http://dx.doi.org/10.1212/WNL. 0b013e318285c135. Fe de erratas en *Neurology* 81, núm. 14 (1 de octubre de 2013): 1275. https://doi.org/10.1212/WNL.0b013e3182aa3d3a

SciShow. "Why Teenagers' Brains Are Wired Differently". video de YouTube, 10:06. Consulta: 13 de febrero de 2023. https://www.youtube.com/watch?-v=hiduiTq1ei8

CAPÍTULO 12. ALTIBAJOS EMOCIONALES

Casey, B. J., Aaron S. Heller, Dylan G. Gee y Alexandra Ochoa Cohen. "Development of the Emotional Brain". *Neuroscience Letters* 693 (6 de febrero de 2019): 29-34. http://dx.doi.org/10.1016/j.neulet.2017.11.055

Casey, B. J., Rebecca M. Jones y Todd A. Hare. "The Adolescent Brain". *The Year in Cognitive Neuroscience 2008* 1124, núm. 1 (marzo de 2008): 111-126. https://doi.org/10.1196/annals.1440.010

CAPÍTULO 13. SALUD MENTAL

Asociación Estadounidense de Suicidología. Datos y estadísticas 2019. Última actualización: enero de 2021. Consulta: 25 de abril de 2023. https://suicidology.org/facts-and-statistics/

Centros para el Control y la Prevención de Enfermedades. "YRBSS Results". Última actualización: 13 de marzo de 2023. https://www.cdc.gov/healthy-youth/data/yrbs/pdf/YRBS_Data-Summary-Trends_Report2023_508.pdf

Curtin, Sally C. "State Suicide Rates among Adolescents and Young Adults Aged 10-24: United States, 2000-2018". *National Vital Statistics Reports* 69, núm. 11 (11 de septiembre de 2020). https://www.cdc.gov/nchs/data/nvsr/nvsr69/nvsr-69-11-508. pdf

Kalin, Ned H. "The Critical Relationship between Anxiety and Depression". *American Journal of Psychiatry* 177, núm. 5 (1 de mayo de 2020): 365-367. http://dx.doi.org/10.1176/appi.ajp.2020.20030305

Kelly, Yvonne, Afshin Zilanawala, Cara L. Booker y Amanda Sacker. "Social Media Use and Adolescent Mental Health: Findings from the UK Millennium Cohort Study". *Lancet* 6 (diciembre de 2018): 59-68. https://doi.org/10.1016/j.eclinm.2018.12.005

Keng, Shian-Ling, Moria J. Smoski y Clive Robins. "Effects of Mindfulness on Psychological Health: A Review of Empirical Studies". *Clinical Psychology Review* 31, núm. 6 (agosto de 2011): 1041-1056. http://dx.doi.org/10.1016/j.cpr. 2011.04.006

Linden, David J. "The Truth behind 'Runner's High' and Other Mental Benefits of Running". Consulta: 10 de febrero de 2023. https://www.hopkinsmedicine.org/health/wellness-and-prevention/the-truth-behind-runners-high-and-other-mental-benefits-of-running

Mansueto, Charles S. "OCD and Tourette Syndrome: Re-examining the Relationship". International OCD Foundation. Consulta: 10 de febrero de 2023. https://iocdf.org/expert-opinions/ocd-and-tourette-syndrome/

Morawski, Jill. "History of Mental Illness". Wesleyan University. Coursera. Última consulta: 25 de abril de 2023. https://www.coursera.org/lecture/history-mental-illness/science-mUkRe

National Alliance on Mental Illness. "What You Need to Know About Youth Suicide". Consulta: 10 de febrero de 2023. https://www.nami.org/Your-Journey/Kids-Teens-and-Young-Adults/What-You-Need-to-Know-About-Youth-Suicide

Centro Nacional de Estadísticas sobre el Abuso de las Drogas. "Drug Use among Youths: Facts and Statistics". Consulta: 10 de febrero de 2023. https://drugabusestatistics.org/teen-drug-use/

Nazeer, Ahsan, Finza Latif, Aisha Mondal, Muhammad Waqar Azeem y Donald E. Greydanus. "Obsessive-Compulsive Disorder in Children and Adolescents: Epidemiology, Diagnosis, and Management". Suplemento, *Translational Pediatrics* 9, núm. S1 (febrero de 2020): S76-S93. http://dx.doi.org/10.21037/tp.2019.10.02

Nesi, Jacqueline, Supreet Mann y Michael B. Robb. *2023 Teens and mental health: How girls really feel about social media.* (San Francisco, CA: Common Sense, 2023). Consulta: 25 de abril de 2023. https://www.commonsensemedia.org/sites/default/files/research/report/how-girls-really-feel-about-social-media-researchreport_web_final_2.pdf

Oficina de Asuntos sobre la Población, Departamento de Salud y Servicios Humanos de los Estados Unidos. "Mental Health for Adolescents". Consulta: 10 de febrero de 2023. https://opa.hhs.gov/adolescent-health/mental-health-adolescents

Usmani, Zafar Ahmad. "Treatment of Anxiety Among Patients with Chronic Obstructive Pumonary Disease". (Tesis de doctorado, The University of Adelaide, 2018), https://digital.library.adelaide.edu.au/dspace/bitstream/2440/120259/1/Usmani_2018_PhD.pdf

CAPÍTULO 14. IMAGEN CORPORAL

C. S. Mott Children's Hospital, University of Michigan Health. "Parents' Perception of Their Child's Body Image". *Mott Poll Report* 41, núm. 5 (19 de septiembre de 2022). https://mottpoll.org/sites/default/files/documents/0919 22_BodyImage.pdf

Davis, Sarah. "The Pandemic Is Poisoning Body Image. It's Time to Find the Antidote". *Forbes*. Última actualización: 26 de enero de 2022. https://www.for bes.com/health/body/covid-and-body-image/

DoSomething.org. "11 Facts About Body Image". Consulta: 10 de febrero de 2023. https://www.dosomething.org/us/facts/11-facts-about-body-image#fn4

Johns Hopkins All Children's Hospital. "Eating Disorder Facts". Consulta 10 de febrero de 2023. https://www.hopkinsallchildrens.org/Services/Pedia tric-and-Adolescent-Medicine/Adolescent-and-Young-Adult-Specialty-Cli nic/Eating-Disorders/Eating-Disorder-Facts

Johns Hopkins Medicine. "Bulimia Nervosa". Consulta: 10 de febrero de 2023. https://www.hopkinsmedicine.org/health/conditions-and-diseases/eating-disorders/bulimia-nervosa

Asociación Nacional de Anorexia Nerviosa y Trastornos Asociados. "Eating Disorder Statistics". Consulta: 10 de febrero de 2023. https://anad.org/eat ing-disorders-statistics/

Organización Nacional para las Mujeres. "Get the Facts". Consulta: 10 de febrero de 2023. https://now.org/now-foundation/love-your-body/love-your-body-whats-it-all-about/get-the-facts/

CAPÍTULO 15. LA ESPECIALIZACIÓN EXTREMA EN LOS DEPORTES JUVENILES

Brenner, Joel S. "Overuse Injuries, Overtraining, and Burnout in Child and Adolescent Athletes". *Pediatrics* 119, núm. 6 (julio de 2007): 1242-1245. http://dx.doi.org/10.1542/peds. 2007-0887

Duffek, Jaimie. "A few surprises in the data behind single-sport and multisport athletes". *USA Today High School Sports*, 28 de marzo de 2017. https://usa-todayhss.com/2017/a-few-surprises-in-the-data-behind-single-sport-and-multisport-athletes

Erickson, Brandon J., Bernard R. Bach Jr., Charles A. Bush-Joseph, Nikhil N. Verma y Anthony A. Romeo. "Medial Ulnar Collateral Ligament Reconstruction of the Elbow in Major League Baseball Players: Where Do We Stand?". *World Journal of Orthopedics* 7, núm. 6 (18 de junio de 2016): 355-360. http://dx.doi.org/10.5312/wjo.v7.i6.355

Gregory, Sean. "How Kids' Sports Became a $15 Billion Industry". *Time*, 24 de agosto de 2017. https://time.com/magazine/us/4913681/september-4th-2017-vol-190-no-9-u-s/

Neeru, Jayanthi, *et al.* "Sports Specialization in Young Athletes: Evidence-Based Recommendations", *Sports Health* 5, núm. 3 (octubre de 2012): 251-257. https://journals. sagepub.com/doi/10.1177/1941738112464626

Project Play, The Aspen Institute. *State of Play 2016: Trends and Developments*. Washington, DC: The Aspen Institute, 2016. https://www.aspeninstitute.org/wp content/uploads/2016/06/State-of-Play-2016-FINAL.pdf

Project Play, The Aspen Institute. "Youth Sports Facts: Why Play Matters". Consulta: 10 de febrero de 2023. https://www.aspenprojectplay.org/youth-sports/facts

Team USA. "State of Play 2020 Report Indicates Trends and Growth in Sport". 12 de octubre de 2020. https://www.teamusa.org/USA-Field-Hockey/Features/2020/October/12/State-of-Play-2020-Report-Indicates-Trends-and-Growth-in-Sport

Tucker Center for Research on Girls and Women in Sport, Universidad de Minnesota. *The 2007 Tucker Center Research Report: Developing Physically Active Girls: An Evidence-Based Multidisciplinary Approach*. Minneapolis: Universidad de Minnesota, 2007. https://www.cehd.umn.edu/tuckercenter/library/docs/research/2007-Tucker-Center-Research-Report.pdf

Tucker Center for Research on Girls and Women in Sport, Universidad de Minnesota. *The 2018 Tucker Center Research Report: Developing Physically Active Girls: An Evidence-Based Multidisciplinary Approach*. Minneapolis: Universidad de Minnesota, septiembre de 2018. https://www.cehd.umn.edu/tuckercenter/research/tcrr2018.html

CAPÍTULO 16. SEXO, LA CULTURA DEL SEXO CASUAL Y EL PORNO

Abma, Joyce C., y Gladys M. Martinez. "Sexual Activity and Contraceptive Use among Teenagers in the United States, 2011-2015". *National Health Statistics Reports*, núm. 104. Hyattsville: Centro Nacional de Estadísticas de la Salud, 22 de junio de 2017. https://www.cdc.gov/nchs/data/nhsr/nhsr104.pdf

Centros para el Control y la Prevención de las Enfermedades. "YRBSS Results". Última revisión: 20 de agosto de 2020. https://www.cdc.gov/healthyyouth/data/yrbs/results.htm

Centros para el Control y la Prevención de las Enfermedades. "YRBSS Results". Consulta: 25 de abril de 2023. https://www.cdc.gov/healthyyouth/data/yrbs/pdf/YRBS_Data-Summary-Trends_Report2023_508.pdf

Habel, Melissa A., Jami Leichliter, Patricia J. Dittus, Ian H. Spicknall y Sevgi Okten Aral. "Heterosexual Anal and Oral Sex in Adolescents and Adults in the United States, 2011-2015". *Sexually Transmitted Diseases* 45, núm. 12 (diciembre de 2018): 775-872. http://dx.doi.org/10.1097/OLQ.0000000000000889

Weiss, Robert. "Porn-Induced Erectile Dysfunction". *Psychology Today*, 26 de abril de 2021. https://www.psychologytoday.com/us/blog/love-and-sex-in-the-digital-age/202104/porn-induced-erectile-dysfunction

CAPÍTULO 17. ANTICONCEPTIVOS, ITS Y ETS

Centros para el Control y la Prevención de las Enfermedades. "Contraception". Última revisión: 1 de noviembre de 2022. https://www.cdc.gov/reproductivehealth/contraception/

Centros para el Control y la Prevención de las Enfermedades. "YRBSS Results". Última revisión: 20 de agosto de 2020. https://www.cdc.gov/healthyyouth/data/yrbs/results.htm

Centros para el Control y la Prevención de las Enfermedades. "Genital HPV Infection. Basic Fact Sheet". Última revisión: 12 de abril de 2022. https://www.cdc.gov/std/hpv/stdfact-hpv.htm

Habel, Melissa A., Jami Leichliter, Patricia J. Dittus, Ian H. Spicknall y Sevgi Okten Aral. "Heterosexual Anal and Oral Sex in Adolescents and Adults in the United States, 2011-2015". *Sexually Transmitted Diseases* 45, núm. 12 (diciembre de 2018): 775-782. http://dx.doi.org/10.1097/OLQ.0000000000000889

Iliades, Chris. "How Do I Know If I Have Herpes or Something Else?". Everyday Health, 13 de agosto de 2022. https://www.everydayhealth.com/sexual-health-pictures/isit-herpes-or-something-else.aspx

Planned Parenthood. "A History of the Fight about Birth Control". Consulta: 10 de febrero de 2023. https://www.plannedparenthoodaction.org/issues/birth-control/history-fight-about-birth-control

Rothman, Lily. "How AIDS Changed the History of Sex Education". *Time*, 12 de noviembre de 2014. https://time.com/3578597/aids-sex-ed-history/

Rough, Bonnie J. "How the Dutch Do Sex Ed". *The Atlantic*, 27 de agosto de 2018. https://www.theatlantic.com/family/archive/2018/08/the-benefits-of-starting-sex-ed-at-age-4/568225/

CAPÍTULO 18. ORIENTACIÓN SEXUAL

Centros para el Control y la Prevención de las Enfermedades. "YRBSS Results". Última revisión: 20 de agosto de 2020. https://www.cdc.gov/healthyyouth/data/yrbs/results.htm

Ciudad de Portland, Oregón. "What does LGBTQIP2SAA+ stand for?". Consulta: 25 de abril de 2023. https://www.portlandoregon.gov/78738

Fortenberry, J. Dennis. "Puberty and Adolescent Sexuality". *Hormones and Behavior* 64, núm. 2 (julio de 2013): 280-287. https://doi.org/10.1016/j.yhbeh.2013.03.007

PFLAG.org. Amicus Brief of the Trevor Project, PFLAG, and Family Equality. Consulta: 25 de abril de 2023. https://www.supremecourt.gov/DocketPDF/18/18-107/106964/20190703120210865_Amicus%20Brief.pdf

Saewyc, Elizabeth M. "Research on Adolescent Sexual Orientation: Development, Health Disparities, Stigma, and Resilience". En "Special Issue: Decade in Review", *Journal of Research on Adolescence* 21, núm. 1 (marzo de 2011): 256-272. https://doi.org/10.1111/j.1532-7795.2010.00727.x

Stewart, J. L., Leigh Spivey-Rita, Laura Widman, Sophia Choukas-Bradley y Mitchell J. Prinstein. "Developmental Patterns of Sexual Identity, Romantic Attraction, and Sexual Behavior among Adolescents over Three Years". *Journal of Adolescence* 77, núm. 1 (diciembre de 2019): 90-97. https://doi.org/10.1016/j.adolescence.2019.10.006

The Trevor Project. *2022 National Survey on LGBTQ Youth Mental Health*. West Hollywood: The Trevor Project, 2022. https://www.thetrevorproject.org/survey-2022/assets/static/trevor01_2022survey_final.pdf

CAPÍTULO 19. IDENTIDAD DE GÉNERO

Boyle, Patrick. "What Is Gender-Affirming Care? Your Questions Answered". Association of American Medical Colleges, 12 de abril de 2022. https://www.aamc.org/news-insights/what-gender-affirming-care-your-questions-answered

Brill, Stephanie, y Rachel Pepper. *Infancias trans: manual para familias y profesionales que apoyan a las infancias transgénero y no binarias*. Trad. Gabriela Vallejo Cervantes. Ciudad de México, Editorial Terracota, 2023.

Johns, Michelle M., Richard Lowry, Jack Daniel Andrzejewski, Lisa C. Barrios, Zewditu Demissie, Timothy McManus, Catherine N. Rasberry, Leah Robin y J. Michael Underwood. "Transgender Identity and Experiences of Violence Victimization, Substance Use, Suicide Risk, and Sexual Risk Behaviors among High School Students. 19 States and Large Urban School Districts, 2017". *Morbidity and Mortality Weekly Report* 68, núm. 3 (25 de enero de 2019): 67-71. http://dx.doi.org/10.15585/mmwr.mm6803a3

Littman, Lisa. "Individuals Treated for Gender Dysphoria with Medical and/or Surgical Transition Who Subsequently Detransitioned: A Survey of 100 Detransitioners". *Archives of Sexual Behavior* 50 (noviembre de 2021): 3353-3369. https://doi.org/10.1007/s10508-021-02163-w

Loffman, Matt. "New poll shows Americans overwhelmingly oppose anti-transgender laws". PBS News Hour, 16 de abril de 2021. https://www.pbs.org/newshour/politics/new-poll-shows-americans-overwhelmingly-oppose-anti-transgender-laws

Mahfouda, Simone, *et al.* "Puberty Suppression in transgender children and adolescents". *The Lancet* 5, núm. 10 (octubre de 2017): 816-826. https://doi.org/10.1016/S2213-8587(17)30099-2

Asociación Nacional de Anorexia Nerviosa y Trastornos Asociados. "Eating Disorder Statistics". Consulta: 10 de febrero de 2023. https://anad.org/eating-disorders-statistics/

Oficina de Asuntos de la Población. "Gender-Affirming Care and Young People". Ficha técnica. Consulta: 11 de febrero de 2023. https://opa.hhs.gov/sites/default/files/2022-03-gender-affirming-care-young-people-march-2022.pdf

Rafferty, Jason. "Ensuring Comprehensive Care and Support for Transgender and Gender-Diverse Children and Adolescents". *Pediatrics* 142, núm. 4 (1 de octubre de 2018): e20182162. http://dx.doi.org/10.1542/peds.2018-2162

Russell, Stephen Thomas, Amanda M. Pollitt, Gu Li y Arnold H. Grossman. "Chosen Name Use Is Linked to Reduced Depressive Symptoms, Suicidal Ideation, and Suicidal Behavior among Transgender Youth". *Journal of Adolescent Health* 63, núm. 4 (octubre de 2018): 503-505. http://dx.doi.org/10.1016/j.jadohealth.2018.02.003

The Trevor Project. *2022 National Survey on LGBTQ Youth Mental Health*. West Hollywood: The Trevor Project, 2022. https://www.thetrevorproject.org/survey-2022/assets/static/trevor01_2022survey_final.pdf

Turban, Jack, Dana King, Jason J. Li y Alex S. Keuroghlian. "Timing of Social Transition for Transgender and Gender Diverse Youth, K-12 Harassment, and Adult Mental Health Outcomes". *Journal of Adolescent Health* 69, núm.

6 (diciembre de 2021): 991-998. http://dx.doi.org/10.1016/j.jadohealth.2021.06.001

Van der Grinten, Hedi Claahsen, Chris M. Verhaak, Thomas Steensma, Tim Middelberg, Joep Roeffen y Daniel Klink. "Gender Incongruence and Gender Dysphoria in Childhood and Adolescence. Current Insights in Diagnostics, Management, and Follow-Up". *European Journal of Pediatrics* 180 (mayo de 2021): 1349-1357. https://link.springer.com/article/10.1007/s00431-020-03906-y

Herman, Jody L., Andrew R. Flores, Kathryn K. O'Neill. Instituto Williams, Facultad de Derecho, UCLA. "How many adults and youth identify as Transgender in the United States?" (junio de 2022). Última consulta: 25 de abril de 2023. https://williamsinstitute.law.ucla.edu/publications/trans-adults-united-states/

CAPÍTULO 20. AMISTADES E INFLUENCIA SOCIAL

Güroğlu, Berna. "The Power of Friendship: The Developmental Significance of Friendships from a Neuroscience Perspective". *Child Development Perspectives* 16, núm. 2 (junio de 2022): 110-117. http://dx.doi.org/10.1111/cdep.12450

Riehm, Kira, Kenneth A. Feder, Kayla N. Tormohlen, Rosa M. Crum, Andrea S. Young, Kerry M. Green, Lauren R. Pacek, Lareina N. La Flair y Ramin Mojtabai. "Associations between Time Spent Using Social Media and Internalizing and Externalizing Problems among US Youth". *JAMA Psychiatry* 76, núm. 12 (11 de septiembre de 2019): 1266-1273. http://dx.doi.org/10.1001/jamapsychiatry.2019.2325

Waldrip, Amy M., Kenya Malcom y Lauri Jensen-Campbell. "With a Little Help from Your Friends: The Importance of High-Quality Friendships on Early Adolescent Development". *Social Development* 17, núm. 4 (noviembre de 2008): 832-852. http://dx.doi.org/10.1111/j.1467-9507.2008.00476.x

Wells, Georgia, Jeff Horwitz y Deepa Seetharaman. "Facebook Knows Instagram Is Toxic for Teen Girls, Company Documents Show". *Wall Street Journal*, 14 de septiembre de 2021. https://www.wsj.com/articles/facebook-knows-instagram-is-toxic-for-teen-girls-company-documents-show-11631620739

Agradecimientos

Es difícil imaginar que más de 100,000 palabras después, tengamos más que decir, pero...

¡GRACIAS!

Vamos a empezar con el dúo dinámico de nuestra agente, Heather Jackson, y editora, Marnie Cochran, dos genios supergenerosas en el mundo de la edición que nos ayudaron a publicar este libro en tiempo récord. ¿Recuerdan el día que nos dijeron que podíamos entregar el manuscrito en quince meses y les respondimos: *Si no les importa, preferimos entregarlo en tres*, a lo que contestaron: *Están un poco dementes, pero estamos con ustedes mil por ciento*? Han estado presentes desde el primer día, incluyendo las 17,000 propuestas de título. Gracias por su franqueza, apoyo, retroalimentación vertiginosa y porras interminables.

El corazón de este libro no existiría sin nuestro equipo de becarios, nuestros embajadores, un grupo que ha contribuido con los contenidos del portal de la pubertad Order of Magnitude (www.myoomla.com) y de este libro. Estos valientes levantaron las manos cuando preguntamos si les gustaría invertir la narrativa para que se tratara de ellos. Su escritura proviene de su corazón, es honesta y real. Y ahora ¡son autores publicados! Inclúyanlos en su currículum Kiryan Bailey, Ber Bennett, Samson Bennett, Amanda Bortner, Teddy Cavanauçh, Peggy Helman, Isabella Huang, Ry Natterson, Talia Natterson, Cadence Sommers y Rebecca Sugerman. Gracias a la inigualable Bebe Landau, quien se incorporó al proyecto cuando el libro ya estaba escrito pero que enseguida se volvió invaluable para su lanzamiento.

A todos los expertos que nos brindaron su tiempo y su cerebro, gracias: Lisa Damour, Louise Greenspan, Nacissé Demeksa, Mary Pat Draddy, Aliza Pressman, Yug Varma, Michele Kofman y Beth Kawaja. También gracias a todos los invitados que nos han acompañado en *The Puberty Podcast*, cuyo consejo contribuyó a las palabras en este libro:

Uju Asika, Terri Bacow, Melissa Berton, Danielle Bezalel, Stacie Billis, Zoe Bisbing, Michele Borba, Betsy Brown Braun, Tina Payne Bryson, Mallika Chopra, Molly Colvin, Jonathan Cristall, Jenn Bowie Curtis, Kelly Fradin, Jill Grimes, Monica Corcoran Harel, Mary Dell Harrington, Lisa Heffernan, Trish Hutchison, Carrie James, Becky Kennedy, Dolly Klock, Amy Lang, Meghan Leahy, Lisa Lewis, Charlotte Markey, Wendy Mogel, Melinda Wenner Moyer, Cynthia Clumeck Muchnick, Ebele Onemya, Brian Platzer, Sophia Rasevic, Eve Rodsky, Valorie Shaefer, Nina Shapiro, Natalie Silverstein, Rachel Simmons, Hina Talib, Emily Weinstein, Jessica Yellin, y Shafia Zaloom. En especial, queremos agradecer a Nick Kroll y Andrew Goldberg, nuestros compañeros durante este viaje por el universo alterno de la pubertad, y a Henry y Zoe Winkler por inspirarnos con su familia muy amorosa.

Hay amigos cuya experiencia radica en escuchar de cerca y apoyarnos incondicionalmente, para Vanessa, ese grupo incluye a Amy, Caren, Dana, Elana, Mary Pat, Meg, Nicky, Sophie y a las mujeres con quienes he compartido las mejores y las peores épocas de mi vida, el grupo de Wellesley y los muchos grupos de mamás (formales e informales) en el curso de veinte años. Después, al grupo de Dynamo, todos los entrenadores de DG, en especial a nuestros genios de la salud: Jen Erdman y Sue Steinberg. Para Cara, ese grupo incluye a Andrea, Emma, Lindsey, Lisa, Mallika, Michael, Susan, Tracy, Wah y el cuarteto Dunster: Allison, Jessica, Kate y Wicky.

Después están nuestros esposos del trabajo, Ken y Bryan, con quienes concebimos este libro. ¡Apostamos a que nunca imaginaron que la pubertad tendría un espacio semanal en su agenda laboral! Gracias por superar la incomodidad y apoyarnos en todo momento.

A nuestros escuchas y lectores, quienes comparten sus preguntas y verdades todos los días: gracias por su honestidad y vulnerabilidad: todos estamos juntos en este viaje demencial y cuando crean que son los únicos, recuerden que no están solos.

Nosotras —Cara y Vanessa— no nos hubiéramos conocido de no ser por la amiga de toda la vida de Cara, Amy Schulhof, quien nos presentó. Creyó que estaba presentando a dos personas que disfrutarían tomarse un café de vez en cuando. Amy: te pasaste.

Casi todas las secciones de agradecimiento terminan con las personas con las que vive la escritora, quizá porque los escritores son muy... vamos a decir que se concentran mucho cuando investigan y escriben sus libros. Agradecemos a:

Cara agradece a...
Talia y Ry, ya no les incomoda cuando escribo sobre la pubertad, el sexo y todo lo demás. Las adoro por eso y por mil cosas más. Paul, con cada proyecto te vuelves una fuente de apoyo, ánimo y certeza inmensa; el mundo necesita lo mismo que yo (esto me mantiene despierta, sobre todo después de las 9 p.m. cuando mi cuerpo pide dormir a gritos). Gracias a mamá, Anthony, Greg y Seth, quienes compartieron su pubertad nada moderna conmigo y a todos los Natterson, quienes se salvaron de conocerme en esa época. No hubiera podido terminar con una mejor familia de haberlo planeado.

Vanessa agradece a...
A mi familia de Liverpool, tengo los mejores suegros del mundo, y soy muy afortunada de haberme unido a una familia que me apoya tanto. A mis adorados hermanos, Jeremy, Dana y Nick: su amor, risas y escapadas nocturnas durante estos años me han nutrido y levantado. Gracias a mamá y papá, estaban adelantados a su época de tantas maneras, y soy mejor por ello. Gracias por siempre, *siempre*, estar presentes. A Roger, tu amor y convicción infinitas me motivan todos los días: agradezco estar en este viaje hermoso y complejo contigo. Por último, a mis hijos, Ber, Oz, Samson y Zion: es un privilegio absoluto ser su mamá, aprender de ustedes, amarlos y que me amen. Gracias por llenar mis días de sentido y alegría.

Y a nosotras. No es fácil escribir 100,000 palabras con otra persona. Se necesita tiempo y flexibilidad (¡y no se nos da de forma natural!). También exige respeto, admiración y muchas risas... y eso lo compartimos en abundancia.

Índice analítico

seguro, 225
tipos de, 224-225, 232, 268
Véase también sexo anal,
    anticonceptivos, identidad de
    género, cultura del ligue o sexo
    casual, masturbación, sexo
    oral, pornografía, embarazo,
    orientación sexual, ITS, ETS, sexo
    vaginal
sexo anal, 225, 227, 229, 247, 258, 270.
    Véase también sexo
sexo oral, 224, 227, 247-248, 258, 270.
    Véase también sexo
sexo seguro, 225
sexo vaginal, 224, 227, 229, 247, 258,
    268. *Véase también* sexo
sida, 261, 264-265, 281-282
sífilis, 262-263
Styles, Harry, 302
sueño
    cambios generacionales, 132-133
    ciencia de, 127-132
    desarrollo y, 130, 134
    estado de ánimo y, 129, 135-136
    experiencias de jóvenes, 136-137
    hablar de, 133-136
    importancia del, 127, 132-133
    memoria y, 128-129
    metabolismo y, 129-130
    salud mental y, 178, 182
sueños húmedos, 49-50
suicidio, 86, 167, 176-177, 190, 214,
    281-283, 295-296

tampones, 64, 66

Tanner, James, 17-22
tapones cervicales, 249
telarquia, 38
terapia hormonal, 300
testículos, 48-49, 53
testosterona, 39, 48, 51, 71-73, 114,
    139, 153-154, 156, 275-276, 298-
    300
tiempo de pantallas, 131
TikTok, *véase* redes sociales
toallas sanitarias, 63, 66
transexual, definición, 278
trastorno obsesivo compulsivo (TOC),
    169
trastornos alimenticios/alimentarios
    definición, 169, 188, 193
    estadísticas, 190
    experiencias de jóvenes, 201-203,
        220
    género y, 189, 194
    hablar de, 197-199
    imagen corporal y, 192-193
    redes sociales y, 176
tricomoniasis, 263
trompas de Falopio, 58-59, 256

unidades pilosebáceas (PSU), 81-82, 84
útero, 58

vagina, anatomía de la, 58
vasectomía, 257
VIH, 261, 264-265, 281-282
violación, 225
VPH, 261-262, 264, 266, 270-271
vulva, 58

Esta obra se imprimió y encuadernó
en el mes de julio de 2024, en los talleres
de Impregráfica Digital, S.A. de C.V.
Av. Coyoacán 100-D, Col. Del Valle Norte,
C.P. 03103, Benito Juárez, Ciudad de México.